ミネルヴァ・アーカイブズ

モラル・サイエンスとしての経済学

間宮陽介著

＊

ミネルヴァ書房

はしがき

本書は、過去四年間に発表されたいくつかの、とはいえ私にとってはほとんどの論文と、それに二篇の書評とから成っている。試論集の域を出るものではないが、なんとか自分なりの方向を見出そうとして暗中模索をつづけてきた私の暫定的な到達点である。

論文の配列はほぼ発表の順序に沿っているが、これらを二部に分けたのは、最初の六篇が連載という形で発表され、内容のうえである程度のまとまりをもっているという、ただそれだけの理由に因る。第一部は本書の原型を成すものであり、第二部はその補強もしくは補完という性格をもっている。ただし、真理論に向けて、という副題をもつ最終章は異質であって、それは私が今後進もうとしている方向への序説をなすものである。

モラル・サイエンスとしての経済学、という題名をもっているとはいうものの、本書はある種のサイエンスをめざそうとするものでもなければ、また独自の経済学たろうとするものでもない。むしろ各種のサイエンスや経済学その他の学を括弧に入れて一から出直し、そこから自分なりの建物を構築してみる、というのが本書の意図である。ハイエクやケインズらの経済学者の著作から引くところが多々あるが、それは彼らの言説の個々断片が自分の構築しようとする建物の素材として役だつところが大きいからである。

自分なりの建物を築く、といっても、最初に明確なプランや設計図があったわけではない。ある問いに対して解答を与えようとすると別の問いが生まれ、それがまた別の問いを生みだすというふうに、問いが増殖していき、一連の問いと解答をつなぎ合わせていくうちに次第に浮かびあがってきたのが私なりの建物、私なりのモラル・

サイエンスである。

本書の出発点にある問い、それは貨幣とは何か、という問いであった。この問いを端緒にして本書は出来あがっていったといってもよい。この問いを問いつめていくうちに、一方ではコンヴェンションやトラディションが貨幣の経済にとって、ひいては人間、つまりモラルの領域にとって、必要不可欠なものであるように思われた。それとともに他方では、操り人形ではない人間独自の活動領域を考察せざるをえなくなった。こちらは活動論としての期待論を導き、期待について考えを進めていくうちに知識論に至る。知識論、活動論、社会論は不可分の関係にあると思われたのである。そうするとこれらをつなぐ糸として、無知の存在という人間観がどうしても必要になってくる。無知の人間という人間観を基礎に据えた知識論と活動論と社会論の総体、それが私のたどり着いたモラル・サイエンスである。

過去、コンヴェンションやトラディションに表われた過去だけではなく、さまざまな言葉や言説に表われた過去、このような過去を解体するのではなく、それらを緊張をはらんだ人間経験の所産として見ること、そしてそれらを組み立て直してそれらにふさわしい場所を与えてやること。過去は近代によって、近代は脱近代によってのり超えられたりはせず、後者は前者の上に築きあげられるものだ。思うに、人間にとって本当に大事な問題というものは存外少なく、この数少ない問題のまわりを人はいつも回りつづけてきた、といえはしないだろうか。この問題に究極の解答を与えることはおそらく不可能であるかもしれない。しかしそれでも人はとある一点をじっと見据え、不可能事を可能にしようとして言論をつみ重ねてきた。あたかも陶工が作品を創っては壊し、壊しては創りながら、究極の作品をめざそうとするように。

相対主義や脱構築へと、すなわち価値や権威の解体へと雪崩れ込んでいるのが現在の状況であるが、これは私の目には創造のための解体だとは映らない。言葉はたえず拡散し、つねに遠心運動をつづけている。脱構築する言説はもう次の日には脱構築される運命にあるといえるのだ。

このような遠心化に対し、モラルの理論は求心化をめざす。とすれば、それはメタフィジカルな領域に足を踏み入れざるをえない。たとえば真理論、正義論、国家論という領域に。知識論の果てには真理論が、活動論の果てには正義論が、そして社会論の果てには国家論がある、というのは私の予感である。本書の最終章はこのモラル・メタフィジクスへの序説である。

本書は遅々として進まぬ思考過程の微々たる産物である。自らに閉じこもる傾向をもつ私にとって多くの方々の御援助がなかったなら、このような形で本書を出版するに至ることはとうてい不可能であったと思う。とりわけ西部邁氏には数限りない恩恵をこうむっている。十年にわたる氏の知的刺激は本書に有形無形の形で表われているし、また氏の公私にわたる叱咤激励がなかったら、早い時期に経済学を離れた私が自分なりの道を見つけることも不可能であったに違いない。記してお礼を申し述べたい。

また、ミネルヴァ書房の後藤郁夫氏は本書出版の機会を与えて下さった。既発表の論文をまとめるにすぎないとはいえ、出版にこぎつけるまでに一年とさらに半年を要した。怠慢をお詫びするとともに、深く感謝する次第である。

一九八五年十二月

間宮陽介

〔付　記〕

参考文献は巻末に一括して掲げ、著者のアルファベット順に番号を付した。引用箇所は、文献番号のみ〔たとえば(29)〕、もしくは文献番号と頁数〔たとえば(37：32)〕、もしくは文献番号と巻数（ローマ数字）と頁数〔たとえば(98：II：479)〕、のいずれかの方式によって本文中に示した。なお、巻数や頁数を表わす数字の右肩のアステリスク（＊）はその数字が邦訳書の巻数や頁数であることを示す。

初出掲載誌一覧

第一章　「知識と認識」『経済評論』一九八二年四月号。
第二章　「期待について(一)」『経済評論』一九八二年五月号。
第三章　「期待について(二)」『経済評論』一九八二年六月号。
第四章　「貨幣経済のソシオ・ロジック」『経済評論』一九八二年七月号。
第五章　「言葉と物」『経済評論』一九八二年八月号。
第六章　「解釈と実践」『経済評論』一九八二年九月号。
第七章　「モラル・サイエンスとしての経済学」『現代経済』五十二号、一九八三年。
第八章　「経済学における自由の問題」『理想』一九八五年四月号。
間奏一　『現代経済』五十九号、一九八四年。
　二　『エコノミスト』一九八四年二月十四日号。
第九章　「社会科学における経験と言葉」『現代経済』六十一号、一九八五年。

目次

第一部

第一章　知識論と社会理論

一　はじめに

今日の科学や技術の時代、人間社会の未来を極彩色で描く理性の時代において、人間はあまりにも無知で無力であるという、かつての懐疑主義者やモラリストの座右の銘は、すでに反古となってしまったようにみえる。合理主義者の目には懐疑主義者は知の破壊者と映り、モラリストは一風変わった風俗観察者、よくいって趣味豊かな人文主義者といったところである。

さらにかつてのモラル・サイエンスは現代の科学的な一般理論に対してみると、時代遅れの、つまり時代の特殊な事情に制約された特殊理論だということになる。科学の手に余る「モラル」（モラルとはラテン語のモーレス、すなわち元来は風俗、習慣、人間性などを含む人事万端を意味する言葉であった）は体よくこれを追放するか、さもなくば理論の外部、社会批判や社会改革といった実践の領域で、ヒューマニズムと手を携えて辛うじて生き延びるほかない。このような時代の光景を奇妙だと観じる者は客観的精神を著しく欠いた者だというに等しいのである。

このような事情は経済学においても変わらない。というよりむしろ社会科学の中にあって、科学主義の精神を帆いっぱいに漲らせ、科学をめざす競争の断然トップを快走しているのはほかならぬ経済学である。科学へと向かう時代の風を受け、科学化という要請をみずからも内的な推進力としながら自己の学を整えていった様は見るも圧巻であり、学としての完成度において社会学や政治学は経済学の比ではない。

このような経済学の科学主義は、新古典派においてはむろん、ケインズ派においてもまた、人間の理性を何らかの形で扇の要にもっている。新古典派の場合にはそれは経済人の理性である。所定の目的にとって最も寄与する手段を選択する人間、それが経済人である。このような理性の刻印を押された経済人たちの作り出す経済世界は明快で客観的な世界である。理性の光に限なく照らし出された事物はそれらが本来持っているはずの微妙な襞や陰翳を喪失し、紛れのない事実や物質と化してしまう。このように暗がりのない世界では人々のなすべきことも直截簡明となる。客観的な事物を前にすると彼らにはあれこれと思いわずらう必要は少しもない。推論することも要らず、想像力を働かせることも必要ではない。ただ選択というステロタイプをもって事にあたればそれで十分である。経済学における均衡という概念が力学からのたんなる借り物にとどまらないのは、事実と物質と選択マシーンの世界からしてすでに力学的な世界だからである。

これに対しケインズ派では多少事情が違っているようにも思われるかもしれない。というのも、そこでは理性を担った個人は統計に現われる限りでの平均的な個人へと姿を変えたり、あるいはまた合理性は一部アニマル・スピリットのような非合理性に置き換えられたりもするからである。もっともこの非合理性のほうは、それが数理論理の手に余るということもあってか、もっぱら正統派との相違を際立たせるための識別徴標の役割を演じさせられるにすぎない、という面が多分にあるけれども。だがともかくもケインズ派においては理性の占める場所は狭められているかにみえる。確かに経済理論の中では理性のはたす役割は小さくなっている。しかしそのぶん、理論の外部に理性は自己の領域を拡大するのである。科学の時代に理性がそうやすやすと姿を消してしまうはずがなく、ケインズ派にあっては、経済模型は記述的模型から操作的模型へと性格を変え、理性は経済人の理性から政策者の理性へと重心を移動させるのである。

このような重心の移動を今度は正統派が黙って見過ごすはずがない。反ケインズ派としての正統派の試みは理論を掌握する理性、政策者に独占された理性を経済人の手に奪回せしめる試みだとみなすことができよう。たとえば合理的期待形成論はそのような試みの典型的なものである。また、マクロ経済学のミクロ的基礎づけとは、マクロ経済学においてともすれば軽視されがちであった経済人の理性を復権させる試みだとみることができるのである。

このような過程は一口にいえば理性がとどまるところを知らずインフレートしていく過程である。ついしばらく前までは、市場経済の特長は数少ない情報量で効率的な資源配分を達成できることにあると教えられたものであるが、これも今では昔語りの観がある。自らがかつてこしらえた理論を知悉していることが経済合理性の新たな徴しとなり、このような超合理性をもつ個人をさらにまた新たな理論の中に畳み込んでいく合理的期待形成論は、まるで自分の尻尾を呑込んで太っていくウロボロスの蛇のようだ。合理的期待形成論に限らず経済理論一般も、大なり小なりこのような傾向をもっている。理論を発展させるようにみせて、その実は理性の自閉的な世界にはまりこんでいる場合が多いのである。

事態がこのようであるからといって、理性を感性に、合理性を非合理性に、科学を反科学に置き換えるのは、理性の自閉的な世界を感性の自閉的な世界に取り替えるだけのことであろう。それは、ロマン主義が啓蒙主義の理性主義や進歩主義に対して方向を反転させ、中世や神話の世界に自らの居を構えたのと同型なのである。事実、観念の歴史というものは理性と感性、合理性と非合理性という二極の間を揺れ動きながら進んでいく傾向がある。精神の安らぎを得ようとすれば両者いずれかの世界に立て籠もろうとするのが人間の情というものであろう。しかし社会科学には理性や感性の自閉的な世界に安住することができないわけがある。たとえば人々は価値や規範、慣習や伝統といったものの中で起居をともにしており、それらは人間の社会生活にとって少なからぬ役割をはたしている。とすれば社会科学はこれらを考察の対象から外してしまうわけにはいかないのだが、これらを理性や感性によって基礎づけることができるとは思われない。あるいはまた、構想力や判断力、想像や期待といった人間活動の要素は人間活動一般を理解するうえで無視すべからざるものと思われるが、これらを一方の合理的選択、他方の感性的直観に還元してしまうことはできない。人間活動の概念を選択や直観などという一枚岩から解放してやらなければいけない。社会科学は、いってみれば、理性と感性という二つの磁極の間に、一歩足を踏みはずせばいずれかの極にとめどもなく引き寄せられるという危険を背負いながら、きわどい格好で立っている、ということである。

社会科学のこのような性格を認識しそしてそのきわどい道を歩むとしたら、いったい何を出発点に定めたらいいかということになる。行く手は余りにも茫漠としている。既定のルートというものは存在しない。何か足掛りになるものが欲しい。この足掛りを私は人間の無知の知や可謬性の知というものに求めたいのである。事実認識としてなら、人が多くのことを知っているということと、人の知るところは余りにも少ないということとは、高高程度の差であろう。だが社会理論の出発点に人間の無知や可謬性を据えた場合、それが導く方向は科学の理論が進む方向とはまったく異なってくるように思われる。人間を無知で誤り多き存在だと規定することによって、たとえば科学理論から排除されざるをえなかった慣習や規範という要素、あるいは推論、判断、期待、想像力といった選択とは異なった人間活動の側面が社会理論の必要不可欠な構成要素となり、社会理論の新たな展望が開けてくるように思われるのである。

二　無知の知

ケインズ、ナイト、ハイエクといった経済学者たちは経済学の周辺を徘徊する余裕をもちあわせており、この余裕が彼らに〝大人〟の雰囲気を漂わさせている。この余裕はまた彼らの著作に拡がりと深さを与えているのだが、その彼らが何らかの形で少なからぬ精力を知識論に注いだのはおそらく偶然の一致ではない。あるいはまた、時代をさかのぼって、ロックやヒュームらのイギリス経験論の哲学者たちが、逆に彼ら独自の知識論のゆえに、同時に眼を道徳や社会というものに向けざるをえなかった――アダム・スミスはヒュームの大いなる影響の下にある――のも決して偶然ではないように思われる。すなわち彼らにあっては知識論と社会理論がある必然の糸で結ばれていると考えられるのである。この必然の糸、それは彼らの人間観であり、彼らは、人間が無知・無力であり、容易に誤りに陥りやすい存在だと認識している点で共通している。そして知識も社会もいってみれば無知の所産だという点において共通性をもっているのである。無知の認識は彼らを一方では知識の認識(知識論)へと導き、他方では社会の認識(社会理論)へと向かわしめるのだ。知識論にしろ社会理論にしろ、無知の認識が知の探求へと至るというのは逆説めいている。しかし、無知でなく個人の理性に基礎を置く経済学がかりに知識の問題を扱ったとしても、その行き着くところが「不確実性の経済学」とか「情報の経済学」とかいったいわゆる冠経済学の一種とならざるをえないことを考えてみただけでも、このことはあながち逆説であるとも思われないのである。

無知から出発するということは、人を最初につつましい状態に置き、そこから翻って人間世界を見ていこうとすることである。なるほど人は日々知識を新たにし、次から次へと新しい情報を獲得する。しかしだからといって、無知のフロンティアが消滅し、完全情報の世界が近似的にもせよ実現するというのは幻想である。そのことによって無知の前線は移動するかもしれないが、問題の出発点が変わることはない。無知の領域は人間活動の本来の領域であって、無知の領域が消滅することは人間活動の領域が消滅することに等しい。人間にとって完全な知へ至る可能性は最初から絶たれている、いやそもそも何が完全かということさえ分からない。従って無知の領域の縮小はあくまでも相対的なものであって、決して絶対的なものではないということになる。このように人間を無知の存在だと規定し、社会理論を無知から出発させるということは、完全知へ至る可能性をあらかじめ絶つことを意味している。しかしだからといって知を主観という人間の内的世界に委ね、人それぞれの思うところが知識だ、といおうとしているのではない。それは、人間を完全知という楽観と懐疑的な絶望との間にひとまず宙吊りの状態に置こうとすることであり、そしてそのような不安定な状態にある人間を支えるものが何であるのかを見ていこうとすることである。

言葉を換えれば、人間はあらゆる種類の不確実性に包まれているということである。未知の将来に関する時間的な不確実性だけではない。他人がどのような行動に出ようとしているのか、あるいは何を考えているのかという、社会的な不確実性といっていいようなものもある。さらにまた、多くの物、事象、出来事は紛れのない明証性をもっているわけではない。それらは意味を担ってわれわれの前に立ち現われ、これらを前にしてわれわれは解釈という作業を余儀なくされ、この解釈という作業を通してそれらのもつ意味を確定せざるをえない。この意味でそれらは不確実性をもっているといえるだろう。たとえば交通信号のようなものであれば青は「進め」というふうに意味を一義的に指示するが、一般の事物においては事物とその意味との間の関係は多義的であり、いわば不確実なのである。こういった様々な不確実性、無知の薄暗がりがあるからこそ、人間は思考、推論、判断、予測、解釈などといった様々な活動を余儀なくされるわけである。

ロックやヒュームの人性論の骨子を成すのは人間知性論であり、ここにいう人間知性、すなわち human understanding とは、理性と感性の間に、あるいは「傲慢な思い上がり」と「懐疑的絶望」との間にあって、知の確信を得るべく模索する知性のことである。無知を前提にする限り、蓋然知はむろんのこと、科学知や事実知にしても、知識なるものは程度の差はあれ確信の状態にあることだということができる。数学的・論理的命題はこのような知識の一極限形態だとみなしたほうが妥当なのである。「知っているとは確信する権利をもつことである」(6 : 42*) というA・J・エイヤーの言は、論理実証主義者と目されている(いた)者の言だけに重みをもっている。

ところで、無知の認識から知の探求へと至る経路は微分方程式体系の鞍点経路にも似て、そこからひとたび逸れてしまうと無限に発散する傾性をもっている。すなわち一方の実証主義、他方の心理主義もしくは感覚主義という発散経路にである。ロックやヒュームの経験論はそれ自らの中にこのような可能性を蔵していたとみることができよう。というのも彼らの経験論は人間知性を考察するにあたって知覚や感覚のもつ意味をとりわけ強調したからである。やがて、知識の在処を経験＝外的世界に求める実証主義の方向と、経験＝個人的経験もしくは心理や感覚に求める心理主義の方向に彼らの経験が分裂していくのは自然の成行きというものであっただろう。J・S・ミルの知識論、すなわち彼の『論理学』(78) は経験論のこのような分裂の徴候をつとに示しており、実証主義と心理主義という分枝の間を微妙に揺れ動いている。そして彼が終局的に赴くところは帰納による実証主義、ミル全集の『論理学』の編者R・F・マクレーいうところの「観察的経験論」(observational empiricism) の方向なのである。はたして、『論理学』は人性論、人間知性論の一環としての論理学であるよりも、むしろ科学方法論としての性格を濃厚にもっている。

一九世紀という意識の分裂していく時代の子にふさわしく、ミルはほとんど相反するといってもいいような二つの顔をもっている。仮説・演繹・検証という「ア・プリオリ」の方法を経済学の唯一の方法だとし、実際、富の生産の諸法則を対象自身の性質にもとづく完全な自然法則であると主張しながら、他方では分配の法則は人間の意志によって決定された法則だと論じて、彼の社会改革者としての活動の余地を分配面に残しておく。あるいはまた、自由というものを束縛や強制からの自由、アイザィア・バーリンいうところの「消極的自由」と規定する一方で、大衆社会化の進行を前にして、……への自由、すなわち「積極的自由」を主張するといった具合である。要するに彼は、理論と実践、理性と感性、教養と無知といった両端の間を揺れ動くのである。だがそれでもいずれか一方に針が振り切れてしまわないのは、彼にはとある全体性への志向があったからだというほかない。経済学をとってみても、それを「一つだけ切離されたものとしてではなく、より大きな全体の一環、他のすべての部門と密接にからみ合った社会哲学の一部門として取り扱う」(81 : 206*) 必要のあることを説くのだ。

それでも、マクレーのいうようにミルの経験論が「観察的経験論」の方に傾いていたのは事実であろう。ミルに先行するヒューム自身が今日では心理主義者であるとともに実証主義者であったとみなす人もいるが、後のミルはいっそう実証主義的な方向に、少なくとも方法論者としては傾斜している。そして彼以後、認識主体＝理性と認識客体＝客観的世界の分離・独立化の傾向にはいっそう拍車がかかり、各々が内なる世界、外なる世界として平行した世界を形づくるに至るのである。

人性論あるいは人間学たらんことをめざし、そこから眼をおのずと道徳、倫理、そして社会へと向けざるをえなかった経験論を、私は、同じエムピリシズムでも実証主義へと向かっていった経験論から区別したい気にかられる。同一の名称をもって呼ばれてはいてもそのじつ主義の内容はほとんど違っているという場合が時としてある。たとえばC・S・パースのプラグマティズムとW・ジェームズ以後のプラグマティズムはその一例である。そしてエムピリシズムもまたこのような場合にあてはまるといっていいだろう。二つのエムピリシズムは、二つのプラグマティズムと同様に、似て非なる内容をもっている。プラグマティズムの創始者パースに関していうと、彼は自分の生み落とした「プラグマティズム」という子供が他人によって思いもよらない方向に成長せしめられるのをみて、自らのそれを「プラグマティシズム」と再命名したのであった。パースのひそみにならってエムピリシズムも、後のエムピリシズム(経験主義)と区別するために本来のそれをエムピリズム(経験論)とでも再命名したらどうかと思うのである。

それはさておくとして、モラル・サイエンスとしての経済学が科学理論としての経済学に姿貌を変えていく過程は経験論が経験主義や実証主義へと変貌していく過程に呼応しているのである。経済学は思潮のこのような流れに棹をさし、古い衣を次から次へと脱ぎ捨てていくことによって、社会の諸科学の中でも一頭地を抜く地歩を獲得してきた。だが古い衣を脱ぎ捨てて新しい衣に着換えることは必ずしも学の進歩を意味しない。むしろ人間事象を観察する眼を著しく損ってしまったといえるであろう。

経済学のこのような流れに疑念と違和感を感じ、そしてこのような流れに抗そうとするとき、人はいま一度知識の問題を取り上げざるをえない。知識というものは人びとの道具箱の中にデータとしてすでにあって、種々様々の目的に応じて自由自在に使いこなすことができるといったたちのものではなく、確信、信念、意見というようなものがむしろ知識の本体をなしている。知識とは(認識)活動の所産というより、むしろ(認識)活動そのものなのだ。そうだとすれば、このような意味での知識活動それ自体、確信、信念、意見などに基づいた活動それ自体が一箇の考察に値するものであり、さらにこのような知識活動は同じ人間の活動である経済活動と無関係だとは考えられない。冒頭に挙げたケインズ、ナイト、ハイエクといった人たちが知識の問題に人一倍大きな関心を寄せた背景にはこのような認識があったと思われる。

そのうちの一人フランク・ナイトは次のように言明している。事実と価値の間に「哲学的探求の中心問題、すなわち知識の問題」があり、これは人間活動の考察を試みる学徒にとっては決して無視されてはならないものである。そして「人間は事実や現実それ自体を基礎にして活動するのではなく、事実についての意見や信念に基づいて、そしていわゆる知識に基づいて活動する、ということは無視してはならない常識である」(圏点は原文イタリック)(59:77)と。このような言明に違わず、彼の知識論は彼一流の経済活動論と密接に結びついているのである。ケインズにおいてもまた知識論は経済(活動)論の要諦をなしているとみることができるだろう。彼に知識論があるのかと訝る向きもあるかもしれないが、彼の確率論は彼流の知識論である。それは頻度理論のような数学的・先験的な確率論とは異なった論理学的確率論であり、さらにここにいう論理学とは真偽のア・プリオリの判定基準に服するところの冷たい形式論理学などでは毛頭なく、「知識、無知、合理的信念のカテゴリー」(52:8)に関わる推論の論理学のことである。人びとの手持の知識は限られたものであるが、それでも人はそれをもとにしてなんらかの判断に到達しようと努める。このような蓋然的な推論に関する技法が彼のいう論理学である。蓋然性の世界では人々の下す判断は多かれ少なかれ「信念」なるものに支えられざるをえない。そして、推論の導く結論の確かさ、判断に対する信念の「合理性」の程度、それが彼のいう確率なのである。

経済学者のナイトやケインズを知識論の考察へと向かわしめるのは、彼ら固有の人間観、すなわち人間は無知の存在だという認識であり、逆にこのような認識があるからこそ、再び彼らの眼は知識論から経済社会論へと向かう。知識論と経済社会論は、おそらく人間活動論を間に挟んで、密接不可分に結びついている。とはいえ彼らが両者の間の往復を自覚的に、また十分に行ったとは思われない。なるほどケインズの『確率論』が後の『一般理論』、とくにその中の企業の投資活動の理論と関連していることはよくいわれるし、またその通りであろう。またナイトの知識論が彼のリスク論と直接つながっていることも事実である。だが、ケインズについていうと、確率論と投資活動論との間の関連は表立っては表われていない。たとい両者に関連性があるとしてもそれはごくわずかなものである。またナイトの場合には、不確実な世界の中で活動する経済主体にとって直観というもののもつ役割を過度に強調し、理性から直観へと一足跳びに跳んでしまうきらいが多分にある。つまりナイトは経済学の科学主義を批判するにあたって不可避に知識の問題を考えるが、最後にはそれを素通りして直観や感性の領域に入り込む傾向が大なのである。こうした中にあって人間を無知の存在だとするところから出発し、そこから知識の領域へ、そして社会の領域へと自覚的に進んでいったのはほとんどハイエク一人だといってもいいだろう。

三　二つの個人主義

二つの個人主義、二つの自由主義、二つの理性主義、ハイエクのこれら一連の対立概念は、彼が経済学、政治学、社会哲学を論じるにあたっての鍵概念であるが、それらは根底においては一である。すなわち、対立項の一方の主義は人間の無知や可謬性の認識の上に立った主義だという点で一つの陣営をなし、他方は理性を人間のレゾン・デタとみなしていることによって一括されるのである。そして一方の陣営にはロック、バークリ、ヒュームらの経験論哲学者、マンデヴィル、アダム・スミスなどの古典派経済学者、さらにエドマンド・バーク、アクトン卿、トクヴィルのような伝統主義者、自由主義者が名を連らね、他方の陣営にはデカルトやデカルト派の理性主義哲学者、ヴォルテールやルソーなどの啓蒙主義者、コントやサン・シモンらの実証主義者が配置される。このような人物配置に強引さが感じられないわけではないが、ここでは問うまい。ここで重要なのは配された人物の哲学より、むしろ彼らを配置するところの地図であるからだ。ハイエクの博学多識、その博覧強記ぶりには驚くべきものがあるが、彼は決して文献家などではなく、むしろ彼自身ひとりの社会哲学者であり、社会理論家である。そしてこの彼にとって理論とはほかならぬ「解釈の知的図式」のことなのである。個人主義の二分に関していうと、それを無知の個人主義(彼のいう「真の」個人主義)と理性の個人主義(同じく「偽りの」個人主義)という二者択一の形に分けたことが何よりも重要な意味をもっている。

ハイエクの採る個人主義概念(真の個人主義という概念)は理性の個人主義の対立概念であるが、それはまた、現代の経済学が立脚し、模型構成の原理ともなっている方法論的個人主義とも、それと同位対立する存在論的個人主義とも異なっていることは注意を要する。なるほど彼の用いる「真の」とか「偽りの」とかいう形容詞はどことなく存在論的な匂いを感じさせる。自由経済の擁護と計画経済に対する反発、あるいは人間は無知で誤りをおかしやすい存在であるから強制力を特定の個人——彼とても程度の差こそあれ無知・無力であることに変わりはない——に与えるのでなく個々人の自由を最大限尊重すべきだという主張は、個人主義を存在論的なものだと解さない限り出てこないようにみえる。確かに彼が自由の擁護者として現われる限りにおいては個人主義を存在論的に捉えているふしもある。しかし彼は自由の擁護者である以前に社会哲学者である。そしてこの社会哲学者にとって、無知の個人主義は社会を解釈するうえでの手引きなのである。実際彼は、真の個人主義とは「ほんらいは社会の理論（a *theory* of society）である」（37：6）と述べてその理論的性格を強調し、そして理論についてはその「知的図式」としての性格をことさらに強調しているのである。このように、彼の真の個人主義は存在論的なそれとは明らかに一線を画しているとみなすべきである。

そうかといってそれは通常理解されているような方法論的個人主義でもない。この方法論的個人主義とは、たとえばS・M・ルークスの定義によると、「社会的諸現象を説明しようとするあらゆる試みは、個人的事実によって完全に表現されていない限り、拒否されるべきだと主張する説明理論」（69：162*）のことであり、ルークスの定義は方法論的個人主義の最大公約数を表わしているとみることができる。ところがハイエクの個人主義はこれとは異質であるばかりか、むしろそれとは真向うから対立するのである。彼は自己の社会理論において慣習や伝統、あるいは慣習の法や規範に社会理論そのものを成立させるほどの重要性を与えているが、これらはいずれも個人的事実によってはまったく表現されえないことを本質としているからである。それらは個人が意図的に作りあげたものではない。説明の便宜としてすらそのようなものとして理解することはできない。慣習や伝統、法や規範を個人の意図的所産だと考えれば、そのとき無知の個人主義は理性の個人主義へと衣替えをする。もしそのように考える人がいるとすれば、彼は構成主義（constructivism）の誤謬に陥っているということになるのだ。社会は理論的にも実践的にも構成されはしない。また個人というアトムに還元して説明されもしない。それはただ解釈されるだけだ。ハイエクは、人間を無知の存在だと考えなければ社会は全き姿において自己を現わすことをしない、といっているのである。

社会主義経済やケインズ派の管理経済はハイエクによれば偽りの個人主義の具体化であり帰結である。このような経済は人間の理性を過信するところから生み出されたのであり、当然これらの経済を批判する彼の筆鋒は鋭い。無知という人間の本性に適合するのは、計画によって生み出されたのではない、幾千年という歳月と人々の試行錯誤とによって自生的に生まれた、市場経済である。この市場経済の長所を倦むことなく説く点においては、ハイエクと今日の市場経済論との間に相違はない。だがハイエクが彼の社会理論の基底に置く個人主義と、市場経済論の立脚する個人主義との間には大きな隔りがある。とすれば彼の市場経済と通常の経済学が考えている市場経済とは異質なのではないか。このような疑念が生じるのも当然であろう。実際、両者は似て非なるものである。

経済学の個人主義は見方によれば、嗜好の個人主義、目的の個人主義ということができるであろう。人々はそれぞれの嗜好や目的をもち、しかもこれらは互いに通約不能、唯一無二である。従って行き着くところはいきおい力学的均衡であり、パレート最適であり、社会的意志決定関数の構成不可能性だということになる。唯一無二の個人主義は社会理論では均衡論を、思想の上ではニヒリズムをほとんど不可避といってもいいほどに帰結させる。ところがハイエクの場合、個人の嗜好や目的の相違が強調される一方で、人々の間のとある類似点も強調される。つまり人々は無知であるという点で似通った存在なのである。だからこそ人々は市場社会の一般的なルール、慣習や伝統を内実とするルールに依拠せざるをえないわけだし、また、人々が無知という点で似通った存在だとすれば、特定の〝理性的〟個人の強制に服すなどということは思いもよらぬことである。従ってまた、経済的自由というものの意味づけもハイエクと普通の経済学とではまったくといっていいほどに異なっているのである。

無知の個人主義において、無知とはたんに知識が量的に限られているということを意味するにとどまらない。

もし知識の量だけが問題なのであれば、無知の個人主義と理性の個人主義との差は高々程度の差にすぎなくなってしまうだろう。人々は一般には半知の状態にあるであろうが、それを無知の状態として際立たせるか、それとも完全知(完全情報)の状態として際立たせるかということは、単純化の程度においては同等である。だがここで重要なのは知識の多寡よりは、むしろ知識の質である。知識というものは大なり小なり客観性を欠いている、つまり無知とは客観的な知に対する無知だと解するとき、無知の個人主義は理性の個人主義と根本から対立するに至る。そして無知という言葉をこのような意味に解釈するとき、知識は信念や確信の状態、もっといえば観念としての性格をもつに至り、知識を得る活動も情報探索の活動などではなく、知の確信に至る活動として、人間活動論に直結するのである。因みに合理的選択の経済学には人間活動の固有の領域はまったくないといえるだろう。

社会理論の理性主義や科学主義とハイエクを分かつもの、それは知識についての見方である。ハイエクのいう知識は知識活動を離れては考えられない。事物ひとつとってみても、それをファクトやマテリアルに関する情報だといってすますことはできない。人間はそれらを類別化し秩序化してそれらに意味を賦与する。つまり事物に関する知識とは、解釈という活動がもたらす解釈内容のことである。特定のときに見る特定の「親しげな顔つき」というものは、とハイエクはいう、ただそれだけでは視覚を通じた経験にすぎず、概念の外延を構成するにすぎない。つまり別の機会に見る「親しげな顔つき」とは何ら内的関連性をもたない。だが、「親しげな顔つき」とはまさにこのようなものをいうのだといえるためには、様々な顔つきを類別化し、そうして概念の内包を定めなければならない。事物の類別化と秩序化は無意識のうちに、つまり人間の内的過程を通して行われるであろう。無意識のうちに行われるとはいえ、これもまたひとつの知識活動であって、決して生理学的な行動ではない。

換言すれば事物は主観というフィルターを通さない限りはカオスであり無意味だということである。あるいはまた、知識が知識たりうるのはそれがもつ観念性のゆえだといってもいい。

知識が主観的なものだといっても、それは決して唯我論者の心中抱くわれ独りの主観のようなものではない。またそれは世界を人間心理に還元してみていこうとする心理主義でもない。ハイエクの主観主義とは人間を観念という糸を紡ぎ出す存在として把握することにほかならない。そして事物の世界と意識もしくは心理の世界の間に意味や観念の世界、ポパー流にいえば第三世界が存在すること、このことの認識が彼の主観主義を他の大方の主観主義から分かつのである。彼はこういっている。「われわれの知る社会はいわば人々の抱く概念や観念から構成されており、社会現象をわれわれが認識することができ、またそれがわれわれにとって意味をもつのは、それが人々の精神の中に表われる限りにおいてである。」(38 : 33-34)

観念世界の自律性の認識、物理世界と意識世界の間に観念という固有の世界が存在することの認識、これこそがハイエクをして彼の社会理論を科学主義の社会理論から分かたしめる分界線である。同様にこのことの認識がオーストリア学派の子ハイエクを歴史学派はもとより、歴史学派との論争を通じて自己を主張してきたオーストリア学派の他の人々からも分かたしめるといえるだろう。

なるほど、個人の主観性を重視し、了解という認識方法を共有している点では、歴史学派もハイエクもドイツ精神科学の伝統の中にいる。精神科学 (Geistwissenschaft) という名称はミル『論理学』の独訳者が moral science という英語の独語訳として導入したといわれている。このエピソードからも知れるように精神科学は何よりもまず人間学の試みであったし、歴史学派もそのような精神科学を目ざそうとするものであった。だがこの精神科学は次第に意識の世界に閉じ籠もるようになる。没理論的だという批判に抗して彼らが自らの学の理論化を自覚的に行おうとするとき、彼らは次第に心理主義化の方向を辿ってしまうのである。

一方、C・メンガーに始まるオーストリア学派はこのような歴史学派との激しい論争を経る中で社会理論の心理主義を一掃しようとする。この試みはなるほどそれ自身としては正当であるが、だからといってのちのミーゼスのように経済学をPure Logic of Choiceのア・プリオリの学(論理学としての経済学)としてその客観科学化を押し進めようとするのは、いわば幹から分かれた枝をさらに枝分かれさせるようなものである。

このようなドイツ精神科学の二分枝、歴史学派とオーストリア学派という分枝に対して、ハイエクの主観主義はモラル・サイエンスとしての経済学の幹をさらに太く伸ばすような類のものだと私は思う。社会科学にとっての「事実」を人々の紡ぎ出した観念に定め、社会科学の仕事はこのような観念の解釈にあるとし、そして社会の理論をこのような解釈の「知的図式」だとみなすハイエクの見解は正鵠を射ていると思われるのである。

議論が横道に逸れてしまったが、いいたかったことは、無知の個人主義は知識の有限性によって特徴づけられるだけではなく、それはまた知識の主観性によっても特徴づけられる、ということである。従って、無知の個人主義は嗜好や選好の個人性とは違った意味での個人性の契機をもつことになる。ひとつは人々の有する知識が量的にも内容的にも人それぞれに異なっているという意味での個人性の契機であり、いまひとつは知識が主観的な性格をもつところから当然生じる個人性の契機である。従って、無知の個人主義がハイエクのいうように社会の理論だとすれば、この個人主義はこのような個人性の契機がいかにしてある種の「客観性」に到達するか、あるいはまたこの「客観性」を保証するいかなる契機が社会に内蔵されているか、そして究極的には社会とはいったい何なのか、ということを問わざるをえない。

四　均衡 VS コミュニケーション

新古典派にせよケインズ派にせよ、通常の経済学では経済社会――というものがあればとしての話だが――の秩序はアトムのきわどい均衡の上に存立している。そこでは経済秩序とは経済均衡そのもののことである。だから均衡の裏返したる不均衡は経済社会の秩序を根こそぎにしてしまう体のものなのだが、このことを認めまいとすれば「社会」などどこにもありはしないといい切るほかない。力学的・機械論的な不均衡模型を現実的な模型たらしめようとしてそこに期待の要素が導入されるが、そのとき不均衡な経済とは人々の期待が常に(機械的に)裏切られていくような経済だということにならざるをえないだろう。ちょうど人参を目の前にぶら下げた馬が人参に喰いつけるという期待を常に裏切られながら駆走していくように、不均衡な経済も、たとえばK・ウィクセルの累積模型のように、人々の期待が永久に裏切られながら時間という経路の上を走り続けていくような経済だということになる。だが経済のこのようなありさまを経済固有の常態だとみなすことはできない。インフレートし不均衡化していくのは百態百様の経済模型、すなわち経済学者の観念のほうだと揶揄してみたくもなるが、経済学の世界ならいざ知らず、経済社会の場合にはなんらかの不均衡化の傾向とともに秩序化の傾向が内包されているとみなければならない。そしてこの秩序化は観念の秩序化ということを抜きにして考えることはできない。

事実と物質と生理学的存在としての人間とから成る世界から離れてひとたび観念や意味の世界に移ると均衡-不均衡という概念は用をなさなくなる。そこではコミュニケーション-ディスコミュニケーションという概念が均衡-不均衡という概念に取って替わる、とわれわれは主張しよう。そして事物と心理の間にはイメージや観念の世界が、強制と恣意の間には伝統や慣習による秩序が、一言でいうと、物理系と生態系の間には人間社会が、それぞれあることを主張しようと思うのである。

均衡理論に対する経済学内部からの批判の矛先は、ふつう、その無時間性、非歴史性、あるいは資本の可塑性の仮定、といったものに向けられる。確かにこれらの仮定や前提は現実性を欠いており、時間、歴史、資本の固定性をもってそれらに替えれば、理論が一歩経験世界に近づくことは間違いないだろう。だが経済学は、それが正統派であると反正統派であるとに拘わらず、マテリアリズムとファクチュアリズムを貫き通す点では同じである。経済学の個人主義は個人個人の選好や嗜好の個人性は強調するけれども、事物の現象形態の客観性を前提とすることによって、実のところはある種の「共同性」を背後からこっそりと導き入れている。つまり知識の客観的性格を当然のものとしているのであり、「共同性」というのは、客観的な事物というものは万人の眼には同一のものとして映るはずだからである。こうして人々の抱くイメージや観念の個人性の契機はあらかじめ摘み取られることになる。

このような知識の客観性という仮定が情報の完全性という仮定と手を結べば、後に残るのは力学的均衡という秩序概念でしかないだろう。「共同性」はすでに確保されている。あとはただ、利潤を最大にしようとする経済主体と満足を最大にしようとする経済主体が押しあい圧しあいしながら様々なバランス点を見出すのみである。I・フィッシャーがこのようなバランス点の存在を確かめようとして、数理模型ならぬ文字通りの模型を用いて実験を行ったのはまことに象徴的である。経済学者＝経済の観察者にとっては、経済主体を含む経済のあらゆる要素が物質と化しているといっても過言ではないだろう。

知識と経済との関係に関するハイエクの論考は今日では情報理論に基づく経済体制論の先駆的な業績だとみな

されている。すなわち彼は、資本主義体制は社会主義体制と少くとも同等のパフォーマンスをより少ない情報量で達成することができるという、あのお馴染みの理論の先駆的な開発者であると考えられている。確かに彼がそのような主張を行っていないわけではない。知識と経済についての彼の代表的な論文が収められている『個人主義と経済秩序』(37)という論文集のタイトルが「集産主義と計画経済」に対抗して付けられたことは疑いえない。しかし同時に、それは「選択の個人主義と均衡としての経済秩序」とも暗に区別されているのである。そして、自由の擁護者としてではなく、社会理論家、社会哲学者としての彼の面目が一段と発揮されているのは、むしろ後者に対して自説を展開するときのほうである。

ハイエクの知識－経済論は、分業(division of labor)ならぬ「知識の分割」(division of knowledge)、すなわち知識が各経済主体に分属しているという事実から出発する。人々のもっている知識は量的に異なっているばかりか、むしろそれ以上に質的にも異なっている。この知識の質的相違が甲という経済主体を乙という経済主体から根本的に分かつのである。質的相違、それは知識が大なり小なり人々の主観性を反映せざるをえないことから生じる。

知識が人々の間に分属しているということはとりもなおさず事物についての見方や解釈が人それぞれに異なっているということであり、このことをハイエクはつぎのように表現している。「〃商品〃や〃経済財〃、あるいは〃食料〃や〃貨幣〃、これらのいずれをとってみても、それらはその物理的な面によって定義されるのではなく、ただ人々がそれらについて抱く見解によってのみ定義される。」(38：31) 知識のこのような主観的性格はさらにつぎのような事情によっていっそう強化される。たとえば商人や取引業者の知識は「そのほとんどすべてが時や場所の特定の状況に関する知識」であり、この種の知識は「一般的な命題によって定式化することのできるようなものではない」(38：98) というのがそれである。時や場所の具体的状況に関する知識、いわゆるトポスについての知識は主観性の度合をいっそう強くしている。このように彼は、知識の分属、主観の林立という事態を出発点として定める。そこから歩を進めて、分属している主観的知識の相互調整を図り、それらにある意味での客観性を滞びさせるに至らしめることこそが市場本来の機能だと考え、さらに、競争とは知識のパターンを連続的に変化せしめるプロセスのことだと主張するのである。

ただ先にも述べたように、ハイエクの知識 - 経済論は情報理論という視角による経済体制論という傾向も一面ではあって、それは情報の完全性という均衡理論があらかじめ前提としていたところのものを再検討する試みだという面を確かにもっている。このような関心が先行するとき、彼のいう「知識の分割」も知識の主観性というよりは、むしろ客観的データの個別経済主体への分属といった程度のことを意味するにとどまる。つまり、完全情報という非現実的な前提をそれよりはもっと現実的な前提によって置き換えるといった程度のものになりがちである。ここから彼の経済体制論の両義性が生じ、均衡概念の是非に関する彼の態度も一貫性を欠くことになるのだが、もし知識の主観性や観念性を強調する彼の立場を貫き通そうとすれば、そのとき均衡という概念はほとんど意味をなさなくなるはずである。主観的データが市場において「容観化」されていくプロセスは事物についての百人百様の観念が整序化されていくプロセスであり、このプロセスは均衡化のプロセスというよりは、かえって社会的コミュニケーションの過程だと呼ばるべきものである。

経済学の情報理論は、確実で紛れのない世界の空隙にエア・ポケットとしての不確実性の領域を見出し、情報の役割をこのような意味での不確実性を減少させることにあると考えて、情報を探索しそれが伝達される過程を考察していく。しかるに意味や観念の世界では事物は多義的であり、この意味でこの世界は基調として不確実なのである。そしてこのような意味上の不確実性を減少させるのが社会的コミュニケーションのプロセスにほかならない。

社会的コミュニケーションは、しかし、プロセスだけによって形作られるものではない。コミュニケーションのプロセスはコミュニケーションの場が存在していることをあらかじめ前提としているのだ。個人が事物に付す意味、個人が紡ぎ出す観念、個人が抱くイメージや期待、一言でいうと個人の主観性は、プロセスの究極の出発点ではなく、それらは実はあらかじめ存在している共通の意味の場、西部邁氏(91)のいうイメージ・フィールドにおいて形成されるものである。このような「場」を欠くとき、コミュニケーションは間主観的交流、音楽や絵画などの芸術の世界がそうである(と通俗的に解されている)ように、感覚の共通性にもっぱら依拠する類のコミュニケーションにとどまるであろう。社会的コミュニケーションはこのような「場」なくしては成り立ちえないことをナイトは的確に指摘している。曰く、「人間生活における一つ一つがいやしくも明瞭 (clear) であるとすれば、それはわれわれの全知的生活がコミュニケーションの事実の上に築かれているということだ。」(59：121) そしてその彼が、「コミュニケーションなくして主観性を語りえないのは自明の理である」と述べるとき、そこには、コミュニケーションとはプロセスというよりも、むしろイメージ・フィールドそのものであるという含みがあることを読みとることができるであろう。

抽象的ないい方をすれば、人々は共有されたイメージの場を基底にしてさらに自らのイメージや観念を分節化させ、社会的コミュニケーションのプロセスはそれらを再び整序化しようとする、といっていいであろう。社会的コミュニケーションを透かして見ると、場と過程とから成るこのような骨組が見えてくる。だがこれはあくまでも骨組であって、この骨組には肉がついている。すなわち慣習や伝統という肉である。この慣習や伝統は無知の個人主義の社会理論にとってはひとかたならぬ意味をもっている。無知の個人主義にとって、特定の個人が理性の名のもとに他人に強制を加え彼らの自由を制限することは理性の傲慢以外の何物でもない。しかし、だからといって個人個人が自らの意の赴くままに行動すれば、そこでは恣意と放縦が支配するかもしれない。モラリストの多くは人間を性善よりはむしろ性悪の相においてみる傾きをもち、彼らにとって、恣意と放縦の蔓延する状態、すなわち自然状態は何らかの方途によって克服されなければならないと観じられる。ここから一方では社会の構成原理たる社会契約に眼を向ける人も出てくるが、他方では超時間的な社会契約説に対して社会の中に「時」という要素を発掘し、この時、すなわち慣習や伝統を社会理論の柱石に据える者も現われる。デーヴィッド・ヒュームやエドマンド・バークがそうである。彼らにとって、慣習や伝統は恣意や放縦に対して秩序を、変化に対しては安定を、それぞれもたらすものとして認識されるのである。

ヒュームやバークに先立つモンテーニュは、慣習のもつこのような意味をいちはやく認めた人の一人である。彼は慣習に対して一方では嫌悪の情を隠しはしない。「慣習というものは乱暴でずるい女教師である。慣習はわれわれの中に、少しずつ、そうっと権力の足場を築く。」だが時代の改革と動揺、放恣と無軌道ぶりを目のあたりにしてこういい放つ。「慣習を、特定の個人の不安定な空想に(個人の理性は個人の上にしか管轄権をもたないから)隷属させようとするのは不正である」(87：I＊：226＊)と。モラリストのモンテーニュとは反対に、のちの啓蒙主義者にとっては、理性は他人の上にも管轄権をふるうものとなり、伝統や慣習は啓かるべき蒙となる。確かに自然発生的に産み出された伝統や慣習が歴史の中で次第に凝固していくにつれて、それが自由に対する強制となる可能性は少なからずある。だが特定の慣習や伝統に対する私的好悪と、それら一般が社会の中でもっている意味を認識することとは、まったく別の話なのだ。

強制の秩序と恣意の無秩序の間に慣習や伝統による秩序が存在し、この秩序の本体をなすのは時だという認識は、バークの政治哲学の根底を貫いている。彼にとって政体が自らを存続させるのは何を措いてもまず「時効」(prescription) であり、政体のもつ権威の出所はそれが時を経て存在してきたというそのこと自体の中に求められる。さらに国家とは「連続性の観念」にほかならぬと彼はいう (16 : 95)。人間というものは無知で愚かであるから、国家の帰趨を人々のその時その時の恣意的な選択や判断に委ねるよりは、時の選択に委ねたほうがましだ、というのがその真意にある。

そして、ハイエクが「真の個人主義」者の中でもとりわけ高い評価を与える哲学者ヒュームにとっては、コンヴェンション(慣習、黙約)は彼の知識論と道徳論(社会論)を橋渡しする――彼自身はこの橋渡しを自覚的に行っているわけではないが――基本的な概念である。

このヒュームは知識論において知識が徹頭徹尾主観的なものであることを主張する。主観的というのは、デカルトのように知識の明証性の拠りどころを確固として動かない人間の内的世界に求めるという意味ではなく、感覚‐印象‐観念という経路を通して知識が形成されるという意味においてである。なるほど彼も、数学のように人間感覚には左右されない「絶対的知識」が存在することは認める。しかし彼によれば、多くの知識は、そして因果性に関する知識でさえも、蓋然的な性質のものである。知識ばかりか言葉のもつ意味までもが感覚‐印象によって形成される、と彼はいう。知識についてのこのようなヒュームの見解は、知識論と社会論を結びつけようとすれば、大きなアポリアに陥らざるをえない。というのは、知識が徹底して主観的な性格のものであるとしたら、いったいどうしてそれを他人に伝達することが可能なのか、さらにどうして社会生活を営むことが可能になるのか、ということになるからである。

この〝主観性〟と〝客観性〟のアポリアは、ラッセルのいうような、もうそれ以上に行くことはできない袋小路(114：615*)の一つなのだろうか。あるいは、知識論における懐疑主義者ヒュームは社会論においては常識《コモン・センス》の人に戻ったとするB・ウィリー(138)のヒューム評は正当であろうか。

私はラッセルの見解にもウィリーの見解にも与することはできない。これまでに述べてきたことからも明らかなように、これは決して袋小路のアポリアなどではないはずだ。個人がもつに至る諸観念はロックのいうような「白紙(タブラ・ラサ)」の上に刻印されるのではない。白紙はすでに共通の観念やイメージによって染められており、人々はそのような色紙の上に自己の観念の絵を塗り上げるにすぎないのである。一言でいうと、あらかじめ社会的コミュニケーションの場が存在している、ということだ。このような場の認識がヒュームの心理主義への傾きに対するバランス錘となっているのである。人間は個人としては無知でか弱い存在であるが、種としては賢明である。すなわち無知や弱点を補う何物かを人間は産み出す。それが慣習だとヒュームは考えるわけである。この慣習は人間社会に何ほどかの連続性と斉一性を与える。そしてそれは「人々の行為の未来の規則性をわれわれに確信させる」(48：IV*：64*)のである。

要約してみよう。われわれは社会認識の対象を観念の世界に定めた。この観念の世界においては均衡－不均衡というカテゴリーではなく、コミュニケーション－ディスコミュニケーションというカテゴリーこそが人間社会を把握するさいの基本的なカテゴリーとなることを見てきた。このような方向で社会を認識し理論化しようとするとき、慣習や伝統という要素が理論の要石となる。つまりそれらは社会のディスコミュニケーション化に対する歯止めの役割を演じていると考えられるのである。経済における賃金や価格の硬直性という事態、あるいはカール・メンガーの〝商品の販売可能性〟という概念やケインズの流動性という概念は、経済を力学的に再構成しようとする限り、決してその真意を現わすことはないだろう。

第二章　期待について（一）

——期待と推論——

一　はじめに

期待という要素は経済学においてはストックホルム学派の事前・事後分析いらい、その小さからぬ意義が強調されてきたし、また現在でもそうである。ケインズ派はもとより、M・フリードマンらのマネタリズム、あるいは合理的期待形成論においても、経済活動は期待という要素を抜きにしては考えられないことが倦むことなく説かれている。だが強調点の置き方、期待をめぐる考察の態度には、時代を下るにつれて大きな変化が見られるように思われる。そしてこの変化は、経済学が次第にのめり込んでいった形式主義化、専門主義化の道と軌を一にしているように思われるのである。

かつては、といって皆が皆そうだったというわけではもちろんないが、少くともシュムペーターやケインズといった経済学者にあっては、期待要素を通して経済学の外部に目を見開いていくという姿勢が顕著に窺えたものである。彼らにとって、経済学とはそもそも数理論理の形式枠、あるいは学という専門の狭い殻に収まるようなものではなかった。こと期待に関していうと、それは彼らから見れば経済社会の数量化不能な諸要素が流れ込む貯水池の如きものであった、といってもいいだろう。推論、解釈、想像力、直観などといった人間活動の多彩な諸側面、不決定性の〝乗物〟たる時間や歴史、あるいは時々刻々と変化する多種多様な出来事、こういったものは何らかの水路を経てこの貯水池に流れ込んでくる。期待とは、いってみれば人間活動や人間社会の縮図であり、彼らが期待について論じるということは、とりもなおさず彼らが自分の経済観、社会観を論じるに等しかった、といってもあながちいいすぎではないだろう。

ところが経済学が形式化の度合を強めるにつれて、事情は変わってくる。経済学が数理模型の作製をその主たる仕事とするようになると、期待要素は数理模型という機械の一部品にすぎなくなってしまうのである。決定論の中の不決定要素、期待はいわば「機械の中の幽霊」という奇妙な位置を与えられることになる。機械の中の「幽霊」というのならまだいい。得体の知れぬ幽霊を手探りで探っていくうちに、それが機械をバラバラに解体し呑み込んでしまうほど無気味な存在であることが知られる可能性も残っている。だが経済学はこの幽霊を祓い浄めることに心をくだく。経済構造を知る個人が計算によって期待を形成すると説く合理的期待形成論は、もはや期待論などではなく、その実は期待という幽霊を機械の中に完全に同化する試みである。合理的期待形成論という悪魔祓いの儀式において、この幽霊は完全に放逐されてしまう。そもそも合理的期待形成とは形容矛盾であって、それでもなお期待という言葉を用いるとすれば、それは換骨奪胎された期待だということになる。

期待という現象――と敢えていおう――は、消費や労働がそうであるように、それ自体として解明を要する現象であり、しかも人間事象・社会事象の根幹に触れるような現象である。期待について論じるということは、それを既成の経済学に組み入れるというのと同日の話ではないのだ。期待がこのように人間にとって普遍的で根源的な現象であることは、たとえばM・モース、三木清、C・S・パース、F・ハイエクといった人たちの次のような所見からも窺い知ることができよう。

はじめに社会人類学者のモース(75)によれば、期待(attente)という現象は心理学的・生理学的な世界に近接したひとつの社会現象である。そして法の観念や秩序の観念、また投資・信用・貨幣といった経済的事実はすべて期待現象としての一面をもつという。三木(77)もまたモースと同様の見解をもっている。彼によれば、われわれの生活は期待の上に成り立っている。われわれの生活を支配しているのはギヴ・アンド・テークの原則であるが、この原則とはとりもなおさず期待の原則である。「与えることには取ることが、取ることには与えることが、期待されている。」従って「利己主義者は期待しない人間」(77：143)だということになる。さらに、論理学者であり哲学者でもあったパースは推論を期待の活動だとみなす。彼によると推論というものは総じて期待(expectation)としての性格をもつというのである。さらにまた、経済学者であり社会哲学者でもあるハイエクによれば、市場とは人々が事物について抱くイメージ、意見、期待などが人々の間で相互に調整されていく場のことにほかならない。

これらの人たちが専門の狭い殻に閉じ籠るような人たちでなかった(ない)ということはそれ自体ひとつの符号であるが、ともかく彼らに共通しているのは、彼らが人間活動や人間社会の少なからぬ部分が期待と何らかの関わりをもっているとみなしていることである。

期待が人間活動や人間社会の根幹に触れる現象であることは間違いない。そう認めたうえで、さて期待をどのような面から考察していったらいいかということになるが、われわれはそれを二つの側面から考察していくことにしたい。一つは期待の活動としての側面であり、いま一つはその社会的観念としての側面である。上に思いつくままに紹介した四人の期待概念も煮つめていくと、これら二側面のいずれか一方もしくは双方に関連しているといえるであろう。たとえば、モースのいう期待現象としての法観念や秩序の観念は文字通り、期待の社会的観念としての側面であり、一方、投資・信用・貨幣にまつわる期待はどちらかというと期待の活動としての側面に関係している。またパースの推論としての期待、あるいはハイエクの念頭にある期待は、期待の活動としての側面だとみることができるだろう。ついでにいっておけば、期待(expectation, attente)という言葉には、未知の世界についてある(確信をもった)像を描くというようなニュアンスと、何事かを待ち受けるといったニュアンスが含まれているが、前者はわれわれのいう期待の活動としての側面に、後者はその社会的観念としての側面にある程度対応していると考えられないこともない。

期待のこのような二側面は必ずしも分離できるわけではない。むしろ分離することができないというのがわれわれの積極的な主張の一部をなしている。とはいえこのことを断ったうえで、いわば考察上の便宜として、本章ではひとまず期待の人間活動としての一面に的を絞って議論を進めていくことにしよう。

二　不確実性のイメージ

期待が日常生活の様々な部面で広く見られる現象だということは、とりもなおさず、人々の住む世界が不決定・不確定の世界だということにほかならない。ということはまた、このような世界に住む個人個人の眼から見ればこの世界は不確実だということになる。主観的にも容観的にも不確実・不確定の世界、それがわれわれの生きている世界である。もしわれわれを囲繞する世界が不確実でなければ、そもそも未知のものに向けて期待を抱く必要もないだろう。じつに期待と不確実性とは表裏一体の貼り合わせの関係にあるのだ。したがって期待について考察を進めていこうとすれば、まず不確実性なるものの意味について考えていくのが自然の筋道であろう。ここでは経済学が思い描いているいくつかの不確実性のイメージを概観し、それらのイメージがどのような期待観念を生み出しているかということについて考察を行ってみよう。

新古典派の経済学、なかんずくその「不確実性の経済学」においては、不確実な状態は何らかの形で記述することができると想定されている。この意味で不確実な世界とはすでに「確実性等価」の世界といってもいいものである。

第一に、たとえば将来に関する不確実性(時間的不確実性)が問題となっている場合、将来生じる可能性のある出来事や事象、あるいはまた、現在とある行動をとった場合に帰結する可能な結果は、一つのクラスに特定化することができる、と想定されるのが通例である。ちょうど明日の天気が晴、曇、雨というクラスに特定化することができるように、一般に将来起こりうべき事象や行動の結果もあるクラスとして特定化しうると想定されるのである。この点はゲームの理論が対象とするようないわゆる社会的不確実性についても変わらない。そこにおける不確実性とは相手の出方が分からないという意味での不確実性のことなのであるが、しかし相手の出方、すなわち戦略の種類は全体としてみればあらかじめ知られている。それではいったい何が不確実なのか。将来に関する時間的不確実性の場合にもゲームの理論におけるような社会的不確実性の場合にも、事象や戦略のクラスは分かっている。分からないのはそのクラスのうち、どの事象が出来し、どの戦略がとられるか、ということである。つまりここにおける不確実性とは所定の事象群・戦略群のうちどれが生じるか分からないという意味での不確実性のことなのである。

この経済学の不確実性が確実性等価であることの第二の理由は、以上のような不確実性は何らかの形で数量化できると仮定されていることである。たとえば将来に関する不確実性の場合には、クラスを構成する各々の事象にその出来する可能性としての確率が付与され、そうすることによってこれらの事象は確率変数となる。この種の確率は先験的もしくは経験的に定まっているような類のものであるが、それは事前に知られている場合もあれば、情報が欠如しているために事後的にしか知られない場合もある。後者の場合には当初人びとの念頭にある確率はさしあたっては主観的な確率にとどまる。しかし新たな情報が手に入るにつれて当初の主観的確率は事後的には客観的確率に近づいていくことが可能だと想定されることもある。限られた数の先験的確率と新たに獲得された情報とをもって、いわば地中に埋もれた真の確率を試錐を打ち込んで掘りあてていくといった体のベイズ流の手法は、そのための一手法である。

このように将来に関する不確実性の場合には、この不確実性は相対的頻度の確率分布によって数値的に記述されるのを慣わしとするが、互いに相手を出し抜こうとするゲーム的状況においてはこのような記述は到底不可能である。ゲームの相手は物ではない。それはこちらの出方次第でいかようにも手を変えることのできる人間である。従って相手の出方を確率分布などによって記述することができないというのがゲーム的状況の本質をなしている。こうしてゲーム的状況においては不確実性を何らかの形で数値化することはできないけれども、相手のとる可能な行動のクラスは金銭や効用などのあらかじめ特定化された利得によってウエイトづけられている。つまり、相手のとる行動の自らに与える損得はあらかじめ分かっていると想定されている。この意味では、このような不確実性もやはり数値化されているといえるであろう。

以上を要するに、不確実性の経済学においてイメージされている不確実性とはサイコロや富くじ、あるいはチェスやトランプの不確実性だということである。このようにイメージされた不確実性の下では、人々のとる行動のタイプは自然と決まっていく。すなわち彼らのとるべき行動は、利潤や効用の数学的期待値を計算したり、あるいは利得行列を眺め回したりすることによって、リスクを考慮に入れながら最適な選択肢を選び取ることである。神がサイコロ遊びをする世界は自然科学の決定論的な世界とは相容れないが、経済学の決定論とは調和可能である。というのは、自然が確率計算を行うなどということは思いもよらないことであるのに対して、経済人なる人間の〝自然〟、すなわち理性は何の雑作もなくこの確率計算を行うことができるからである。

不確実性の経済学はこのようなサイコロのイメージを心に抱いて、保険の経済学、情報の経済学、ポートフォリオの理論といった領域を開拓し、他方でそれは、ゲームの世界をとび出して経済の寡占の世界へ、寡占の世界からその極限としての完全競争の世界へ、そしてまた軍事や外交の領域へと進出していく。もちろん、サイコロやチェスのイメージが通用する分野もあるにはあるだろう。たとえば保険は少なくとも保険会社の立場から見れば確率計算の効く分野であろう。だがこのような不確実性のイメージが通用するのは大海の一滴、経済社会現象のごく限られた領域にすぎないことはやはり銘記しておくべきである。確率計算は計算機も行うことができる。しかるに計算機の役に立たない不確実性、このような不確実性の世界こそ人間本来の活動領域であるはずだ。

ともあれ、不確実性が様々な形で記述することが可能であるとされる以上、不確実性の経済学に期待要素の入り込む余地はない。そこでは選択という一枚岩がこのような不確実性のタイプに応じて様々に姿を変えるにすぎないのである。もちろん数量化することができず、記述することのかなわない不確実性が存在することに目が塞がれるわけではない。しかしこの種の不確実性は、それが選択理論の守備範囲の外にあるからという、たとえばK・J・アロー(4)のいうような(理由にもならない)理由によって、門前払いを食わされるのである。

これに対して、ケインズ、フォン・ミーゼス、フランク・ナイトといった経済学者は経済生活にとっては確率計算のできない不確実性のほうこそが重要な意味をもち、しかも人間はこのような不確実性に遍く覆われていると考える。たとえばケインズ(57)にとって、ルーレット・ゲームやヴィクトリア債券の収益見込、あるいは寿命予測や天候などにまつわる不確実性は瑣末な不確実性である。この種の不確実性と違って、(一九三七年という時点での)ヨーロッパ戦争勃発の可能性、二〇年先の銅の価格や利子率、新発明の陳腐化の可能性、あるいは一九七〇年の社会体制における資産保有者の地位、このような将来の出来事や状態についての不確実性こそが、人間が人間として直面する本来の不確実性である。それは人間の無知に起因する不確実性であり、「端的にいってわれわれは知らないのだ」といわしめるような不確実性である。そしてこのような不確実性を克服しようとするところに人間独自の活動が現われる、とケインズは考えた。

将来の出来事が不確実なのは、ミーゼス(84)によれば、やはり人間が無知の存在だからである。将来の出来事は現在の出来事からまったく独立して生じるというわけではないが、しかし両者のつながりを知るには人間は余りにも無知である。たとえ一部の決定要因についてはこれを知ることはあっても、他のほとんどの部分についてはそうではない。それならば経験を積み重ねることによって両者の関係を近似的にもせよ知るようになるかといえば、必ずしもそうはいかない事情がある。というのは、人間の経験する出来気は束の間の一回限りの出来事だという性格を濃厚にもっているからである。

出来事をいったん時間や歴史の軸の上に置いて眺めると、それは大なり小なり一回限りの独自の出来事となってしまう。表面的には似通った出来事であっても、今日のそれと明日のそれとでは人々にとってもつ意味は違ってくることがあろう。確率論のいう事象のクラスとはその中の事象が、しかもその中の事象に限って生起するという意味でのクラスのことであるが、一回限りの出来事をこのようなクラスに括ることは不可能である。

こうしてミーゼスにおいては、そして同様にケインズにあっても、人は確実性等価とはほど遠い、始源的な不確実性の下に置かれる。現在の状態がいかに知りつくされていたとしても、それをもって未知の将来を推し量るにはいかんともしがたい限度というものがある。一方、将来に生じる可能性のある出来事はいかなるクラスを構成することもない。このような始源的な不確実性は一言でいえば、将来は見当もつかないという意味での不確実性である。このような不確実の下では、人がいくら情報を収集したところで事態が根本から改善されることはない。ケインズやミーゼスにとって無知とは人間の自然であり、人間の条件なのである。

ケインズやミーゼスがことさらにその経済的意義を強調するタイプの不確実性は、ナイトの『危険、不確実性、および利潤』(58) においてもまた重要な位置を占めている。彼によると、この種の不確実性は、先験的もしくは統計的な確率によって記述することのできる不確実性とは違った〃真の〃不確実性である。因みに、この真の不確実性を彼は「不確実性」(uncertainty) と呼んで(これはミーゼスの case probability に対応する)、それを記述可能の不確実性、すなわち「危険」(risk) (これはミーゼスの class probability に対応する)から区別している。真の不確実性は、ナイトにおいてもまた、「事象をクラスに括るためのいかなる種類の有効な基礎も存在しない」(58：225) ことをその基本的な特徴としているのである。

この種の不確実性に対してとうぜん人は何らかの主観的態度をもって臨まざるをえない。しかしそれが事象をクラスに括るための有効な基礎を欠いている以上、それに対して(頻度理論の)主観的確率をもって臨むことなど出来ない相談である。客観的確率が適用できないから代わりに主観的確率を、というわけにはいかない。ナイトの不確実性論の意図は、このようなタイプの不確実性を数学の形式論理の枠に、そして経済学の選択論理の枠に無理矢理おし込めようとすることではなく、かえって様々な経済現象や経済制度がこの種の不確実性と貼り合わせになっており、またそれによって存在理由を与えられている、ということを認識することにあった。ことに、経済の中の組織体に「企業」という特徴的な形態を与え、企業者に「利潤」という特異な収入をもたらすのは、この種の数量化不能の不確実性があるからだ、というのが彼の基本的な見解だった。

このような不確実性、確率計算の能わぬ不確実性を前にして、人はいったいどのような対応策を講じているのだろうか。あるいはまたどのような対応策が考えられるのだろうか。この点について、一つの可能な方途はこのような不確実性を少しでも減少させるような策をとることである。ナイトが示唆し、またR・H・コース(22)や西部邁氏(91)が明示的に論じたように、組織体としての企業は市場取引にまつわる不確実性を減らすための一つの制度である。企業の人的資源(経営者、労働者など)については十全な市場は成立しにくく、これら人的資源の取引には多くの不規則性と不可測性が伴う。この不規則性に規則性を、不可測性に可測性を与えるもの、それが市場に代わる組織である。企業のみならず一般に組織というものは、公式、非公式の組織を問わず、大なり小なり不確実性を縮減させる傾向をもっている。

先物市場もまたこのような機能をはたしている。現実に組織化されている先物市場のほかにも、条件さえ整えば、少くとも紙の上では、さらに様々な形態の先物市場を考案することもできるであろう。あるいはまた、自由主義者にとっては忌まわしいことであろうが、政府等の主体が未来をコントロールしたり、工学的手法を社会の領域に導入したりすることによって、不確実性を減少させることもできよう。現に計画経済はそうしている。要するに、人間は不確実性という波浪に一方的に翻弄されているわけではなく、様々な策を講じてそれを手なずけることも可能だということである。

しかし、それでもやはり不確実性は残るであろう。残るどころか相変わらず経済活動の基本与件の一つであることに変わりはないだろう。不確実性に直面して一方ではそれを軽減しようとするが、他方では不確実性の存在を前提としたうえでそれに対処していかなければならない。もっといえば、不確実な将来のカンヴァスにあるイメージを描き、描かれた像をもとにして行動しなければならない。つまり期待をもって不確実性に対処していかなければならないのである。

それではいったい、ケインズ、ミーゼス、それにナイトは、経済活動の基本与件としての不確実性と不確実性に対処するための期待との間に、どのような関連を見出したのであろうか。話が不確実性と期待の関係如何というところまでくると、彼らは、いちおうケインズは別としても、自己の立場を曖昧にしてしまう。たとえばミーゼスは、期待＝イメージの形成というものは総じて直観ないし心理の領域にありとみなす傾きがある。したがって彼にとって期待を論じることは直観や心理の領域に立ち入ることを意味する。ちょうどドイツ精神科学が感情移入や直観主義的な了解という方法によってこの領域を走破しようとしていたように。だがミーゼスの経済科学はこのような心理主義を厳に拒否する。とすれば、彼の経済科学は心理現象としての期待に深入りすることを事の当然として拒むのではないのだろうか。案に違わず実際に拒むのである。彼は人間の直面する不確実性のもつ意味や帰結を真正面から論じるけれども、不確実性論が論及せずにはおれないはずの期待論は経済科学の裏口からそっと追い払ってしまう。

他方ナイトはどうかというと、彼もまた期待を直観という現象に属するとみなしている。彼は、本来の不確実性の下では、人は「推論ではなく〝判断〟や〝直観〟に基づいて」(58：223) 行動すると主張し、またそこでは「常識が機能し論理は倒れる」(59：125) と考えている。反面、行論の成行きで「不確実性」をできるだけ「危険」の方に引寄せて解釈し、そうすることによって両者の間に妥協を見出そうと努めている箇所もある。

不確実性の経済的帰結について到る処で論じ、期待論に本腰を入れて取組んだのはケインズであるが、このケインズにしても期待を心理現象の一種とみなす一面があったことは指摘しておきたい。このことは、彼が企業者精神をアニマル・スピリットに喩えたことにもその一端が現れている。アニマル・スピリットという人間の活動性が強調されるとき、期待という要素は後景に退いてしまうことになる。未来というカンヴァスに像を描き入れるのではなく、このカンヴァスに向けて猪突猛進し、カンヴァスを突き破って未来を切り拓くのが、活動性としてのアニマル・スピリットだからである。

このようにミーゼスやナイトには、そしてケインズにも一部、数理から一足跳びに直観や心理へと跳び、そうすることによって期待という要素を素通りしてしまう傾向がみられる。だが、数理の終わるところで直ちに直観や心理が活動を開始する、とはたしていってもいいのだろうか。なるほど直観や心理という要素の重要性は無視しえないと思う。それどころか、期待という現象が数理よりははるかに直観や心理の領域に近い現象だということは私も認めたい。モースが期待という現象は生理学的・心理学的世界に近接した社会現象だというとき、彼はこのことに触れていたのかもしれない。だが、数理論理が役に立たないから直観だ、心理だ、というのは短絡だと思う。数理と心理との間にはそれらとは別種の論理がある、と私は考える。ナイトは、不確実性を前にしては推論は用をなさず、論理は倒れる、といったが、このとき彼は推論や論理を形式的推論、形式的論理に等置している。しかし推論や論理にはこれらとは異質のものがある。思うに、期待という現象を考えるさいには、直観や心理から出発してそれらを掘り下げていくよりは、むしろある種の推論、ある種の論理から出発する方がはるかに好都合である。

三　確率の論理学から推論の論理学へ

期待はたんなる空想ではないし、またたんなる閃きや直観でもない。それは未知の出来事についてのイメージを描くという点では確かに空想や閃きや直観と似たところがあるが、しかしこれらと違って期待はある種の「確信」に裏づけされている。

この確信はもちろん一面では主観的なものである。もしも既知の出来事や知識から将来の画像が客観的に、たとえば演繹的に、導き出せるのであれば、そのときには形式的な計算は行われても期待が形成されることはないだろう。期待形成の過程に主観の要素が介入するのは避けがたいのである。一方、期待はある面では客観的でなければならない。というのは、何らかの客観性が伴わなければ期待は気まぐれの空想あそびにすぎなくなってしまうだろうからである。主観的でもあれば客観的でもある両面的な状態、それが確信の状態である。期待とは、それをひとつの人間活動としてみる限りにおいては、既知の出来事や知識をもとにしてこのような確信に裏づけられたイメージを描くことだ、とさしあたり規定することができよう。

ところで、このように規定された期待が推論と同一の型式をもっていることは容易に分かるであろう。上の規定において、既知の出来事や知識という箇所を〝前提〟もしくは〝証拠〟という言葉に、イメージという箇所を〝結論〟という言葉にそれぞれ置き換えれば、ふつう推論と呼ばれているものの規定が得られるのである。この意味で期待と推論とは同型の人間活動だといってもいい。ケインズやフランク・ラムゼーの、そして彼ら以前のいわゆる「信念度」(degree of belief) の確率論は、このような推論の一要素をなす確信(信念)に何がしかの測度を与えようとするところの確率論なのである。確信や信念という要素は期待においても推論においても欠かすことのできない重要な要素である。本節ではこのような確信を、とくにその主観的と客観的との両側面を、ケインズ(52)やラムゼー(107)がどのように捉えているかということをみていくことにしよう。

ケインズが大文字で書くところの彼の確率論は、頻度理論とは性格を異にした論理的確率論である。彼の確率論をラムゼーは端的に論理学にほかならないと評している。といってももちろんそれは命題間の論理必然的な関係、もしくは真偽のカテゴリーを扱う形式的な論理学のことではなく、さきに述べたような意味での推論や論証を対象とする、いわば不確実性の論理学とでもいいうるものである。形式論理に依拠する数学などの論証も前提命題から結論命題を導く類のものであるが、しかしそれは論理必然の演繹的論証であり、またそれは、結論はすでに前提に含まれているという意味で同語反復的な論証である。これに対して形而上学の推論、あるいは自然科学における推論でさえも、これらは大なり小なり蓋然的な性格のものである。まして日常生活の中で人びとの行う推論はなおさらそうである。このような蓋然的推論においては、推論のもとになる証拠とその結論との間には数学的論理におけるような真か偽かの必然的な関係は存在しない。ただ「確率的」な関係が存在するのみである。いなむしろ数学的論証はこのような蓋然的推論の極限であり、ケインズによれば、真なる関係(確率1)と偽なる関係(確率0)はこのような確率的関係の二つの極限的なケースにほかならないのである。

推論や論証はこのように一般には蓋然的な性格を帯びざるをえない。蓋然的推論は推論し論証する主体としての人間を離れては考えることができない。ということは導かれた結論は大なり小なり個人の主観性を反映せざるをえない、結論とは多分に個人の確信や信念の表明という性格をもたざるをえない、ということである。このような確信・信念の度合を数値化したものが信念度としての確率であるが、ケインズの論理的確率論の特徴はこの信念をある意味では客観的な「合理的信念」(rational belief) として捉えている点にある。彼のいう確率はこの合理的信念の測度なのである。さきにわれわれは、期待や推論には確信という要素が含まれており、この確信は個人の主観性を反映せざるをえない一方で、何らかの客観性をも含みもっていることを示唆した。そうだとすればケインズの合理的信念という概念にもこれら二つの側面がとうぜん含まれていると予想されるであろう。それではいったい彼が、これらをどのような意味での主観性、どのような意味での客観性だと考えていたのだろうか。

結論をあらかじめいっておくと、ケインズは信念という語の頭に〝合理的〟という形容詞をわざわざ冠することによって、信念という言葉に往々にして伴いがちな心理臭、主観臭をほとんど一掃してしまおうとするのである。彼は現実の人間が実際に抱く信念と他方の合理的信念との違いを繰返し繰返し強調している。前者は個人の心理や性向、あるいは気まぐれといったものさえ含むであろう。しかし後者は「客観的に固定され (fixed)、われわれの意見からは独立している」(52：4) ようなものである。

その意味するところはこうである。なるほど推論の結果えられた結論命題の信憑性は決して一様ではない。つまりわれわれは、いかなる命題に関してもそれをア・プリオリ(無前提的)に真とか偽とか、あるいは確からしい (probable) とか疑わしい (improbable) とかいうことはできない。結論命題は前提となる証拠をもとにして導き出されたものである。したがって命題の真・偽、確かさ・疑わしさについてわれわれが何かをいうことができるのは、われわれがあらかじめ保有しそして証拠とした知識との相対関係においてのみである。知識が乏しかったときには相当確からしいと思われていた命題も知識が増すにつれて疑わしさの度合を強めるかもしれない。たとえば気圧配置の知識のみによって出す天気予報は、さらに風力、風向、人工衛星写真などの知識が加わることによって、予報の確度を下げることもあろう。このように、前提となる知識の質や量が変化すれば、推論における信念の度合は一般には変わってくるであろう。だが、とケインズはいう、ある質・量の知識しか持ちあわせていないとき、ある命題に対して抱く確信の度合は個人個人の主観性とは関係がない。人それぞれの信念ではなく、ある客観性をもった信念、この信念が彼のいう合理的信念である。ケインズのいうところによれば、それは「所与の状況のもとでそうした信念を抱くことが理に適っている(rational)ような」(52：4)信念のことである。

ケインズの論理的確率論における推論は実をいうと現実の人間が具体的な状況のもとで行う推論ではない。彼は人びとが日常生活の中で行う推論も彼の論理的確率論の枠内にあることを仄めかしているが、もしそうだとしたらいったい人びとの意見から独立した合理的信念とは何なのだろう。科学的推論ならともかく、少くとも人びとが日常行う推論においては、得られた結論の確からしさについての信念はやはり主観性を帯びざるをえないだろう。

ジョージェスク－レーゲン(35)もいうように、確率論が推論や期待を堅固で客観的な基礎の上に置くことができた日には、われわれを困惑させる問題のあらかたは片づいてしまうであろう。そのあかつきには、たとえば企業の役割というものも、彼が揶揄していうように、「確率関係局(the Probability Relation Bureau)とでも呼ぶべき、〝正しい〟決定を自動的に下す企業の一部局によって、乗っ取られてしまう」(35：255)ことになるだろう。ケインズの論理的確率論、すなわち彼の推論の論理学は、「合理的信念」というどこか辻褄の合わない概念からしても分かるように、推論の主観的側面と客観的側面の間に何とか折合いをつけようとするが、前者のほうは概ね排除される傾向にあるのだ。そして後に残るのは人びとの個人的意見には関わらない文字通りの客観性である。

このような傾向を捉えてであろう。ラムゼーはケインズの確率論で考えられている推論は基本的には演繹的な推論と選ぶところがないという。というのは、このような推論においてもまた結論はすでに前提の中に胚芽として含まれているともいえるからである。ケインズは推論の前提命題と結論命題の間には一意の合理的信念に基づく確率関係があると考えたのであるが、ラムゼーはこのような確率関係の存在を否定する。曰く、「私はこのような関係を感知することはないし、他の人びとにしたところで同じであろう」(107 : 161)。要するにラムゼーの念頭にある推論は日常人びとが行うところの推論であって、そこでは確率関係と信念の間にはケインズの考えたような一対一の客観的関係など存在せず、合理的信念の測度としての確率は神のみぞ知る類のものだというのが彼の見解である。

推論に伴う信念や確率が多かれ少なかれ主観的なものだという点については私も彼に同調しよう。しかし、彼がこのような信念の度合を測ろうとして「純粋に心理的な手法」を用いようとし、そして信念を一種の心理的な状態だとみなそうとするとき、私は彼と袂を分かたざるをえない。ラムゼーが論理を心理に置き換えようとするさい、ケインズの論理的確率論の出発点にあった問題意識は、いわば赤ん坊が湯水とともに洗い流されてしまうように、洗い流されてしまうのである。不確実性下の蓋然的推論には確かに主観性が介入せざるをえない。しかしそこにはまた、ケインズのいうような客観性ではないにしても、やはり個人の気まぐれや単純な直観には還元することのできないある種の「客観性」が存在することも確かなのである。ラムゼーは個人の心の裡にひそむ信念度を表に現われた行動によってつかもうとする。たとえば、〝問題となっている命題が真である〟という賭けに対していくらの貨幣を支払う用意があるか、賭け率はいくらか、といった具合にである。これはキリシタン信者の信仰度を踏み絵を踏ませることによって測ろうとするのと同じであろう。このようにして信念の客観的側面は彼の視界から姿を消してしまう。彼のいう信念とはせいぜい束の間の心的な状態を表わすものにすぎなくなってしまうのである。

彼が心的状態としての信念度に数値を与え、それによって彼の信念度理論を構成していく手際は水際立っており、この面に関する限り従来の信念度理論はラムゼーの比ではない。このような彼の手法が、同じく心的状態たる個人の期待効用に数値を与えようとするノイマン＝モルゲンシュテルン流の期待効用理論を先取りしているといわれるのも、なるほど肯けるところである。だがものには反面というものがある。すなわち、数値化の手法の洗練化とは裏はらに、ラムゼーの考える推論は推論としての性格を著しく希薄にしている。ケインズの合理的信念の確率論は推論という人間活動から骨と皮だけを取り出すのだが、それでもやはりそれは推論である。ところが、心理主義化したラムゼーの推論はいわば換骨奪胎された推論であり、ほとんど推論とは呼べないものに変質している。

期待は推論と同型だと先に述べたが、このこと自体に間違いはないと思う。しかし期待＝推論をケインズの考えるような論理、あるいはラムゼーの考えるような心理に帰着せしめることはできないだろう。確率の論理は形式論理の世界に属している、とラムゼーは主張し、そのことをまたケインズも認めた。そして彼らは信念や確信の論理学をひとつの確率論として、形式論理の世界に近づけようとしたのであった。このような彼らに対して私は、期待＝推論は現実の個人が具体的な状況の中で行う推論であり、このような推論の論理は確率論の形式論理とは異なった次元にある、と考える。

四　推論（解釈）としての期待

推論の論理というとまず頭に浮かぶのが演繹法と帰納法であろう。これらは古来、推論法の代表格とされてきたものである。それでは推論としての期待がこれらの論理形式に収まるかといえば、そうもいかないのである。

前にも述べたように、既知の知識や出来事から未知の出来事が一意的・客観的に導出されるのであれば、そもそも期待を形成する必要など存在しない。一方、帰納法についていうと、その推論としての本質は個々の具体的事例からある一般的命題なり法則なりを「経験的一般化」によってうち建てようとすることにあるのだが、日常の期待＝推論はこのような一般的命題や法則を定立しようとするわけではない。企業者や商人は科学者とは違うのである。となれば、期待についての考察の手がかりを失なうようにみえるが、必ずしもそうではない。というのは、人びとが日常行っている推論の中には帰納法の性格を有するものがないわけでもないからである。そこでまず、このような手法を手がかりとしながら推論としての期待の性格について議論を進めていくことにしよう。

期待形成の方法の中でも、たとえば株価がこれまで上昇してきたから今後も上昇するであろう、という類の方法は最も単純なものであろう。このようなやり方も、既知の知識（すなわち株価のこれまでの動向）から蓋然的な結論（すなわち株価の今後の動向）を導き出している点で一種の推論といえる。そしてこれが帰納的推論に似通っているのは、既知の事態からそれと類似した事態の出現を予想しているからである。現にC・S・パース（98：II：479）は、これまでそうだったから次もそうなるだろうという形の、いわゆる類比（アナロジー）による推論を「単純帰納」（crude induction）と呼んでいる。ケインズの『一般理論』におけるいわゆる「慣習的方法」、すなわち事態は無限につづくと仮定して、過去や現在の事態を将来というスクリーンに投影するような期待形成の方法は、まさしく単純帰納そのものである。

単純帰納による推論は、これまでの（経済の）状態や趨勢にあまり変動がみられなかった場合には確かに有効であろう。というのは、その場合、人びとは似たり寄ったりの期待を抱き、将来は期待通りに実現しがちだからである。まして自然現象においては、単純帰納が効力を発揮する可能性はいっそう高くなる。この一週間雨が降りつづいていたとすると、他に何の情報がなくてもこの事実をもとにした〃明日もまた雨が降る〃という予想は高い確度をもって的中するであろう。だが、事態が流動的であればこのような方法は有効性の基礎をなくしてしまう。ケインズも、このような方法が有効なのは「われわれが慣習の維持に信を置くことができる場合に限る」(56：152，150*）という但し書きをつけているのである。

これまで通りのことが将来も起こるだろうと考えるのは確かに有益な「知的習慣」であるが、経済が流動化し状況化していくと知的習慣はその基盤をなくしてしまう。「これまで通り」はもはや存在しないからである。しかも、以前と同一の事実や出来事が起こっても、それらのもつ意味はかつてとは違っていることもある。不確実なのはたんに将来だけではない。流動化している現在もまた将来に劣らず不確実なのだ。

このような〃状況〃において期待を形成しようとするとき、過去や現在の経験的事実はただそれ自体では期待（推論）の証拠とはなりえない。人はまず、数ある事実の中から推論の役に立つと思われる事実を選び取らなければならない。凡庸な投資家にとっては過去の株価の動静のみが「事実」かもしれないが、少しでも目先の利く投資家であれば、彼の「事実」の中には過去の株価の動静はもとより、景気の状態とか、さらには国内・国外の時事的な出来事のようなものまで含まれるであろう。このようにして取捨選択された事実、これらはすでにある「観点」から取捨選択されているが、今度はこれらをもう一度再構成しなければならない。個々の事実は証拠価値に従ってウェイトづけられ、それらはさらに有機的に全体化される。こうしてはじめて、それらは推論の有効な基礎となりうるのである。要するに、個々の事実はそれらをいくら掻き集めてもただそれだけでは有効な証拠とはならず、それらは「解釈」されなければならない、ということである。

期待＝推論は既知の出来事や知識をもとにして将来のイメージを形成する。このような方向で期待について考察し論じている人は少なくないが、しかし残念なことに彼らのほとんどが推論の前提となる知識や出来事を一意で紛れようのないほど明白な事実としたうえで議論を展開している。『確率論』のケインズ、『一般理論』のケインズにしてもそうである。なるほどこれらの知識や出来事は、すでに知られている、すでに起こったという意味では既知である。しかしそれらは推論を行う当事者にとってはいかようにも解釈できる、そういった意味では未知なのである。期待という人間活動の本性を考えていこうとすれば、過去や現在は既知で確実であり、未知で不確実なのは将来だけだという常識は是非ともうち破らなければならない。そうしたときにはじめて、期待＝推論の論理はケインズの傾く論理客観主義ともあるいはラムゼーの傾く心理主義とも異なった、独自の相を現わすと思われるのである。それではいったい解釈とは何なのか。解釈という活動は期待という活動とどのような関わりをもっているのか。このことを考えていく端緒として、S・A・オズガならびにL・M・ラックマンの期待論を取り上げるのが有用である。まず彼らの見解について検討を加えていくことにしよう。

S・A・オズガ(96)もまた期待を推論として把握するひとの一人である。そしてラムゼーと同様に、彼もまた推論の前提と結論の間にケインズの考えるような客観的論理関係が存在することに疑問を呈する。そして、論理関係を分析するためには主観的要因を重視しなければならない、とする点でも同じである。だが彼の考える主観的要因は結論命題に対する賭け率に表われるような類のものではない。それは事実に対処するさいに現われる主観性であって、この主観的要因が推論過程に入り込むのは、ほかでもない、推論の当事者が推論の証拠となる個個の事実に直面するときである。ラムゼーはもとより他の多くの論者の行き方とも異なっているのは彼のこのような認識であり、これが彼の期待論に独自性を与えている。

それではいったい、人はどのようにして個々の事実に直面するのだろうか。それらは万人の眼に同一の現われ方をするというのがファクチュアリズムであった。しかるにオズガは、同一の事実であっても人の眼には必ずしも同一のものとして映りはしないという。なぜか。それは「知覚」は人ごとに異なっているからである。だから「ある個人の知覚する証拠は他の個人の知覚する証拠とは、たとえ両人が同一の事実に直面していたとしても、きわめて異なったものになるかもしれない」(96：79) のである。知覚――すなわち彼のいう主観的要因とは心理学的な要因のことである。しかし彼のいう知覚はたんなる感覚ではない。もしそうならば証拠としての様々な事実は事実の単純総和の域を出なくなってしまう。彼の考えている知覚とは、実のところは個々の事実をある有機的な全体にまとめ上げるような知覚のことである。つまり彼はゲシュタルト心理学を期待の過程に適用しようとしているのである。

ゲシュタルト心理学が唱えるのは、人は周囲の世界を個々の要素の単純和として知覚するのでなく、一つの有機的全体として知覚する、ということである。たとえば絵画を眺めるとき、われわれはそれを点や線や色彩の総和として見るのでなく、あるまとまりをもった全体として眺める、というわけである。ところで個々の要素の配列の仕方、したがって要素から構成される全体は無数に存在する。したがって人の知覚する全体像は一般には人ごとに異なるであろう。こうして、ゲシュタルト心理学を援用すれば辛うじてファクチュアリズムだけは脱することができるわけである。だがゲシュタルト的な知覚も受動的な知覚であることに変わりはない。だから同一の人が同一の対象を前にしてそれを様々な仕方で任意に知覚するということは不可能である。対象をAというイメージで知覚したりA′というイメージで知覚したりするというわけにはいかないのである。

さらにオズガが、ゲシュタルトとして知覚されるのはたんに証拠としての事実だけでなく、証拠とそれをもとにして推論された結論との全体もまたゲシュタルトとして知覚されるというとき、期待=推論は自由度を欠いた、非常に硬直化したものになっている。この、心理というオートマティズムに雁字がらめにされた推論は、ラムゼーのそれとはまた違った意味で、推論と呼ぶにはほど遠いのである。このような難点を克服するには、人は証拠を知覚するのではなく、読解するのだ、あるいは解釈するのだ、と考えなければならないだろう。同一の個人が同一の証拠を前にしても彼はそれを様々に解釈しうるのである。

期待におけるこの解釈の役割をつとめて強調したのはL・M・ラックマン(61)である。世界が事実の寄せ集めではないことを説き、期待形成の過程においては主観の介入が不可避であることを強調する点では彼もオズガと同様である。だがラックマンのいう主観とは知覚といった心理的なものではない。それは事実を解釈するにさいして入り込む主観なのである。「社会的世界は事実から成るのではなく、事実に関する解釈から成立っている。」(61：68) また「観察された出来事は解釈という枠組に照らされるのでなければまったく意味をなさない。解釈は観察される出来事に論理的に先行している。」(61：72) そして「出来事を解釈するということは、それを〃状況〃の画像にあてはめることである。」(61：75) 一九四三年という比較的早い時期に書かれた彼の論文は数多くの示唆的な見解や章句で満ちている。その中でもとりわけ重要だと思われるのは、彼が事件や出来事を「状況」として捉え、しかもこの状況を「記号」にも似たものだと示唆していることである。状況=記号はその意味を解き明かすために解釈を必要としている。そしてこの解釈の妥当性は、彼によると、心理や生理にではなく、「(状況という)記号を読み取る能力」に負っているのである。

たとえば企業者を例にとってみよう。彼は期待を形成するにさいして、既知の諸価格や需給量、あるいはその時その時の経済的・社会的情勢をたんなるデータや事実として受け取るわけではない。それらはラックマンもいうように、ひとまとまりの「状況」をなしており、企業者はこの状況を解釈することによって期待を形成するのである。価格というものは経済学が考えるような孤立したシグナルなどではなく、様々な意味を担った、あるいは担いうる記号、全体的な状況＝記号体系の一構成要素なのである。それではいったいラックマンが状況の解釈と期待との間の内的関係をどのように考えたかというと、彼は、期待形成は状況の画像を描くことに付随して起こる、と述べるにとどまっている。われわれは彼が立ち止まったところからさらに一歩、歩を進めなければならない。

われわれは期待を、前提から蓋然的な結論を導くところの一種の推論だと考えた。この前提とは期待を形成する主体が有する知識、あるいは彼が経験した出来事などである。しかしこれらは必ずしも確定した意味をもっているとは限らず、むしろそれらは全体としての「状況」の構成要素をなしているとみなすべきである。彼は、絵画や詩歌を解釈するときと同様に、状況を様々に解釈しうる。個々の事実に対するウェイトの置き方、それらの関係づけ方のいかんによって、この状況＝記号は彼に対していろいろな意味を表わしうるのである。彼はそれをAと解釈することもできればA′と解釈することもできる。あるいはA″とも解釈することができよう。だが彼は最終的には状況をA、A′、A″等のうちのどれだと判断するのだろうか。

この点について、ラックマンは、まず最初に状況の解釈が定まり、それに付随して期待が一意に定まると考えたのであった。だが期待形成のこのような方向(状況解釈↓期待)は実際の期待形成過程の片面でしかないだろう。というのは、期待形成の過程は彼のいうような方向だけでなく、それとは逆の方向(期待↓状況解釈)をも同時に含みもっていると考えられるからである。状況の解釈は何らの観点もなく行われるわけではない。まず解釈者自身が一人の具体的人間だということがある。具体的人間としての彼は歴史の中の存在であり、先入見や偏見、習慣や慣習・伝統などで充溢した個人史・社会史の中にいる。この歴史的存在としての人間は特定の状況に直面するに先立って一定の観点(X^0)をもっている。彼はあらかじめもっているこの観点をもって状況に臨むのである。さらに、状況に臨み状況を解釈しようとするさいにも、この解釈は一定の観点のもとに行われる。この観点となるのが暫定的に設定されに期待(X)であり、これをもとにして状況は解釈あるいは再解釈されると思われる。

つまり、期待形成は二重の方向をもっており、それに応じて期待も二重の意味をもつ、ということである。状況解釈→期待という方向における期待はイメージや画像としての期待であり、期待→状況解釈という方向における期待は「仮説」としての期待である。期待は二重の意味をもち、期待形成過程は二重の方向をもっているということ、これは要するに期待形成過程は状況解釈と期待設定の反復過程をなしているということである。これを図式化すると、$X^0 \rightarrow A \rightarrow X \rightarrow A' \rightarrow X' \rightarrow A'' \rightarrow \cdots$ というふうに書くことができるだろう。期待が改訂される(たとえば$A' \rightarrow X'$)とともに状況も新たに解釈し直され(たとえば$X' \rightarrow A''$)、平衡点に達したときにこのプロセスは止む、そしてそこでは$A^* \leftrightarrows X^*$が成立している、と形式化すればこのように書くことができる。X^*が確信された期待であり、期待＝仮説X^*に照らしてみたとき現在の状況は十分に納得のいくもの(A^*)になっている。この意味でこの平衡点を確信の状態だということができるだろう。

このようなプロセスの最後の平衡点$A^* \leftrightarrows X^*$だけをとってみると、それがC・S・パースのいうアブダクション(仮説的推論)に酷似していることが分かるだろう。アブダクションとは彼が演繹、帰納と並んで挙げる第三の推論法であり、発見の論理として彼が三つのうちで最も重視するものである。それは次のような論理形式をもっている。

驚くべき事実Aが観察される

しかし、もしXが真であれば、Aは当然のことである

したがってXが真であると考える理由がある。(98：Ⅴ：117)

アブダクションの一例としてパースは次のような例を挙げている。「化石が発見される。それはたとえば魚の化石のようなもので、しかも陸地のずっと奥の方で見つかったとしよう。この現象を説明するために、われわれはこの一帯の陸地はかつては海であったに違いないと考える。これも一つの仮説である。」(98：Ⅱ：375) この例をさきほどの形式にあてはめてみよう。魚の化石様のものが内陸で見つかったという事実(A)があり、もしこの一帯がかつては海だったという仮説(X)を設けるなら、この事実には説明がつく。したがってこの一帯がかつては海だったと考えるには十分な理由がある。要するにアブダクションとは事実や状況に直面し、それらに解釈を与える仮説を定立するような推論法、すなわち形式論理では導出することのできない命題を見出す推論の論理であり、この意味でそれは「発見の論理」といえるのである。

パースのアブダクションがわれわれの期待形成プロセスの平衡点であるのを見るのは簡単である。上記の論理形式、あるいは化石の例のA、Xを、それぞれA*、X*に置き換えればいい。魚の化石様のものが内陸部で見つかったという事実からこの一帯がかつては海だったという仮説を定立する過程は、われわれの平衡点におけるA*↓X*の過程であり、一方、このような仮説に照らせば、魚の化石様のものが陸地の奥部で見つかったという事実に説明がつくというのは、平衡点におけるX*↓A*の過程を表わしている。今度は期待形成の過程をパースのアブダクションに引寄せてみよう。いまA*という経済的・社会的状況がある。このときX*という期待を形成し(A*↓X*)、形成された期待によってその状況を解釈してみると(X*↓A*)、なるほど、現在の状況は納得のいくものになっている。したがって期待X*は確信をもった期待である。こうしてみると、われわれの期待形成過程の最後の平衡点

とパースのアブダクションとは酷似しているどころか、まったく同一であるといってもいいのである。

期待形成にしろアブダクションにしろ、重要なのはそれらが人間の未知の領域や世界に向けての活動だということであり、しかもそこにおいては人間の直観力と知性がともにあい働いているということである。このことは期待形成過程やアブダクションの両方向性に表われている。状況解釈→期待という方向、あるいは事実→仮説という方向においては人間のもつ閃きや直観というものが多分に介入してくるであろう。ナイトは彼のいう真の不確実性のもとでは人は直観に頼らざるをえないことを説いたが、このような直観が入り込むのは期待形成過程のこの局面においてである。しかるにいまひとつの方向、期待→状況解釈、仮説→事実という方向を成り立たしめるのは多分に人間の知性であるといっていいだろう。このような方向が直観や感性の過剰化を制御していく、というのは通俗的であろうか。

いまひとつ、以上見てきたような期待形成の過程は必ずしも自覚的に遂行されるというわけではなく、むしろ解釈とか期待＝仮説の定立は無自覚・無意識のうちに行われる場合が多いだろう。だが無意識だからといってこの過程を心理学的・生理学的な事実に帰着させたり、あるいは直観に全面的に依拠させたりするのはやはり誤りであろう。それは敢えていえば記号を扱い記号に扱われる人間の無意識の過程である。パース (98：V：156–189) が説き、ハイエク(39) が主張するように、人間の知覚でさえ一種の記号過程だと考えることもできるのである。

また、このような過程で形成された期待はある種の確信に裏づけされているが、しかしそれはケインズのいう合理的信念、つまり個人の主観を排した類の信念ではない。それは解釈の妥当性にかかわる信念、確信である。期待＝推論の論理というのは、一言でいうと、状況＝記号の体系から何がしかの意味を読み取り、それをもってまた状況を再解釈するという、いってみれば記号解読の論理である。

第三章　期待について（二）

——規範としての期待——

一　はじめに

期待は、つきつめていけばある種の推論としての性格をもつ、というのが前章の主張であった。このような主張を行うにさいして、われわれは、不確実なのはたんに将来ばかりでなく、過去や現在もまたある意味では不確実であることを強調したのであった。A・J・エイヤーいわく、「過去をさす命題は、現在をさす命題と同じように仮説的な性格をもっている。」(5：120*) 未来だけでなく現在も、そしてまた過去さえも仮説的な性格をもっている、ということは期待を論じるにあたっては忘れてはならないことである。

過去や現在は未来をさす命題の証拠となるが、その一方で、未来をさす命題は過去や現在を解釈するさいの視点を提供する。期待を形成する現在という時点は過去と未来という二つの〝不確実性〟の間に挟まれた恰好になっており、人はこれら二つの不確実性の間を行きつ戻りつすることによって、実のところは双方の不確実性に対して確定した意味を与えようとしている。確信の状態とはこの両者について確信を抱いている状態である。

期待を形成するさいの前提となる多種多様の事実は個人にとっては経済状況として現われる。期待＝推論の論理とは経済状況という記号を解読する論理だというのが前章の結論であった。

繰り返すが、期待を形成する個人にとっては未来のみならず過去もまた不確実だと考えなければいけない。この点に関して、J・ロビンソンの「歴史的時間」は未来についてはその全き不確実性を強調するけれども、過去に関してはその確固不動の性格を強調するのである。彼女によれば現在という時点は未知の将来と変更不可能な過去との分岐点である。そして「今日というものは時間の断絶を意味する。今日存在する短期的状況は地質学上の断層のようなものであり、過去の発展と将来の発展とは一直線上に存在するものではない。」(113 : 193*) ロビンソンは新古典派の可逆的な時間概念、論理的時間の概念を抽象の産物として退け、それに代えるに一方向的な歴史的時間の重要性を強調する。確かに彼女のいう歴史的時間は論理的時間に比べればリアルである。だが彼女が活動主体としての人間を変更不可能な過去と未知の将来との分岐点に置くとき、この人間にとって過去とは未来によってのりこえられるものでしかないことになる。その結果、彼女の経済活動論においては期待という要素は不可避に背景に退いてしまう。代わりに人間の奥深くに潜む能動的な活動の衝動、すなわちアニマル・スピリット(血気)の能動性が前景に押し出されるのである。過去も未来もない論理的時間の上に構成された機械模型は、今度は、時間の断層を飛躍するエラン・ヴィタルに牽引される「因果的」模型にとって代わられるわけである。

エラン・ヴィタル、血気、決断などの活動のカテゴリーを基礎に据えた経済学の非決定論は理性的個人を基礎にもつ新古典派の決定論の対極にあるといってもいいだろう。というのも両者は合理-非合理の一次元上の対立だという色彩を強く帯びているからである。実際、多くの点において一方の主張は他方の主張の裏返しだという性格を多分にもっている。機械論や決定論を退けようとする点においてはわれわれもロビンソンと変わるところがない。また、非決定論の世界においては血気や決断といった活動要素が小さからぬ役割を果たしていると考える点でも彼女と見解をともにしている。だがこのような活動要素が何の衣服もまとわずにむき出しのままで経済を動かす――彼女の主張をそのまま辿ればこのような動態観にいきつくはずである――とはとうてい考えられない。この決定的な点でわれわれは彼女と袂を分かつのである。選択マシーンの機械論の世界も異様だが、衝動によってつき動かされる「歴史的時間」の世界もやはり異様である。

これに反して期待は、たとえそれが直観や閃きや決断といった〃非合理〃的な要素を含むとはいえ、基本的には一種の知的活動であり、人間独自の精神作用である。この人間活動としての期待は決して非合理の現象ではない。それは解釈、判断、想像力といった活動要素の複合体であって、このような期待を通して過去と未来はつなぎ合わされるのである。ロビンソンのいうように過去と未来は断絶してなどいない。過去は未来を萌芽として含んでおり、また未来は過去の残照によってほの照らされている。新機軸や新結合などの経済革新はともすれば経済主体の能動的な活動衝動に帰せられがちであるが、これらもまたもとをただせば期待＝推論の所産であるといえよう。期待＝推論は既知の知識をもとにして新たな知識を見出すという意味で発見の論理といえるのであり、それはパースの用語を用いると、「拡張的推論」(ampliative reasoning) なのである。

期待という現象を期待形成という面から眺めると、それは人間の知的活動であり、推論である、という結論にいき着いた。しかしそれは期待という現象の高々半面であるにすぎない。というのは、そこには人間活動としての側面だけではなく、いま一つ、社会的な側面もあると思われるからである。

人びとは様々な場面や局面で各人各様に期待を形成するが、このような〃ミクロ〃的期待はある〃マクロ〃的期待の磁場の中で形成され、後者は前者を大なり小なり枠づけている、と考えられる。将来についてのある共通のイメージ、あるいはまた法や規範といったものがそれである。これらは一個の社会的観念として存在している。そして人びとは、これらが実現し、また実施されるのを、文字通り期し待つのである。本章ではこのような規範もしくは社会的観念としての期待について論じていくことにしたい。そのさいケインズの「長期期待」概念を手がかりにして考察を行うが、それに先立ってまずG・L・S・シャックルの期待の経済学について検討を加えておくことにしよう。

二　カレイドスコープの経済学

カレイドスコープ、すなわち万華鏡とは、円筒の中に三角に組んだ鏡板を装置し、その中に色とりどりのガラス片を組み込んだ玩具である。ガラス片はでたらめに配列されているが、それらは鏡に映し出されて一つのシンメトリックな模様を描き出す。筒を揺り動かすともとの模様は破壊されるけれども、すぐにまた新しい模様が作り出される。レヴィ＝ストロース(66)のいっているように、カレイドスコープは、秩序と無秩序、静止と変化、法則性と偶然性といった様々な二項対比の綾なす多彩なパノラマである。しかるに経済社会を喩えるに用いるシャックルのカレイドスコープはこれら二項のうちの一項、すなわち無秩序、変化、偶然性のみから成るカレイドスコープであり、彼は経済社会の変転きわまりないさまをほとんど一面的といっていいほどに強調するのである。

選好や嗜好の個人主義によって形づくられる均衡の経済学が調和の世界を描くのに対して、「期待の主観主義」(L・M・ラックマン)(62)に基礎づけられたシャックルのカレイドスコープの経済学、彼の名付けるカレイディクス (kaleidics) はやむことのない変化の世界を描き出す。彼の覗き見る万華鏡は「変化の無限の豊かさと、期待形成という行為の気まぐれな不安定性を集約的に表現する」(121 : 428) ものである。行為の気まぐれな不安定性を集約的に表現するという期待は、別の表現によると、「摑まえどころのない、断片的で混沌とした証拠をもとにして作り上げられた〝空想〟のようなものであり、これといった原因もないのに時々刻々と変化しうる」(121：8) ものだということになる。このように彼は経済社会の不安定性に一方的ともいえる強調点を置き、その原因を個人の抱く期待の不安定性に求めるのだが、その彼とても期待が多面的な相をもっていることを見逃しているわけではない。仮説、信念、希望、推測といった要素から期待が成り立っていることを彼もたびたび述べている。しかしこれらは彼にあってはとりとめなきものの代名詞であって、これらはその気ままな移ろいやすさによって特徴づけられている。われわれは、個人が期待を形成する場合、形成された期待はその人その人の主観を反映するとともに、反面ではある種の客観的な確信によって支えられていることをみてきたが、シャックルは期待の中に根なし草のように浮動する類の主観のみを見てとるのである。

断っておくが、期待には彼のいうような不安定性がないなどといっているのではない。たとえば証券市場のごときはとりわけ期待の不安定性によって特徴づけられるような市場であろう。ケインズが論じそしてシャックルが強調しているように、そこでは投機的な思惑が駈廻り、強気筋 (bull) と弱気筋 (bear) の位置関係は絶えず変化する。人びとの抱く見解が多様であるからこそ〝売り〟と〝買い〟が同時に存在するのであり、また人びとの抱く見解が日々変化すればこそ投機の利益も生じるわけである。つまり証券市場は期待が多様でありまた変化することをその成立条件としているといえるであろう。

だが彼の期待の経済学、すなわちカレイディクスは、期待という要素を通じて証券市場だけでなく経済社会全体をも見ていこうとするひとつの経済社会観である。そして彼が経済社会を変転きわまりない万華鏡の世界として描こうとするとき、われわれは力学的な経済社会観を疑問視するのとはまた別の意味で、彼の経済社会観を疑問に思わざるをえない。

いったいカレイドスコープの社会（kaleidic society）とはどのような社会なのだろう。あるいは、彼は〝社会〟という言葉をどのような意味で用いているのだろうか。彼の批判する新古典派の力学的均衡の理論は、均衡という形においてではあるが、調和や秩序という社会が本来もっているはずの一面――一面にすぎないのであるが――に触れているといえないこともない。ところが、証券市場を一般化したかの観がある kaleidic society は社会らしき面をほとんど何ひとつもっていないのである。

カレイディクスは機械論、決定論、均衡論の裏返しだという性格が強い。彼はカルテジアンに対するにベルグソニアンであり、機械的な因果決定論に対しては機会原因論、たとえば「オレンジを見たことがモーツァルトにとって『手を取り合おう』の二重奏を作曲するきっかけとなった」（C・シュミット）（118：104*）ように、その都度その都度の機会や状況が個人の行動を決定すると考える機会原因論、の立場をとり、そして歴史の必然性に対しては歴史の「原因を欠いた」（uncaused）（123）恣意性を強調する。そして当然のことながら、社会的コミュニケーションや社会の連続性といった社会を特徴づける要因は、機械論の場合もそうであったが、彼にあってもまた視野の外におかれてしまうのである。

ハイエクの無知の個人主義も、シャックルの個人主義と同様に、やはり嗜好の個人主義とは別物であり、それは期待、信念、意見などの観念的要素を基礎に据える主観主義であった。そしてそれもまたある意味では期待の主観主義と呼んでさしつかえないだろう。だがハイエクの主観主義が嗜好の個人主義はもちろんのこと、シャックルの主観主義からもはっきりと区別されるのは、ハイエクのそれが主観の多様性を認めながらも、他方ではそれを整序化する場、つまり〝社会〟の存在を避けがたく認識するのに反して、シャックルのそれは個々人の主観の多様性や不安定性に不当ともいえるほどの力点をおいている点である。シャックルの期待の主観主義はある面

では ロビンソンの血気の能動主義にも比せられよう。だが彼女の場合には、少なくとも振子の運動とは異なった動態性を主張し説明しようとする積極的な意図がある。しかも経済社会の動態が経済主体の能動的な活動性にその一端を発していることは事実だと思われるのである。これに対してシャックルのカレイディクス、それは歴史観というよりはむしろひとつの社会観なのであるが、このカレイディクスには社会について何かを主張し、また何かを説明しようとする積極的な意図が感じられない、といったらいい過ぎであろうか。彼が主観の多様性のみを強調し、そして経済社会の刹那性を力説するとき、観られるべき当の社会はどこかに消え去ってしまっているのである。

このようなカレイディクスの眼を通してケインズを眺めると、ケインズは、『貨幣論』というウィクセル＝ミュルダール流の〝不均衡論〟を起点とし、『一般理論』という〝均衡理論〟の迂回路を経由して、一九三七年の論文「雇用の一般理論」の高みに到達したということになる(122)。『貨幣論』から『一般理論』への歩みは「良い方法」から「悪い方法」への、そして「明晰さ」から「曖昧さ」への歩みである。そして最後にいき着く「雇用の一般理論」は彼にいわせると「無秩序の経済学」、すなわちカレイディクスであり、そこにはケインズのニヒリズムさえ漂っているというのだ。

確かに、『一般理論』ではそれ相応の意義を与えられていた慣習的な期待形成方法も、「雇用の一般理論」では一転してその脆弱さのみが強調されるようになる。不確実性下の人間とは嵐の波間に漂う木の葉のごときものである。「静穏不動、確実安全な慣行は突如として崩れ去る。新たな怖れと希望が何の前触れもなしに人間活動を支配するようになる。……漠然とした得体の知れぬ怖れと、同じく漠然としたいわれのない希望とは宥め鎮められることなく、いつも表面下わずかばかりのところに横たわっている。」(57：215) 古典派の静穏な世界とは対照的に、ここに描かれているのは確かにシャックルのいうようなカレイドスコープの世界である。

しかしそれがどうしたというのだろう。いったい経済社会には波風の立たない静穏な部分もあれば嵐に翻弄される脆弱な部分もあるといえばすむ話ではないか。西部邁氏(94)も指摘しているように、ケインズの諸々の著作の中には様々な二項対比が散りばめられている。氏の表現を借りると、均衡と不均衡、慣習と変化、確実性と不確実性、合理と非合理、個人と集団、競争と干渉、などといった対比である。これら色々の二項対比は同一の主題による変奏曲という趣きをもっていて、彼は機に応じて特定の変奏曲のいずれか一項を演奏したのである。さらにこのような両面性はケインズという一人の人間の中にも見出されるのであって、彼の中には「モラリスト」としての人間と「イムモラリスト」としての人間が共存している。前者はヴィクトリア朝時代の人間、伝統や慣習の中に生きる〝連続〟主義者であるが、後者は世紀末ないし新世紀の人間、機会や状況に機敏な機会主義者、状況主義者、あるいは実践家である。そしてこの機会主義者は、必要とあらば敢えて古典派の「均衡」理論に頼ることも辞さないが、その一方で古典派理論との相違を強調するためには経済社会を嵐の世界として描いて見せもするのである。

『貨幣論』から『一般理論』へという迂回路を経て、そこからやがて「雇用の一般理論」へと至る移行は、シャックルのいうような「深遠な大転換」などでは決してないはずだ。思うに、ケインズはただ時に応じて彼の二面のうちの片面を肥大化してみせたにすぎないのである。私がカレイドスコープの経済世界を新古典派の均衡の世界の裏返しだというのは、後者の理性の個人主義が合理性、確実性、静穏などを一面的に強調し、それらをもって経済世界を覆い尽くすのに対して、後者の期待の個人主義は反対に非合理性、不確実性、変化といった要素を過度に強調するからである。もちろん変転流転のカレイディクスが経済社会の一面の真相をいいあてていることとは確かである。人間活動を考察する場合、選択マシーンの機械論に比べると示唆するところが多い。これまでその否定的な側面ばかりを眺めてきたが、彼の主張の個々断片を截りとってみると、そこには現実に対する豊かな感覚と認識があるように思う。しかし、このような部分や断片から編まれた全体としての万華鏡の世界はやはり奇矯な世界であろう。

ケインズの著作の中に見え隠れする様々な二面性は決して整理され論理化されたものではない。このような様様の二面性を組立て論理化することこそむしろ社会科学としての経済学の仕事だと思われるのだが、かといって両面をたんに貼り合わせるだけで事はすむというものでもないだろう。両面あわせて認識するとは、経済社会の中にある種固有の社会的論理(ソシオ・ロジック)を見出すことである。カレイドスコープに託していえば、色模様の千変万化の変化の中にも形や色あいにおけるいくばくかの相同性を見出し、ガラス片の偶然の配置の中にも模様におけるひとつの構造を見てとるレヴィ＝ストロースのカレイドスコープのほうが、シャックルの変化と偶然のカレイドスコープ、あるいは反対にその中に機械的変化(「シネマ的機構」)のみを見てとるベルグソン(11)のカレイドスコープよりも、人間活動や人間社会の喩えとしてははるかに正確でありかつ有益であると私は考える。

三　「短期」期待と「長期」期待

短期期待と長期期待という対比もまた、ケインズの演奏する様々な二項対比の変奏曲のうちのひとつである。そして例に漏れずこの二項対比も決して整然と論理化されているわけではなく、議論はむしろ錯綜している。彼の規定する短期期待と長期期待はわれわれがそれによって意味するものと同じではないけれども、彼がある別の角度から二種類の期待を識別しようとするとき、この二種の期待概念はわれわれのそれに触れるところがある。まず彼の公式の規定からみていくことにしよう。

ケインズ(56)が企業の抱く期待を短期期待と長期期待の二種に分けたことはよく知られている。前者は企業が所定の資本設備のもとで生産を開始したとき、完成財の販売によってどれほどの収入が得られるかということについての期待だとされ、後者は企業が資本設備への投資を行うさいにその投資から今後どれほどの利潤が得られるかということについての期待だと規定される。このように規定したうえで、彼は短期期待はほぼ実現されると仮定する一方で、長期期待のほうは、「時間の薄暗りや将来をつつむ無知」(56 : 155,153*)のせいで、必ずしも実現するとは限らないと述べる。このようにして、彼は将来が不確実であることによって生じる様々な問題を投資を決意するさいに抱かれる長期期待のほうに集約するのである。

このように短期期待と長期期待という場合の「短期」と「長期」とは、伝統的な用語法、すなわち資本設備が所与か可変かという区別に基づくものであり、端的にいうと、時間的視野の長短によって分かたれている。たとえば一ヵ月は短期だが、十年は長期だ、というわけである。そしてこのような角度から期待を区別する限り、区別された二つの期待は質的に異なるものではない。長期は短期に比べれば一般的にはいっそう不確実であり、短期期待と長期期待の間には、後者は前者に比べれば実現される度合が少ない、というほどの相違しかないのである。

しかし他方で、彼はこのような時間的視野とは別の角度からも期待を論じている。こちらは先の公式の規定とは違って決して表だってはいないが、それでも『一般理論』をライト・モチーフのように通底しているものである。すなわち彼は安定、不安定という角度からも期待を論じているのである。一方にはその時その時の経済状況に敏感に反応する不安定な期待があり、他方には時の経済的状況からは比較的に独立し、とある確信に支えられた安定な期待が存在する。そして彼がこれら二つの期待の間の関係を論じるとき、彼の眼は企業という一経済主体の意志決定の問題から、おのずと経済社会の構造、あるいはそこに内在する大きなディレンマへと向かわざるをえない。そのディレンマとはかいつまんでいえば次のようなものである。

現代の経済生活を苦しめ悩ましているのは彼の見るところでは確信の状態が危機に瀕しているからである。所有と経営の分離が時代の趨勢となり、それに応じて株式市場のような投資市場が組織化され整備されるようになると投資は徐々に「流動化」し、投資は日々売買されるようになる。かつての熟達した企業者＝投資家は長期的な視野と展望のもとに無知の薄暗がりを克服しようとし、期待を形成したものであるが、投資市場の発達した今日では投資家は投機家と化してしまい、「相手を出し抜く」(beat the gun) ことに汲々としている。彼らは市場の心理を推し測ることに腐心・専念し、さし迫った変化しか考えない、とケインズはいう。私なりにいいかえれば彼らは機会主義・状況主義化しているのである。あるいは、もともと長期的視野に立って形成されていた期待は彼らにあっては近視眼的に短期化している、といってもいいだろう。ケインズの目には、これらのもたらす帰結が経済の不安定化であり、確信の危機であり、また永続的な制度体としての企業の凋落だと映るのである。

現代の確信の危機、期待の不安定化の傾向が投資を流動化する投資市場の組織化に起因するのであれば、このような傾向に歯止めをかけるためには「投資の購入を〝結婚〟のように永続的で変更不可能のものに」(56 : 160, 158*) すればいいのかもしれない。そうすれば、長年つれ添う伴侶を選ぶにあたって慎重な考慮をなすように、投資家も長期的な観点に立って期待を形成する方向に向かうであろう。だが、とケインズはいう。これは畢竟するにひとつのディレンマを生み出すことにほかならない。すなわち流動性と固定性のディレンマである。というのも、投資を非流動化すればなるほど投資は長期的観点に立って行われるようになり、確信の危機は救済できるかもしれない。しかし反面では投資を固定化・非流動化することの代償として投資に伴う危険度は高まり、その結果新たな投資は阻害されて、失業はかえって増大する公算が高いからである。このような袋小路のディレンマを克服しようとして、ケインズは最後の手段としての国家に事態を打開するための望みを託すわけである。

このことと関連していま少し敷衍しておくと、国家が不況を克服しようとして経済に頻繁に介入するようになると、今度は別種の確信の危機を招来することになる、あるいは現になっている、というのがケインズの同時代者M・カレツキー(50)の認識であった。不況からの脱出を図ろうとすれば国は多かれ少なかれ赤字財政に頼らざるをえず、また景気の状況に即応して公共支出を行わざるをえない。いってみれば、今度は投資家ではなく国家が機会主義・状況主義的に行動するのである。さらに悪いことに、代議制民主主義国では政権を握った党によって政策のあり方が変わるのは避けがたい。これらの結果もたらされるのが「政治的景気循環」であり、そしてカレツキーのいう意味での「確信の危機」である。そして彼の分析するところでは、当時のドイツは、失業とこのような政治的景気循環あるいは確信の危機とを同時に克服しようとして、ただの国家ではなく、超国家たる全体主義国家に訴えかけたのである。

S・S・ウォーリン(139)はコントやスペンサーの一九世紀を「社会の時代」と呼んでいるが、これにならえばケインズやカレツキーの二〇世紀はさながら国家の時代という観を呈している。自由放任に終焉を宣するケインズ(53)によると、現代の最大の経済悪は、その多くが、ほかでもない、危険と不確実性と無知が生み出したものである。抜け目のない個人は不確実性と無知につけ込んで不相応の利益を手中に収め、大企業もいまや富くじの対象と化してしまっている。そして危険、不確実性、無知は合理的な事業上の期待を破綻に陥れ、投資や生産を減退させている。このような診断をケインズは時の経済に対して下すのだが、しかしその治療法は個人の手の届かないところにある、というのである。

時代の認識や診断としてはおそらく彼の見解は正しかったのかもしれない。だが、経済「社会」の認識としては、むろん凡百のそれとは比べものにならないとはいえ、やはり不十分であった、と私は考える。彼の経済理論を評してよく短期の理論だといわれる。つまり資本ストック一定、静態均衡の短期の理論だというわけであるが、私の見る限り、彼の諸著作の隅々までを貫いているのは、むしろ *hic et nunc*（「ここにいま」）の短期である。人間というものは、悠久の歴史や伝統の中に生きるよりはむしろいまここに生きる存在である。そしてその結果がいまこの時代の慢性的不況であり大量失業であり、ひいては国際経済秩序の崩壊である。だから理性の府である国家は事態に早急に介入し、時宜に適った策を講じなくてはいけない。*hic et nunc* という糸で彼の言論の端端をつなぎあわせていくと、このようになるが、このような主張をなすケインズという人間は社会理論家というよりは、かえって政策にたずさわる一人の実践主体である。そしてこのような実践主体の眼で慣習や伝統を眺めるとき、それらは経済社会の何らかの安定化要因としてよりも、むしろ経済活動の硬直化要因、そして不況の一因として捉えられる傾向が多分にある。

「ここにいま」の短期的視点に対照さるべきは、たぶんハイエクの唱える法やルールの長期的視点である。そしてこのような視点の相違はおそらく実践家の視点と社会理論家の視点の相違に因ると考えていいかもしれない。ハイエクのつぎのような主張を聞くと、いっそうこの観を強くする。「ルールというものは、人びとが自分たちのプランを作るにさいしての道しるべとなるべきものであるから、事の当然として長期間にわたって有効なものでなくてはならない、と先にこのように述べたが、このことからひとつの重要な系が導かれる。すなわち、自由主義者ないし個人主義者の政策は本質的に長期の政策でなければならないということである。短期的な結果に血まなこになり、このことを『長期的にはわれわれは皆死んでしまう』という論法で正当化しようとするのが今の風潮であるが、そうすれば必ず、典型的な状況について定められたルールの代わりに、その時その時の特定の状況に合わせて作られる規則に頼らざるをえなくなってしまうだろう。」(37：20)

実践家としてのケインズにとっては、政策主体としての国家と政策対象としての社会は二分法的に並存している。これに対して、社会理論家としてのハイエクにとっては国家は社会の中に包み込まれるのである。すなわちハイエクにとって、国家というものは「いわゆる〃社会〃というもっと豊かな組織のほんの小さな部分であるべきで、国家は、人びとが自由に協同すれば最大の展望が開けてくるような、そうした枠組を提供するにとどめるべきである」(37：22)ということになる。ケインズのように国家を社会の外に置いてしまうと、いきおい国家は、経済の状況に応じて機会主義的にファイン・チューニング(微調整)を行うところの一経済主体となってしまうだろう。そしてそのとき、ケインズが害悪だと考えた不確実性やそれに起因する確信の危機が新たな形で出現する可能性のあることは、カレツキーに即してすでに述べた通りである。

企業者や投資家の期待が「短期」化し、そのために経済が不安定化の様相を強めているからといって、国家に一足跳びに跳ぶのは短絡のそしりを免れないだろう。実践の第一線にいてものを言うのであればともかく、経済社会を認識し理論化しようとする場合、さらには実践そのものをさえ認識・理論化しようとする場合には、ケインズのとった方向は飛躍だとしかいいようがない。国家に短絡的に飛躍する前にまず経済社会をひとつの〃社会〃として認識しておく必要がある。そして目下の関心事である期待についていうと、長期期待の「長期」性の中には何がしかの社会性が隠されているのではないか、逆にいえば、社会の中には何らかの意味での「長期」性が構造化されているのではないか、ということである。ケインズは時間的視野の長・短によって期待を二つに分けるとともに、安定・不安定という基準によっても期待を識別しているが、短期期待、長期期待という用語は、むしろこの不安定な期待、安定的な期待というものを指すためにとっておくべきではないか。そしてこの長期期待＝安定的な期待というもののもつ意味内容を考えていくためには眼を経済主体個人の次元から社会の次元へと引上げていくことを不可避とするであろう。

四　規範と期待

安定した期待とは定義風にいうと状況から比較的に独立した期待、いくら状況が変わってもそれにはあまり影響を受けないで相変わらず抱きつづけられるような期待である。これに対置される不安定な期待とは、反対に、状況が変わるたびに目まぐるしく変化するような期待のことである。それではいったいなぜ、状況に左右されることの少ない安定的な期待が生じ、また存在するのだろうか。経済学者の中ではヒックスが経済学の枠の中でこの問題に解答を与えようとしている。

J・R・ヒックス(45)は自分の構成した市場経済の模型が不安定性を内蔵していることを論じる一方で、現実の経済体系がそれほどまでに不安定であるとは考えられないという感想を述べ、考えられる経済の安定化要因をいくつか挙げている。過去の契約、賃金や価格の硬直性、公正価格や正常価格の観念といったものがそれである。最後の公正価格と正常価格は似たようなものであるが、ヒックスは前者をそれが内包している倫理的な観念によって、後者を価格期待の硬直性によって特徴づけている。これらはいずれも大なり小なり期待を安定化させる方向に働くといえるが——たとえば賃金が硬直的であれば、労働市場の需給の状態が変わってもそれにはかかわりなく、相変わらず以前と同様の賃金期待を抱きつづけるであろう——、中でも正常価格が期待の硬直性によって特徴づけられているからには、とうぜん正常価格、というよりもその中味たる期待の硬直性、のほうに興味がそそられる。それではいったいなぜ期待が硬直化するのだろうか。

期待が硬直化するということは、ヒックスやO・ランゲ(63)がいうところの「期待の弾力性」が小さいということである。あるいはもっとありていにいえば、価格には「正常」と観念されている水準があって、現在の価格がそれからはずれるようなことがあっても、そのような事態は一過性のものにすぎないと考えることである。それではなぜある価格についての期待が硬直化する傾向にあるのかというと、ヒックスはその原因を個人の敏感度(sensitivity)の低さに求めた。すなわち、「敏感な商人は敏感な価格をつくり、鈍感な商人は粘着的な価格をつくる」(45：398*)、要するに、正常価格とは鈍感な商人たちによってつくられた価格だというわけである。しかし、期待が硬直化するのを敏感度という何やらわけの分からぬ取引者の感覚もしくは心理状態によって説明するのは、個人の消費活動を「彼がそれを買ったのは彼はそれを欲しかったからだ」という形で説明するのと同様に同語反復的である。

このようにヒックスは、正常価格にまつわる期待の硬直性という現象を個人主義的に、というよりはむしろ個人の知覚や感覚によって、説明しようとするのであるが、期待の硬直性という現象の本質は、期待される当の正常性の観念が個人個人からは独立して存在している、もっといえばひとつの社会的観念として存在している、という点にこそ存在しているはずである。人はこのような社会観念が実現するのを待ちうけ期待する。E・ミンコフスキーの含みのある表現を用いると、期待においては「われわれは時を、いうなれば、逆方向に生きる。すなわちわれわれは未来がわれわれのほうへ来るのを見、この(予見せられた)未来が現在になるのを待つ」(82：I*：112*) のである。硬直的な期待、あるいは状況から独立した安定的な期待は、人びとが個人個人につくる期待ではない。それはつくられてすでにあるノルム(正常性、規範)を待ちもうける類の期待である。期待が硬直化し安定化するのは、このノルム自身が〝硬直化〟し〝安定化〟しているからである。正常性の観念、あるいは未知の将来についての比較的に不動の共通イメージを個人の敏感度のようなものによって説明することはできない。それらは、敢えていえば、社会的コミュニケーションの過程において形成された共通の観念、あるいは慣習や慣例といったものを先のばしに未来にまで投影したものなのである。

　安定的な期待、長期期待の性格をこのように考えてくると、長期利子率は短期利子率ほどには激しく変動しないという周知の事実に一筋の光をあてることができるかもしれない。この事実をつとに認識し、そして長期利子率の(高水準での)硬直化の傾向を不況の一因だと考えたのはケインズである。なぜ長期利子率が硬直化するか。この理由をケインズは、長期利子率は「主としてその期待される値に関する現在ひろくいきわたっている見解によって」(56：203,201*) 決定される、ということに求めたのであった。利子率についての正常性の観念が現在の利子率を決定するというケインズの見解は的を射ていると思われるのであるが、ヒックスはそれを評して、利子率がまるで「みずからの靴ひもにぶら下がっている」(45：164*) ようだ、つまり利子率が自力で利子率を決定するようなものだ、という。ここから彼は長期利子率決定の別途の機構を考えるのである。つまり、長期証券と各種短期証券との間には高い代替可能性があるとみて長期利子率と諸短期利子率との間にひとつの市場均衡式をつくり、長期利子率を諸々の短期利子率に還元するのである。確かに式の上では前者は後者ほどには変動しないようになっている。

むろん二種の利子率の間に何らかの市場的な関係が存在することは否定できないであろう。市場裁定の機会があれば、たといそれがどんなささいなものであっても、これを逃さないというのが金融市場の特徴だからである。そして今日、ヒックスの見解は利子率の期間構造(term structure)理論として広く展開をみている。だが、長期利子率と短期利子率の間には期間構造というよりむしろ期待構造の相違が横たわっているのではないか。さらにいえば、両利子率の背後にある期待の差異が二つの利子率についての先ほどの事実を大なる程度において説明するのではないだろうか。というのはこうである。短期利子率はその時々の経済状況によって大いに左右される――ということは、諸個人の機会主義的に形成する期待が短期利子率の水準を左右するということである――と考えられるのに対して、長期利子率のほうはとある正常性の観念、すなわち硬直的な期待によって大なり小なり影響を受け、そのためにその水準はある〝正常〟な水準(ケインズのいう expected normal) の周辺に落ち着くと見ることができるのである。

ケインズは、短期利子率は金融政策によって割合かんたんにコントロールすることができるのに反して、長期利子率のほうはそうでもないことを論じているが、もしそれが事実だとすれば、それは両利子率に関わる期待の性格が違っているからだと考えるのがおそらく妥当であろう。金融政策は経済の短期的状況にかなりの影響を及ぼし(政治学にいう「状況化」政策)、そして状況の変化によって短期的期待を揺り動かし、そのことを通して短期利子率に影響を与える。これに対して長期利子率は「心理的というよりはむしろ慣習的な現象」(56 : 203, 201*)であり、慣習が政策によって簡単に揺らいでしまうとは考えられないのである。

せんじつめれば、短期利子率と長期利子率との間に横たわっている差異は、われわれの規定する意味での「短期待」と「長期期待」の差異だということである。両者にはケインズの規定するところとは違って質的な相違がある。すなわちわれわれは短期期待を個々人が経済の状況を解釈することによって形成する活動(推論)としての期待、長期期待を個々人や状況からは相対的に独立し、人びとがその実現を待ち望むような期待だと規定したい。

これまで〝機会主義的〟とか〝状況主義的〟とかいった形容詞をたびたび用いてきたが、われわれのいう短期期待とは機会主義的、状況主義的な期待のことだといえばそういえなくもないだろう。『一般理論』のケインズはこのような期待の中に主として非合理な要素を見るけれども、私はそれが必ずしも非合理だとは思わない。それもまた推論活動がもっているはずのある〝合理的〟な側面をもちあわせていると考えられるのである。そのことは措くとして、私が規定する意味での短期期待は期待という現象を個人のレヴェルで捉えたものである。それは人それぞれに異なっているであろうし、状況の変化に応じて目まぐるしく変化しもしよう。しかるに長期期待は人びとのこのような期待活動の磁場をなし、いってみればあちらこちらに乱れ飛ぼうとする諸個人の期待に一定程度の枠をはめようとするのである。

さらに、これまでは長期期待をどちらかといえば時間上の不確実性に関連させて考察してきた。つまり長期期待を将来に関する共通のイメージ、あるいは将来に関する正常性の観念として捉えてきた。しかし未来という時間の次元から人びとが起居をともにしている社会の次元に眼を移すと、正常性の観念はそこでは規範や法やルールとして現われるであろう。時間的不確実性は将来なにが起こるか分からないという意味での不確実性であるが、これに対して隣人が何を考えているのか分からない、あるいは何をしようとしているか分からないというのが社会的不確実性である。このような状態の中では様々な思惑が乱れとび、疑心が暗鬼を生じて、果ては万人が相争うホッブス的な状況が招来されるかもしれない。社会がこのような事態に陥るのを防いでいるのが、いやむしろ社会を社会たらしめているのが法や規範である。これらもまた将来に関する共通イメージとしての長期期待と同様に個人個人からは相対的に独立し、そして個人個人の抱く多様な期待を調整しているのである。法や規範のこのような長期期待としての性格をハイエクは次のように表現している。すなわち法や規範とは、「観察されるルールであり、他の人びとの行動を大いに予見可能ならしめる」(37：23) ようなものである。そしてその目的は「個々人の期待を調和させ一致に導くところにある。」(44：I：98)

このように見てくると、長期期待とは社会についての連続性の観念そのもののことだ、といい切っても決していい過ぎではないだろう。もちろん長期期待は長い目でみれば変容をこうむるが、しかしその変化は緩やかである。**N・ルーマン**(68) の言葉を借りると、それは「抗事実」的に存続していくという面をもっている。短期期待と一対になった長期期待、一朝一夕に変化することのない長期期待の状態、あるいは社会についての連続性の観念は、社会そのものの存立条件である。

第四章　貨幣経済のソシオ・ロジック

一　はじめに

ほんらい異質な二つの経済理論も、それらをマクロ経済学、ミクロ経済学と呼び慣わしているうちに、両者の間に横たわる深淵はものの見事に消え失せてしまった。残るのはたんなる量的な差異、経済を巨視的に眺めるか、それとも微視的に眺めるかという、高々大か小かの見方の差異だということになるのである。あるいはいい換えて、一方を所得理論、他方を価格理論と呼んでみても、事態は変わらない。両者は、経済の最重要変数として国民所得をとるか、それとも価格をとるかの違いに還元されてしまうことになるだろう。こうして今日、経済学のテキスト・ブックではこれら二つの経済理論は近代経済学という類の相互に他を補完しあう二つの種として仲良く共存している。それればかりか経済学はこれら二つの種の融合・統一を図ろうとして様々な試みを行っている。

だがこれはなんとも奇妙な事態である。というのは、一方の理論の創設者であるケインズはみずからが構築しようとしている経済理論を「貨幣経済」の理論だと規定して、それをいまひとつの経済理論、すなわち「実物交換経済」の理論と鋭く対置させたからである。一方は貨幣が存在する経済の理論、他方は貨幣が存在しない経済の理論だというわけである。ケインズの真意を解すれば、二つの経済理論の差異がたんなる量的な差異にすぎないなどということが、いったいどうしてありえようか。

貨幣経済というのは、ケインズ(55)によれば、貨幣が人びとの動機や決意に入りこんで雇用や生産という実物の領域に大なる影響を及ぼすような経済、ということは、「人びとが現実に住んでいる」ような経済である。これに反して実物経済においては、貨幣は貨幣ならではという独自の役割を演じることがない。なるほどそこでも貨幣は用いられはしようが、しかしここでの貨幣はたんなる交換の媒介物、実物の領域に影響を及ぼすことのない中立的な媒体にすぎない。貨幣経済の理論と実物交換経済の理論が貨幣の存否によって分かたれるというのはこのような意味においてである。しかも現実の経済社会の中で貨幣は扇の要の位置にあるというのであれば、なおさら両者の相違をたんなる見方の相違に還元することはできないはずである。

ケインズの『一般理論』に端を発する――というよりは、ヒックスのIS-LM分析を直接の生みの親とする、といったほうがいいかもしれない――今日のマクロ経済理論も、貨幣がその利子率への影響を通して実物世界に影響を及ぼすさまを描いているという意味では、一種の貨幣経済の理論だといっていいのかもしれない。しかし思うに、それもまたある種の「実物交換経済」である。なるほどそこでは貨幣は資産性という新たな属性を獲得してはいる。しかしこの資産としての貨幣は他の財貨とまったく同様に市場の中での一取引対象物という観点から考察されるのをもっぱらとしている。つまり市場の数が貨幣のぶん一つ増えたにすぎないのである。こうして貨幣もまた形式的には実物交換経済の「実物」と同様にして処理することが可能となり、貨幣のもつ特異な性格は交換経済というフィルターをかけられて換骨奪胎されてしまう。もっとも同じ交換経済の理論だとはいっても、そこでは貨幣賃金率や(長期)利子率等の価格が硬直化する傾向は現実に即して視野に収められ、価格の硬直性という市場の阻害要因――阻害要因だと人は考える――を所与としたうえで、政府による何らかの経済介入の必要性が積極的に推奨される。この点は価格の市場調整機能を盲目的に信仰するいまひとつの交換経済理論とはいくらか性格を異にしているけれども――。

ケインズの貨幣経済の理論は実物交換経済の理論とはもちろん、ヒックス流の形式化された貨幣経済論、いわば拡大された形の実物交換経済論とも異なっている。私はそう考えるが、しかし実をいうと、ケインズの貨幣経済論それじたいの中にこのような形式化を許す面があったことは指摘しておきたい。彼は貨幣と経済を、貨幣の経済主体へ与える動機づけを介して接合しようとし、この接合部に流動性選好関数を据えつけた。この流動性選好関数はまことに便利な容器であって、貨幣保有の様々な動機はこの容器の中に流れ込む。そしてこの容器はこれらの動機を濾過して利子率という変数を打出し、打出された利子率変数は経済体系の中に、たとえば投資関数の中に注ぎ込まれる。こうしてケインズの貨幣経済論は、流動性選好関数や投資関数、また消費関数や生産関数などの諸関数によって組立てられた決定論的システムによって表現されることになる。しかし反面、彼はまた、貨幣経済がこのような決定論・機械論のシステムとは異質の論理をもっていることを洞察していたのも事実なのである。

貨幣経済には貨幣経済固有の論理がある。貨幣経済は力学の論理によって構成されているのではなく、それとは異質の論理――敢えて社会的論理(ソシオ・ロジック)と言おう――に従って成り立ち、また動いている。本章で主張したいのはこのことであるが、ケインズもまた似たようなことを薄々感じとっていた。このことは、彼が計算不可能の不確実性や慣習といった、機械論の力学的論理には馴染まない諸要素にそれ相応の位置を与えていたことからもその一端を窺い知ることができる。なるほど彼は、技術者が機械を動かし管理するのと同じようにして、経済をコントロールしようとした。少なくともそのような方向への道をきり拓いた。そしてこのような経済管理が彼の直観的に感じとっていた貨幣経済に内在する社会的論理を今では破壊する方向に作用している（と私は思う）のは皮肉であって、その責任の一端を確かに彼も負うのであろう。それでもやはり、彼は貨幣経済の中に機械とは違う一箇の社会を見とっていた。彼は不況を克服しようとしてインフレ政策を提言するが、これは苦肉の策という観が強い。貨幣経済がその社会的論理の上に成り立っているとしたらこの論理――貨幣賃金の硬直性もその一環である――はそっくり保持しておかなければならない。貨幣経済固有の社会的論理に恣意的な手を加えようとすると貨幣経済それ自体の存立が危くなってしまう。そこで彼はそれには手をつけずに、その外部から、すなわち財政・金融政策によって、経済を文字通りインフレートさせ膨張させる途を選んだ。このようなケインズのとった途が貨幣経済の論理に亀裂を生ぜしめることがなかったか、あるいは亀裂をいっそう深くするという帰結をもたらさなかったかどうか。この点はここでは問うまい。ともかくケインズには貨幣経済にはそれ独自の論理、力学的論理とは異質の社会的論理があるという意識があった。そしてこの意識はケインズのあと急速に消え失せていく。マルクスは自分はマルクス主義者ではないといったといわれるが、これがケインズなら、自分はケインズ派ではないといったことであろう。ケインズとケインズ派を分かつもの、それは私のいう意味での社会的論理の有る無しである。

経済社会に占める貨幣の位置は人間社会に占める言語の位置とどこか似たところがある。いずれも等しく、それぞれの社会の存立に関わっている。そしてこのような根本性のゆえにかえって人びとの意識の上にのぼることが少ないという点でも共通している。たまに思い起こすこともあるが、その場合でも、それらは人間が便宜のために考案したものであるとか、あるいは便利だから使用しているにすぎないなどといった断を下して、再び意識の下に沈めてしまうのである。確かに人は貨幣や言語を使用している。しかし反面、人びとはそれらにいわば使用されてもいる。人間を使用する貨幣や言語、これらのもつロジックこそが貨幣経済の論理であり、人間社会の基底にある論理である。言語学、とくにその記号論は言語の深層部に降りていくことによって、人間活動や人間社会の条件を明らかにする道を拓いていったのであるが、われわれもそのひそみにならって貨幣の深層部に降りたち、そのソシオ・ロジックを試掘してみることにしよう。

二　慣習の安定性

ケインズ『一般理論』の刊行後ほどなくして発表された「流動性プレミアムと価値理論」と題する書評論文(128)で、H・タウンシェンドは、貨幣経済においては慣習(conventionality)というものがすぐれて重要な意味をもっていることを指摘した。すなわち、貨幣経済がいやしくも安定性をもつとすれば、それは力学的安定性とは異質の慣習の安定性にひとえにかかっているというのである。もし彼の指摘が妥当だとしたら、それはこれまでの市場経済論の再検討をわれわれに迫らずにはおかないはずである。なぜなら、慣習というものが貨幣経済の安定化要因だとしたら、それは貨幣経済の必要不可欠の構造要素だということになり、慣習を経済とは直接の関係をもたない外部与件だとして考慮の外におく――市場経済論ではそうしている――ことはもはや許されなくなってしまうからである。本論で考察しようと思うのは、このような慣習が貨幣といったいどのようなつながりをもっているのか、さらには、慣習が貨幣経済にどのような形で構造化されているのか、ということである。

タウンシェンドの所論をさらに立入ってみていくことにしよう。彼によると、そして当のケインズによれば、貨幣経済の際立った特徴をなしているのは、貨幣その他の金融資産のストックがフローに比べると格段に大きなウェイトを占めていることである。このような事実は従来の市場経済の理論に根本的な修正を迫らずにはおかないはずだ、というのが彼の所論の出発点にある。貨幣はこのような経済の中では交換のたんなる便利な媒体たるにとどまりはしない。それ以上に、貨幣は資産としてのストックなのである。このような資産が資産としての属性、すなわち資産性を獲得するのは経済が不確実性に面と向き合っているからである。資産が、累積量＝ストックという形式的な規定を超えて積極的な意味・属性を獲得するのは経済がこのような状態の中に置かれているからである。

貨幣だけではない、いったいに不確実な状況のもとでは、あらゆる財貨は、瞬時にして消滅してしまうサーヴィスや同様の特殊な消費財を別にすれば、多かれ少なかれ資産性を有する、といっていいであろう。貨幣をはじめとする金融資産はいうに及ばず、耐久消費財からある程度の耐久性をもつ一般の消費財に至るまで、不確実な世界ではこれらは資産としての属性をもつにいたる。少なくともそのような可能性をもっている。つまりこれらの財貨は消費することを目的としても保有されるが、他方では、消費を目的とすることなしにいずれ販売すること、ただそれだけを目的としても保有されるのである。不確実性にさらされた経済ではほとんどすべての財貨はこのような意味での資産性をもつに至るといっても過言ではないのである。

このような資産性によって充溢している経済は通常の市場経済とはずいぶん異なった様相を呈してくる。たとえば価格のもつ性格は両者の間ではかなり違っている。価格が需要と供給によって決まるという点では同じだといえようが、その内実は異なっている。市場経済においては需要は効用や選好に、供給は生産技術にというふうに、それぞれ確たる基礎づけをもっている。これに反して資産性をもつ財貨の場合にはこのような確たる基礎は存在しない。諸価格は諸個人の抱く期待しだいで、少なくとも理論上は、どのようにでも変化しうるのである。

たとえば「貨幣量がいかに多くても、そのことはゼロ価格と矛盾するものではない」(128：161) ということになる。それなのに貨幣価格が現実の世界においては、少なくとも短期的には思ったほど変動しないのはなぜか。タウンシェンドによると、それは、価格のもつ潜在的な不安定性の傾向は慣習のもつ安定性によって掣肘されているからだというのである。

慣習が経済に作用する通路は彼によれば二様である。一つは慣習が期待形成に一定の作用を及ぼし、このことを介して経済に影響を与えるという方向であり、もう一つは慣習が財やサーヴィスの貨幣価格に直接作用を及ぼすことによって経済に影響を与えるという経路である。前者についていうと、慣習は価格その他の経済の動向について大多数の人びとの間に共通の期待を抱かせ、もって経済の安定化に寄与する。もっとも証券市場の場合には、人びとの抱く見解にほどほどの多様性のあることがかえって市場安定化の条件となることはケインズも指摘した通りである。さらに後者についていうと、少なくとも短期的にみた場合、現実の貨幣価格を安定化させるのは習慣 (habit) の力をおいてのほかはない、と彼はいう。具体的にいうと、「正常性」あるいは「適宜性」という慣習的な観念が貨幣賃金水準や貨幣債務の契約価格水準に関して広くいきわたっており、このような観念が価格の変動幅をある枠の中に抑える傾向を生み出す。とくに貨幣賃金について彼はこういっている。「だれもが知っているように、貨幣賃金の引下げ、あるいは引上げのいずれに対しても頑強な抵抗が試みられる。この抵抗は雇用主と被用者の双方の間に根強くいきわたっている現実の慣習に基づいているのである。貨幣賃金の急激な変化は好ましからざることだと考えられており、それが慣習的な規準から余りにもかけはなれたものになれば、それは雇用主と被用者のいずれの側からみても何らかの意味で〝不公正〟なのである。」(128：165)

貨幣は貨幣性という磁力、あるいは資産性という磁力をみずからに触れる物すべてに帯びさせる。貨幣経済は貨幣性・資産性という磁場にある経済であり、一点に凝縮しようとするよりは、期待や思惑によって四方八方に飛び散ろうとする傾向を内在させている。このような発散傾向に対する対抗錘となるのが慣習である。このように要約されるタウンシェンドの見解は『一般理論』についてのひとつの解釈として提示されたものである。実際、ケインズ本人が、いたるところで、陰に陽にこのような主張を行っている。一例を挙げてみよう。

> 経済システムが安定的であるのも、もとをただせばこのルール〔限界消費性向の逓減という社会心理法則〕が存在しているからである。（56：97, 97*）

> 〔経済世界には数学的な確率計算をもってしても太刀打ちできない類の不確実性があるが、それにもかかわらず〕慣習が続行することにわれわれが信をおくことができるかぎりにおいて、慣習に基づいた計算方法は人間事象に相当程度の連続性と安定性をもたらすだろう。（56：152, 150*）

> 貨幣賃金のほうが実質賃金に比べていっそう安定的であることは、システムがみずからの中に安定性をもつための条件である。（56：239, 237*）

すなわち、消費、期待、貨幣賃金などの背景に潜む慣習の力はシステム、すなわち貨幣経済システムがみずからの中に安定性をもつための必須の条件だというわけである。このことをいい換えれば、貨幣経済はそれが何がしかの慣習＝安定化の契機を含みもつことによって初めて一箇のシステムとして完結する、ということである。

ケインズは自分の理論を「移りゆく均衡の理論」(theory of shifting equilibrium) と呼び、それを新古典派の定常均衡の理論に対置させた。そのことによって彼は、将来についての見解の変化が現在の経済事象に不断の影響を及ぼすことを強調し、貨幣の特性は現在と将来を連結することにあると考えるのである。したがって「移りゆく均衡」といっても、それは通常理解されているような継起する均衡と解されるべきではなく、語感としては「移ろいやすい均衡」というほどのものであろう。期待のあり方いかんで定めなく均衡点を変えていく経済、それが貨幣経済である。

このように彼は、一方では貨幣経済に内在する不安定化の傾向を強調するのだが、反面、貨幣経済には不安定化の傾向に対して枷をはめる要因が存在することを力説するのである。なるほど貨幣は、経済社会が見通しのきかない未来に直面していればこそ貨幣としての特性、現在と将来をつなぎ合わせるという特性を発揮する。未来というカンヴァスに像を描き入れるだけなら貨幣なしにもすますことができようが、この画像を現実のものにしようと思うなら是非とも貨幣という手段が必要である。この意味で貨幣は計画経済における権力に相当すると考えることもできるだろう。権力もまたケインズがいうのと同じ意味で現在と将来を連結することができるのである。しかしだからといって、権力も貨幣も無条件でこのような役割をはたしうるというわけではない。一方の権力についてみると、もしそれが何がしかの正統性の支えをもたないならそれは恣意的な権力と堕してしまう。このような権力を用いて未来を実現しようとすればかえって混乱と不確定性の度合は強まり、未来は前よりもいっそう遠くに遠のいてしまうことになるであろう。同様のことは貨幣についてもあてはまる。もし貨幣が価値的に安定していなかったら、それは不確定要素をもつ事業を実現に移すための手段としての役割をはたさなくなってしまう。貨幣価値は相当程度において安定していなくてはならない。貨幣価値が安定しているということは、不確実な世界の人間がそれを流動性として保有するための前提条件である。

だが、貨幣価値が安定しておればという条件はどのようにして満たされるのであろうか。貨幣の、そして貨幣経済の特性を考えようとすれば、この点の考察を欠かすわけにはいかないのである。もし様々な貨幣価格＝絶対価格が絶え間なく変動するようであれば、到底このような条件が満たされることはないであろう。諸価格は少なくとも短期的には安定化する傾向をもっていなければならない。貨幣価格の安定化は貨幣価値の安定化と不可分の関係にあり、貨幣が流動性をもつための必須の条件である。ケインズが、そしてことにタウンシェンドが力説するのは、諸価格の安定化、とりわけ貨幣賃金水準の安定化は市場機構の中で自律的に達成されるのではなく、市場機構の外部にある、とはいえ貨幣経済システムにとってはその内部にある慣習の力によって成し遂げられる、ということである。

ピグーらの古典派とケインズとの対立点はまさにこの点に存在している。前者の市場経済の理論においては価格のもつ需給調整機能がとみに重要視され、貨幣賃金率にしてもそれが労働力の稀少性の度合に応じて伸縮的に変動するのは資源配分の効率化を図るうえでは望ましいことだとされる。これに対して、ケインズの貨幣経済の理論はこのような伸縮性は貨幣経済システムの根底をつき崩してしまうおそれのあることを主張するのである。だから「労働者は、彼らが貨幣賃金の切下げに抵抗するかぎり、たとえはっきりとした自覚をもたないにしても、本性としては古典派よりはずっと分別をわきまえた経済学者である」(56：14,14*–15*)といい放つことができるわけである。

タウンシェンドやケインズに従えば、貨幣経済はある種の慣習をみずからの中に持つことによって一つのシステムとして成立する経済である。このことは『一般理論』の全篇を通じて陰に陽に主張されているにもかかわらず、その後のケインズ解釈では全くといっていいほどに無視されてしまった。ヒックスの均衡論に基づく定式化はこのような傾向に拍車をかけたといってもいいだろう。このような均衡論とは反対に、イギリスのケンブリッジ派は、いわゆる俗流ケインズ派を批判するさいの主要な武器として歴史的時間という時間概念を用意し、将来についての不確実性を過激なまでに強調する。その必然の帰結として、経済のもつ不安定性が一面的ともいえるほどに強調されることになる。シャックルのカレイディクスがその典型的な例であることは前章で述べた通りである。もう一度繰り返すと、そこでは経済は一事が揺らぐと万事がなし崩しに動揺してしまう万華鏡の世界として描かれているのである。

タウンシェンドやケインズの念頭にある貨幣経済は不確実性という要素を一方にもち、他方で安定化の契機としての慣習を必要不可欠の要件として含む経済である。したがってこの貨幣経済は、不確実性もなければ慣習も要らない市場経済とは異質の経済である。あるいはこのことを理論の上でいうと、ケインズの貨幣経済の理論は一般均衡論に貨幣を移植した貨幣的一般均衡論やヒックス流のケインズ解釈とも異質である。貨幣は不確実性をその存在理由とし、慣習要素をその存在条件としている以上、これら両要素を欠いた経済や経済理論においては貨幣は冗物とならざるをえない、といえる。

とはいうものの、タウンシェンドやケインズの所論が文句なく完璧であったとは必ずしもいえない面がある。慣習を安定化の重要な契機と認めたからといって、それが貨幣経済にどのような形で構造化されているか、その仕組については、ことに慣習と貨幣それ自体の関係については、十分な展開を試みたとはいいがたい。われわれは、貨幣経済は貨幣によって構造化されたひとつの〝社会〟である、という立場に立つ。そしてこの立場を堅固なものにしていくためには、貨幣経済の社会としてのなりたち、あるいはその論理をさらに立ち入って見ていく必要がある。

三　経済の不変要素と可変要素

貨幣経済は、一方ではそれをとりまく計算不可能な不確実性のゆえに不安定化の傾向をもつが、他方では安定化のための契機、すなわち慣習を内包していなければならない。貨幣経済は機械論に依拠する市場理論が考慮の外に置いていたこれら二つの要素をむしろその基本要素としている、というのが議論の出発点をなしていた。本節では、これら二つの要素が価格にどのような形で反映しているか、そしてまた経済理論はこのような価格をどう観念していたか、という点に的を絞って考察を進めていくことにしよう。

『一般理論』はその革命的な性格が大いに称揚されてきた反面、その内容や個々の論点をめぐって様々な論議をかもしてもきた。そのうちの一つ、ケインズが価格の調整機能をどのように考えていたかということは、当初から問題とされてきた点である。賃金にまつわるいわゆる「貨幣錯覚」論を手始めとして、問題は今日では主として、固定価格か伸縮価格かという形をとって論じられている。

そのさいケインズ理論を固定価格の理論だとする見解が大勢を占めているが、その中にもいくつかの種差があることは認めておかなければならない。たとえば、ケインズは貨幣賃金率だけでなく、貨幣賃金率の硬直性に応じて他のすべての価格も少なくとも短期的には固定化すると考えていた、とする見解がある。R・クラウワー(21)、A・レーヨンフーブド(64)らはこのような見解をとっている。第二に、ケインズは貨幣賃金率以外の諸価格は伸縮的だと考えていたに違いない、とみる見解がある。宇沢弘文教授(130)はこのような見解をとっておられる(おられた)。ケインズのいう通りに有効需要が総需要関数と総供給関数の交わるところで決まるとするならば、あるいはまた例の第一公準をケインズが容認していたとするならば、需給の不均衡の状態は価格の変化を通じてのみ解消されるということになるからである。したがってこの見解では、労働以外の財・サーヴィスの価格はそれらに対する需要と供給の綱引きによって決定されることになる。第三にヒックス(46)の見解がある。すなわち、現実の経済には固定価格の市場(たとえば工業製品の市場)と伸縮価格の市場(たとえば農産物市場や投機的市場)とが並び立ち、ケインズ理論は固定価格の市場について、従来の市場経済の理論は伸縮価格の市場についてそれぞれ成立する、という見解である。この場合の固定価格は生産者によって決定されると考えられている。つまり寡占ないしは独占価格である。

ともかくこれらの見解に共通しているのは、ケインズ解釈という形をとるにせよ、あるいは論者自身の事実認識をもち込むにせよ、とにかく固定価格の存在が認められているということである。けれども価格がなぜ固定化する傾向をもつのかという点になると、突っ込んだ議論はあまりなされていない。レーヨンフーブドは、ケインズ・マクロ体系の「革命的」要素を価格と数量の調整速度に関するマーシャル流の順序づけが逆転していること、すなわちマーシャルとは逆に、「[市場が開かれている]最短期においてフローの量は自由に動きうるとされるが、価格のほうは、一つないし複数個が一定とされ、そのために他の価格の変動幅も限られた範囲にとどまる」(64：52)ことに求めた。だがこれは価格が固定化することの説明ではない。たんに、価格が固定化するということを価格の調整速度が遅いということにいい換えているにすぎないのである。いわゆる所得制約模型にしろ、あるいは数量調整の不均衡模型にしろ、もしそれらが価格が固定化することの説明を欠くならば、それは最後の仕上げを欠くというものである。

私見を述べれば、この最後の仕上げは経済学の市場理論のよくなしうるところではない。貨幣賃金等の硬直性はたぶん原子論的な市場理論の枠の中で説明のつくようなものではないのである。所得制約模型や不均衡模型のような数量調整模型も、価格についてはそれを稀少性の度合を示すシグナルだと認識している点では価格調整の模型と変わりはない。相違はただ数量の調整速度が相対的に大きいという点に存するのみである。だが、価格が勝手気ままに変動することがないという事実は、調整速度いかんという点を超えて、あるいは市場形態のいかん(完全競争か寡占か)にかかわらず、経済が一つの社会として何か恒常的な要素を内包していることを指し示しているのではないだろうか。時代は遡るが、アダム・スミスらの古典派は同じ市場を考察するにしても、現在の機械論的な市場理論とは異なって、経済の中のこのような不変項にまで想を及ぼしていたと思われる。そしてケインズも、少なくともこのような不変項の存在を感知していた限りでは、彼の批判する古典派の延長にあると思われる。

価格に関して、大方の古典派経済学者にはひとつの共通した了解がある。すなわち、市場において取引される価格＝市場価格は日々変動することを免れえないけれども、それらは自由勝手に変動するわけではなく、ある中心点、すなわち自然価格の回りを変動するにすぎない、という了解である。これをいい換えれば、価格は現実の市場においてはなるほど伸縮的であるが、しかし経済にはその無際限の変動を妨げる要素、変動幅を一定の範囲に抑える要素がどこかに隠されている、ということである。のちの新古典派の市場理論から見ると、この自然価格という概念は余計な概念、冗物以外の何物でもないのである。

ここで二つの問題に直面することになる。一つは、自然価格が市場で決まるのではないとしたら、それはいったいどのようにして、あるいは経済のどのような局面で定まるのかという問題、二つは、もしも自然価格が理論上の冗物ではないとしたら、それはいったいどのような理由によってかという問題、この二つである。

第一の問題について、たとえばアダム・スミスは次のように考えている。彼は自然価格は賃金、利潤、地代という生産費の「自然率」によって構成されるといっているが、その自然率は「ひとつにはその社会の一般事情、すなわちその貧富、その進歩、静止、または衰退の状態によって、またひとつには、各用途の性質によって、自然に規制されている」(126：124*) と述べている。「一部は各用途それぞれの特殊な性質によって」とはいっているものの、スミスは自然価格の所在をおおむね歴史の中に、とくに生産条件の発展の程度に求めている。そしてスミスのこのような自然価格観は時代を下るにつれて技術主義的に純化されていく。つまり、生産技術がいまだ調整の過程にあるときの価格が市場価格、調整がすんだあかつきの定常状態にあるときの価格が自然価格だ、というわけである。ちなみにA・マーシャル (72) にあっては、自然価格は「長期」価格に、市場価格は「短期」価格に置き換えられてしまうのである。

自然価格は、しかし、ある種の公正観念を当初は内包していたはずである。このことは、自然価格が「公正」あるいは「正当」な価格、すなわちユストゥム・プレティウム (*justum pretium*) と多分に同一視されてきたことからも分かるだろう。公正価格としての自然価格はG・ミュルダール (90) にいわせれば社会的価値を反映したものである。とすれば、このような自然価格は利己的な個人の寄り集う市場において決定しつくされるはずがない。自然価格の住む場所は利己的個人に解体されうるような市場ではない。自然価格という水晶玉の中には個人には還元しつくすことのできない社会的なるものが見え隠れしている。つまり、市場では価格が勝手気ままに動き回ろうとするのに対して、〝社会〟に繋留された公正観念はそのような変動を一定の範囲内に抑えようとしている、と考えたほうが妥当なのである。古典派は自然価格にともかくもそれ固有の場所を与えようとした。それは無益な企てだ、とのちの技術主義の経済学ならいうであろうが、私はそうは思わない。自然価格を締め出すよりは、むしろその真意を理解し、そして自然価格がみずからの場所をもつように市場概念を拡大していくべきではないだろうか。じつのところ古典派の考えた市場は新古典派の考えるような一枚岩の調整市場ではなく、それ自体の中に公正観念や倫理規範といった社会的諸要素を幾重にも織り込んだ織物にも似たようなものだと考えられるのである。

さきに、スミスは自然価格の「自然」性を歴史の中に求めたと述べたが、じつをいうとこのような評価はおそらく彼にとっては不公平というものであろう。市場価格に対置させられているのは自然価格だけではない。彼は自然価格とは別に真価格という価格概念を用意しており、そしてこちらのほうにスミスなりに捉えた社会性が反映されていると思われるからである。この真価格とは、彼にいわせると、ある物を「得たいと思う人がそのために真に費すところの」もの、すなわち「労苦煩労」のことであるが、それはまた、価値が決して変わらないという点で、価値を測定し比較するうえでの「真の標準」となるものである。価値の源泉としての労働、価値の不変の標準としての労働、——なんのことはない、実践と理論の両面にわたる労働価値論の労働ではないか、と思われる向きもあるかもしれない。しかも彼の労働価値論はのちのリカードやマルクスのそれによって乗り超えられている、と。だが、スミスの真価格としての労働には、のちの労働価値論における労働とはもう少し違った観点があるように思われる。

市場的交換は、スミスの説くところによれば、分業から帰結したものである。すなわち交換の出発点に置かれるのは自己の利益を追求する個人ではなくて、社会的な分業である。それならば社会的分業が何に出来するかといえば、それは人間の理性ではなく、かえって分業を引起こす人間の性向、すなわちスミスのいう交換性向である。交換性向とは一方では労働の細分化を促しながら、他方ではそれを一つの統一体へともたらすような性向のことである。一言でいうと交換性向とは人間社会の領域を拡大していく性向のことである。分業とは社会の状態そのもののことだといってもいい。それではいったい交換性向がこのような意味での分業を可能にするのはなぜであろうか。分業のもとでは個人個人が生産する財貨の自然的属性はまったく異なっている。小麦を生産する者もいれば、衣服や鉄製品を生産する者もいる。分業とは一面では人間活動の個別化・特殊化であるのに、どうしてそれをある統合へともたらすことができるのだろうか。

このようなことが可能となるためには、抽象的ないい方をすると、差異の中にも何がしかの同質性が存在していなければならないはずである。そして人びとが他ならぬ労働をもってその同質項だと観念したのは容易に肯ける。たとえ物財の自然的属性が異なっていても、それらが人びとの同じ労働の成果だという事実だけは残るのである。労働の同質性、といってもそれはたとえばカロリーという単位で量られるエネルギーの同質性のようなものではなく、むしろ人間の観念の上での同質性である。この意味で、交換性向とは差異の中にもある同質性を見出すような人間の性向のことだといってもいいだろう。

スミスが識別した自然価格と真価格、この識別の基準をスミスは決して明示しているわけではないが、これを私なりに読み替え、私の田に引き入れれば、前者は人間社会における歴史という縦断面、後者はそのコミュニケーションという横断面を表わしている、と見たい。市場は公正観念や倫理規範などに集約された歴史と、交換＝コミュニケーションの過程という二つの相をもっている。また市場は表層と深層という二つの層をもっている。市場の表層部ではなるほど人は自分の私益を追求して取引活動を行うかもしれないが、深層部には人間の一般的な意味での交換性向が存在し、そして分業という形をとった社会的コミュニケーションが成立っている。このように市場は多相・多層の場であって、そこでの価格もまた市場のもろもろの相と層を映し出さずにはおかないと思われるのである。

第二の問題に移ることにしよう。不変の自然価格が経済にとってどのような意義をもっているかという、自然価格のいわば存在理由の問題であるが、これはすでにこれまでの論述からおのずと明らかであろう。公正価格としての自然価格は、市場価格の変動に一定の枠をはめることによって、市場社会それ自体の変化や変動に一定の枠をはめる、と考えられるのである。つまり価格が大なり小なり固定化する傾向をもつということは、そのぶん市場が安定化する傾向をもつということである。経済の先行きを見越すことはそれだけ容易になる。ところが価格の自動調節機能を奉じる経済学はこれとは別の観点をもつのであって、自然価格は理論のうえでは無用の長物、実践面では資源配分の望ましい達成を妨げる阻害因だということになる。安定性という観念はあることはあるけれども、それは微分方程式の解経路が安定か不安定かといった類の形式的な安定性であり、経済活動の実践の中で特別な意味をもつことはない。価格が需要と供給の状態に応じて変幻自在に変動することはそれ自体としては望ましいことだとみなされ、また変幻自在の変動を通じて需給の調整を図ることが価格の存在理由だとみなされているのである。

われわれは、固定価格か伸縮価格かという今日的な論争点から出発し、そこから時代を遡って古典派の自然価格概念を検討に付し、そうすることを通して市場経済の中にある種の社会的要素を発掘した。この社会的要素は通常の市場にとっては議論の与件をなすにすぎないが、われわれにとっては与件どころか、じつは市場の存亡の鍵を握るほどのものである。市場が社会的要素を必要不可欠の要素とするということは、とりもなおさず、それが一個の社会だということである。このような見方をとらないかぎり、経済学の市場理論は固定価格の存在とその意義を解き明かすことはできないであろう。

最後の課題は、古典派が取り残した問題、すなわち貨幣が経済の中でどのような位置を占め、公正観念や慣習といった社会的要素が貨幣とどのように結びつき、それらが貨幣経済にどのように構造化されているか、このことをみていくことである。

四　貨幣——経済社会の構成原理

ケインズの貨幣経済の理論と新古典派の市場経済の理論とを比較してみるとき、往々にして相反する結論が導かれるのはどうしてか。さらに、市場経済の理論が理論としての自己完結性を高めていけばいくほど貨幣が余計なものとして排除されていかざるをえないのはなぜであろうか。これまで論じてきたことが示唆しているのは、両者の依拠する論理がそもそも異質なのではないかということである。市場経済の理論はアトミズムの力学的論理に基づいている。とうぜん、不確実性という非決定論的要素、あるいは慣習などの社会的要素は視界から脱け落ちていかざるをえない。一方、貨幣経済においてはこれらは欠くべからざる意味をもっている。不確実性の存在は貨幣の存在理由であり、慣習等の社会的要素は貨幣の存在条件だとわれわれは主張してきたのであった。そうだとすれば貨幣経済は力学的論理とは異なった論理の上に成り立っているに相違ない。この論理——社会的論理(ソシオ・ロジック)といおう——がいかなるものであるか、貨幣が不確実性と慣習をどのように組織化し、そしていかにして貨幣経済を一箇の人間社会として成りたたしめているのか、このことについて考察を進めていくことにしよう。

将来に関する不確実性がなぜ貨幣の存在理由となるのか、つまり貨幣を必要とする状況を生み出すのか。まずこの点について考えてみよう。

混沌とした未来を前にしたとき人びとは次の二途のうちのいずれかをとる。一つは未来が少しでもはっきりした像を結ぶまで時を待つこと、すなわち現在の状態をしばらくのあいだ繰り延べして現状を維持し、そのことによって好機を待つのである。いま一つの方途は、未来を待つのではなく、反対に積極的に未来を実現し固定化していくことである。つまり第一の途は事態を流動的な状態にしておいてそれを固定化するのを延期するという策であり、第二の途は流動的な事態をいちはやく固定化してしまうという途である。人は流動的状態をとるかそれとも固定的事態をとるかの選択を行う、というよりはむしろ、両者の間で〃交換〃を行うのである。第一の場合には固定性と引換えに流動性をとり、第二の場合には流動性と引換えに固定性をとる。ここにおいて流動性を貨幣に、また固定性を企業の新設備や投資家の証券類に置き換えれば、不確実な状態のもとで人が貨幣を必要としていることの説明が得られるであろう。すなわち一方の場合には人は流動性＝貨幣を保有することによって好機に備え、他方の場合には、流動性＝貨幣と引換えに状況を具体化するのである。

さらに、未知の将来という時間的な不確実性は社会的関係における不確実性の度合を高める方向に作用し、この社会的不確実性がまた貨幣を必要とする状況をつくり出すといえるであろう。将来が未知で混沌としてくると、人は将来についてみずから抱くイメージに基づいて事を起こさなければならない。それまでにまがりなりにも存在していた共通の信念や確信は揺すぶられ崩壊していく。人びとが自分の主観や期待に頼らざるをえなくなってくると社会関係の間に亀裂が生じ、社会関係はアノミーの状態に陥ってくる。いってみれば、時間の次元での不確実性は社会関係の次元での不確実性に変換されるわけである。こと市場に関していうと、市場での取引関係は相当程度の不確実性にさらされてくる、ということになる。取引相手の経済状態が先行きどうなるかが分からなくなれば信用や信頼に基づいた取引関係は危機に瀕してくる。そしてこのような状態でいやしくも取引を続けていこうと思うなら、負債を決済する手段としての貨幣がどうしても必要だということになるのである。

不確実性の経済社会に対して有する一つの大きな意義は、それが市場での正常な取引関係を損なっていくという点にある。取引が有利か不利か、もしそれが取引者相互に利益をもたらすなら取引が開始される、というのはあらかじめ正常な取引関係が存在していると仮定したうえでの話である。市場指向のホモ・エコノミクスを仮構し、市場の遍在をあらかじめ前提にしておく市場経済の理論は、このような正常な取引関係の有無というところまで議論を導くことを最初から封じてしまう。財の稀少性が存在し、その他若干の条件が整いさえすれば、ホモ・エコノミクスたちは待ち構えたように取引を開始するのである。たとえ市場の存否が問われることがあるにしても(市場の失敗)、それはせいぜい技術的な条件をめぐってである。このように市場の遍在を思考の絶対枠にしてしまうと、そのとき経済に占める貨幣固有の場所はなくなってしまう。一ドルぶんの小麦は一ドル紙幣と同等の通用力をもつ。価値をもつ物は何でも貨幣たりうる。ということはそこには貨幣は存在しないということなのだ。

同じ新古典派の創始者でも、C・メンガー(76)を他のワルラスやジェヴォンズから画しているのは、彼がなかんずく市場の組織化の程度というものを視野に収めていることである。各々の商品は使用価値や交換価値において相違しているだけでなく、その市場性(メンガーのいう「販売力」)においても異なっている。彼はこの市場性＝販売力の概念を基礎にして、「商品の理論」を「価格の理論」とは独立に、しかもそれとは異次元のものとして展開するのである。商品によって販売力の程度に差があるのは、商品ごとに需要・供給の条件が異なっているから(価格の理論)ではなくて、商品ごとに市場の組織化の程度が違うから(商品の理論)である。一メッツェンの小麦の価格は時によって上がりもすれば下がりもするが、それはその時々の需給の条件が異なっているからである。このような価格の理論でみる限り、たとえば一マルクの小麦と一マルクのビールの間には商品としては何の相違も出てこない。そればかりかこれら一マルク分の商品と一マルクの貨幣との間にも違いはない。ところが販売力という属性を加味してみると、これらの商品、あるいはこれらの商品と貨幣の間には販売力の差に応じて相違が出てくるのである。そして商品の販売力の程度はその商品の市場の組織化の程度に依存している。さらにこの組織化の程度は当該市場の時間上・空間上の不確実性の程度に依存する、とメンガーはいっている。たとえば不規則な場所で不定期に取引される商品は、規則的な場所で定期的に取引される商品よりも低度の販売力をもつということになる。貨幣は彼によれば最も高度の販売力をもつ商品であり、彼の貨幣の理論は商品の理論の延長線上で論じられるのである。

メンガーの販売力がケインズの流動性と同種の概念であることは容易に看てとることができる。両者とも不確実性のまつわる取引関係において取引を実行に移さしめる力として機能する。つまり、高販売力、高流動性の商品を保持しておけば、必要な時に、それよりは相対的に低度の販売力・流動性しかもたない商品に交換しうる、少くともその可能性が大である。この意味で、高販売力・高流動性の商品は低販売力・低流動性の商品を支配しうるといって差しつかえない。そして商品を支配しうるこの力は資産としての便宜をその保有者に与えるのである。

ただ、メンガーは販売力(流動性)の高い商品が漸次貨幣になっていったとする、いわゆる発生論として貨幣の出現を論じており、この点には異論をさしはさまざるをえない。吉沢英成氏(140)が指摘しておられるように、いやしくも市場が存在している限り、貨幣もしくは貨幣観念はあらかじめ存在しているとみなければならない。交換過程の中で商品から貨幣が析出され、それが貨幣として流通していくようになるのではなく、いわば貨幣が交換を流通させるようになるのである。そして流動性という貨幣の属性は、不確実性が経済社会の重要な条件となるにつれて、当初から存在していた貨幣が新たに獲得した属性――不確実性を存在理由とする属性――だと考えるべきなのである。

貨幣＝流動性が経済を囲繞する不確実性をその存在理由としていることは以上見てきた通りである。不確実な未来を前にして、そして不確かな取引関係の中にあって人びとが経済活動を遂行しようとするとき、貨幣なくしてはこのような不確実性下の経済活動を遂行することはできない。不確実性に覆われた市場の中にあって、貨幣はある〝確かさ〟を与えるものとして機能する。だが、この〝確かさ〟は何に由来するのか。これまでの論述においては、貨幣のもつ〝確かさ〟は既定のものとされていたが、こんどはこの〝確かさ〟の由来を考察していかなければならない。

貨幣のもつこの〝確かさ〟、貨幣を保有することの便宜は、ケインズによれば、貨幣の流動性プレミアムが高く、しかもそれが容易には下がらないという事実の中に表われている。それではいったいなぜ貨幣の流動性プレミアムが他の資産に比べて相対的に高く、しかもそう簡単に下がることがないのか。不確実性の存在が貨幣に流動性という属性を与えるとはいっても、それが高度の流動性プレミアムまで保証するわけではないのである。

さきのメンガーは貨幣商品の販売力、すなわち流通性や市場性の高さは、歴史の過程で習慣によって徐々に形成されてきたと考えた。販売力の高さについてのこのような説明も無下に否定し去ることはできない。なるほどそれは〝事実〟なのだから。しかし高流通性(したがって高流動性プレミアム)の所在を歴史的事実に委ねてしまうことは、論点にぶつかる前にそれを回避してしまう類の行為である。それではこの論点をめぐるケインズの見解はどのようなものであっただろうか。

貨幣を保有することの利益は別に流動性プレミアムに限られはしない。ケインズによると資産は一般にそれをある期間保有することによって、「収益」、「持越費用」、「流動性プレミアム」という三つの収穫を生み出す。貨幣もまた資産としてこれら三つの収穫を生み出すと考えられるが、他の資産と違って収益と持越費用はほとんど無視しうる。たとえば住宅のように自ら収益を生むこともなく、また小麦のように持越費用を要することもない。つまり貨幣を保有することの利益は流動性プレミアムただそれだけによって特徴づけることができるのである。資産はそれを自由に処分できる力 (power of disposal) が高ければ高いほどその保有者に大きな便宜と安全性を与えるであろう。この処分力のもたらす便益と安全性が資産のもつ流動性プレミアムである。貨幣のもつ流動性プレミアムは高くて、しかも下がりにくいという性質をもっている。それはいったいなぜであろうか。

この点についてケインズは正面切った解答を与えているわけではないが、彼の見解を私なりに縫い合わせてみると以下のようになる。まず貨幣(たとえば金)はその供給量が比較的固定されているということがある。貨幣の生産の弾力性はきわめて小さく、貨幣の価格が上昇してもその生産量をそれに応じて増やすというわけにはいかない。このように生産の弾力性が小さいということと並んで、貨幣はその代替の弾力性が非常に小さいという事実もある。つまり貨幣の価格(交換価値)が上昇してもそのことによる他資産への乗り換えはほとんど起こらないということである。なぜそうなるかというと、貨幣の「効用」はその交換価値と歩調を合わせて変化するのであり、貨幣の交換価値が増加するとそれに応じて貨幣の効用も増大するからである。

しかしこのような形式的・技術的な解釈でいえるのは高々貨幣の流動性プレミアムが下がりにくいということのみであり、それさえも論理必然性をもつものではない。貨幣の生産の弾力性が小さく、そして代替の弾力性が小さいということは、貨幣の流動性プレミアムが下がりにくいことのせいぜい状況証拠を構成するにすぎないのである。

しかしその反面で、ケインズは形式的説明とは別にいわば社会的とでも呼べる説明をも試みている。すなわち、契約が貨幣表示で結ばれ、なかんずく賃金契約が貨幣によって定められていること、そして貨幣表示の賃金が比較的安定しているという事実が、貨幣にきわめて高い流動性を与えるのに一役買っている、というのである。もう少し具体的にいうと、「資産を保有するさいに、将来満期となる債務を表わす標準と同じ標準を用いたり、また将来の生計費がそれによって測られる場合比較的安定していると予想される標準と同じ標準を用いることが便利であることは明白である。」(56：236-237,235*)また、「価値標準が生産の弾力性の高い商品である場合には、将来における産出物の貨幣生産費が比較的安定しているという期待を、大きな確信をもって抱くことはできないであろう」とも述べられている。さきほどの説明と違ってこちらはもっと実質的な内容をもっている。そしてこのような説明を私が〝社会的〟な説明だというのは、ここでは契約における貨幣の使用、あるいは貨幣賃金の安定性・粘着性といった〝社会的〟要因がまわり回って貨幣に高い流動性プレミアムを付与すると考えられているからである。

だが、貨幣賃金率がなにゆえ比較的に安定し粘着的であるかという最後の詰めの段階にくると、ケインズはふたたび形式的・技術的解釈に舞戻ってしまう。彼は貨幣賃金率がなぜ粘着的であるかという問題を、貨幣で取決められた賃金率が他の商品で取決められた賃金率に比べてなぜ粘着的であるのかという問題に置き換え、後者の理由を貨幣の流動性プレミアムが他商品のそれに比べて大きいということに求めるのである。これが循環論法であることは言うをまたない。貨幣の本質を貨幣の高流動性プレミアムにあるとするケインズ、あるいはその本質を貨幣賃金や貨幣価格の硬直性にあるとするA・P・ラーナー(65)。彼らは、高流動性プレミアム↓賃金・価格の硬直性↓高流動性プレミアムというサイクルの異なった局面をとり上げているにすぎないのである。

このサイクルは貨幣の高流動性の説明としては循環論法を構成するが、しかし現実の貨幣がこのようなサイクルをもっていないというのではない。高流動性と賃金・価格の硬直性の間には一方が他方を強める関係のあることは確かであろう。その輪はいってみれば貨幣細胞の核のようなものだといってもいい。しかしこの輪はケインズやラーナーの考えるように決して閉じたものではない。貨幣の高流動性は世界が不確実であることからその存在理由を獲得し、貨幣賃金や貨幣価格の硬直性は人間社会の社会的要因を反映している。ケインズの循環論法を断ち切るためには、賃金等が貨幣で支払われていることの意味、事実の背後に潜伏している社会的意味をあらためて考えてみる必要がある。

貨幣賃金その他の価格の硬直性はピグーや新古典派の市場理論の眼には市場の機能障害と映る。彼らの考える市場とはほんらい価格の自由な変動を通じて資源の効率的配分を図るはずのものだからである。彼らにとって価格の伸縮性は価格の存在理由なのであって、需要と供給を日々調整することのない価格は存在理由を失った価格も同然である。しかし、価格が自由に変動すれば、たとえそれが稀少性の度合を正しく表現しているとしても、経済それ自体の存立を危くする可能性がある。このことを新古典派の市場理論はまったく考慮の外に置くのである。なぜか。——たぶんそのわけは、新古典派の構成する市場経済は貨幣をなんら本質要素とする経済ではないということに求められるであろう。そこでは貨幣価格が問題となることはなく、重要なのはただひたすら相対価格のほうである。かりに貨幣について論じられることがあっても、そのとき論じられる貨幣は交換の便宜としての貨幣、経済の潤滑油としての貨幣である。貨幣がこのようなものだとみなされるなら、貨幣価値に変動があっても経済の大勢に影響を与えることがないのは当然である。

ところが貨幣経済はこのような市場経済とは異質である。貨幣経済を一言で表現するなら、それは貨幣を扇の要として組織された経済のことである。貨幣経済は貨幣＝流動性という属性が出現する状況、すなわち不確実性という要因と、流動性を流動たらしめる要因との二つをその基本的な構成要素としている。いい換えると、貨幣はみずからの存在理由を生み出す要因とみずからを存続せしめる要因との二つを自己の経済の中に組み入れ組織化している。つまり貨幣経済は通例市場の阻害要因だとみなされているものを、かえってその本質要素としている経済だということである。もちろん貨幣経済システムの中には通常理解されているような市場も含まれている。しかし貨幣経済を「貨幣」の経済として特徴づけるのはふつう〝非市場的〟だとされている要素だということである。ケインズは新古典派の理論をユークリッド幾何学に喩え、みずからの貨幣経済の理論をもっと一般的な非ユークリッド幾何学になぞらえているが、彼のこのたとえはあるいは以上のことをいっているのかもしれない。

さきに論じたケインズの循環論法を断ち切るためには、賃金や価格がある程度の硬直性をもつにいたる理由をそれ自体として説明しなければならない。が、それはもうおのずと明らかである。すでにみてきたように、公正観念や慣習などの社会的要因が賃金や価格に硬直化の傾向を与えるのである。貨幣経済が貨幣によって組織化された経済であるとすれば、その構成原理としての貨幣の価値を安定化させる契機をこの経済はみずからの中に有していなければならない。この契機となるのが公正観念や慣習といった要因であり、これらは貨幣賃金や貨幣価格に反映され、そのことを通じて貨幣は自己の価値を安定に保つ。ことに労働賃金は生産費の大きな割合を占めている。したがってとくに貨幣賃金のある程度の硬直化は、貨幣経済の安定化、ひいては貨幣経済の存立に大きく寄与するのである。

貨幣は一面では確かに人間の経済活動にとっての道具であり手段である。物を買うためにわれわれは貨幣を用いる。しかし反面ではわれわれ人間は貨幣に使用されてもいるのである。貨幣はそれが構成原理となって経済活動の場を組織する。言語に文法があるように貨幣経済にも隠れた文法がある。貨幣を使用するさい、人はこの貨幣文法に従った属性をもつ貨幣を使用しているのである。経済社会の構成原理としての貨幣を、西部邁氏(92)はコミュニケーションのメディアと呼び、吉沢英成氏(140)は交換関係のシンボルと表現したが、そのいわんとするところ、貨幣はコミュニケーションや交換を組織化し構造化するということである。貨幣が人間社会にとってこのような位置をもっているとしたら、貨幣によって表現される諸価格も、程度の差はあれ、社会的コミュニケーションの様々な局面を反映しているに違いない。価格にまつわる公正観念はその一例である。

このような観念がとりわけ賃金について強くあらわれるにはそれなりの理由がある。人間の経済は、ある角度から見ると物質的な過程、すなわち生物体としての人間が自己の生命を維持するために自然に働きかける過程にほかならないが、この過程は個々バラバラに遂行されるのではなく、それは人びとの協働として営まれるものである。この協働関係は見方次第で分業関係であったり、階級関係であったり、あるいは雇用主と従業員の関係であったりするだろう。ただ階級関係といってもその敵対性を一面的に強調するのは行き過ぎである。敵対関係の糸の上に危く成り立っている社会などもはや社会とはいいがたいからである。ともかく、経済の物質過程といえどもそれが人間の協働の過程として遂行される以上、そこには一定のコミュニケーションが成立していなければならない。賃金はこのようなコミュニケーションのありさまを映しとる鏡のようなものであり、労働にまつわる公正の観念は賃金という鏡に公正賃金として映し出されるのである。

古典派の賃金基金説は、現代のわれわれの眼から見ると、その賃金の理論としての稚拙さは覆うべくもないが、その背後にある考え方は古典派の価格観の延長線上にある。労働者は賃金基金から自己の分け前として賃金を受け取るという発想が基金説の底にあるが、この分け前という賃金概念は労働の対価という賃金概念とは発想を異にしている。前者には賃金のもつ社会的性格がまがりなりにも反映されていると思われる。ちなみにT・ヴェブレン(132)も基金説の賃金観を継承している。彼は「賃金」と「所得」(earnings)を区別し、前者を市場での労働の対価と規定し、後者を労働者の社会的分け前だと定義する。そして彼は、「所得」としての賃金こそが賃金ほんらいの意味であったとみなしているのである。

要約してみよう。貨幣経済は力学的論理とははっきりと異なった社会的論理によって構成されている。この社会的論理とは、貨幣の存在理由である不確実性と貨幣の存在条件である安定化要因を貨幣経済の中に組み込み(高流動性と賃金・価格の硬直性)、そのことによって経済社会をひとつの社会として組み立てていくような論理のことである。そして貨幣がみずからの価値を安定化させ、自己を維持していくことができるのは、貨幣が賃金や契約の支払手段として使用されているからである。貨幣は社会的コミュニケーションの中で現に使用されることによって、公正観念や慣習などの要素をいわば自己を養う養分として汲みとっていくのである。

第五章　言葉と物

――消費について――

一　はじめに

消費は個人主義の経済学のアルファでありオメガである。この経済学にとって経済問題が発生するのはつまるところ、消費に供することのできる財が人びとの欲望に比べると相対的に稀少だからであり、生産はいってみれば迂回消費、貯蓄は将来の消費のために現在の消費を犠牲にすることにほかならない。そして消費の理論から説き起こされた経済理論は最後は「多々ますます弁ず」を究極の規準とする厚生経済学によって締めくくられることになる。要するにこの経済学にとっては、「消費の理論は経済学の科学的基礎をなす」のである。

だが消費とはそもそもいったい何か。それは人間活動や人間事象のどのような局面をなすのか。この点の考察がなければ経済学は画竜点睛を欠くと思われるのだが、そこにおいて満足極大化の消費者行動の理論は錬り上げられてはいても、消費活動あるいは消費過程それ自体については一顧だにされない。それはおそらく、消費活動は「個人主義」以前の私的な、もしくは生理的な過程だと考えられているためであり、そうだとすれば、消費活動そのものはとりたてて問題にするには及ばない、ということなのであろう。こうして経済学は、消費をそのアルファとオメガとしながら、消費の過程や消費という現象の意味についてはおおむねこれを視野の外に置いてしまうのである。

確かに消費は一面では生理的過程であり生存のための生命過程である。そもそも「消費」という言葉には物を消尽して生命を再生産するというニュアンスが陰に陽に伴っている。だが人間活動としての消費には生物的行動には還元してしまうことのできない〃過剰〃な要素が含まれているはずである。ヨハン・ホイジンガ(47)は遊びという現象の本質は必要や欲望の直接的な満足の外にあるとし、遊びは文字通り過剰で余計なものだと述べているが、その真意はこの過剰性こそが文化であり人間固有の領域だというにあるのだ。彼の主張は「遊び」を「消費」に置き換えてもやはり成りたつだろう。人間活動としての消費に面目を与えるのはホイジンガのいう意味での過剰性であって、ここにおける消費は、生命過程としての消費でなく、社会的・文化的現象としての消費である。さらに以下の議論を先取していえば、生命過程の外にある過剰性＝文化の領域は意味やイメージや象徴の領域であって、このような領域の中にある物は、記号や言葉としての物なのである。

フェルディナン・ド・ソシュール(117)が、言語活動には物理的、生理的、心理的、等の諸側面のあるのを認めながら、なおかつ言語活動固有の領域を認めえたのは、彼がそれを記号活動として考えたからであるが、消費の理論も物を記号や言葉だと考えたときに初めてそれ固有の領域を獲得するといえるのではないだろうか。このような観点に立ちながら、まず経済学の「消費」概念を再検討してみることにしよう。

二　「消費」概念の再検討

選択論理に依拠する消費理論は、形式論理化への道をひた走る今日の経済理論の中にあってもとりわけ高度の形式性を誇るといっていいだろう。第一にそれは、従来の消費理論が永らく依拠してきた効用という心理的実体を放逐し、それに代えて選択の論理形式を導入することによって消費理論をその根底から形式化することに成功した。そこでは消費者は最も選好する財の組み合わせを選択するのであるが、財の選好関係は数学的意味での順序関係として表現できれば十分なのであり、したがって選好という言葉にややもすれば伴いがちな効用や望ましさの観念はいくらでも削ぎ落とすことができるのである。順序関係としての選好関係はいわば消費理論におけるオッカムの剃刀である。

第二に、この消費理論は、選好に関する完全性、連続性、推移性などの若干の公準を設けるだけで、財空間をパレート流の無差別曲線(面)によって截り取ることが可能であり(数学でいう類別化可能性)、それによって価格と需要量との関係に関する種々の命題を天下り式に導出することができるという意味で、公理主義的方法を型通りに実行している。

そして第三に、効用理論よりも弱い仮定を置いてなお効用理論が定立しうる諸命題をすべて導出することができるという意味で、それは効用理論よりも一般的である。効用理論から選択理論への移行は特殊理論から一般理論への移行という観を呈しており、ヒックスが選択理論を唱道するのもそれが効用理論に比べれば高度の一般性をもつからである。

なるほど完璧である。形式的な論理展開には間然するところがない。効用という得体の知れぬ〝未知数〟を礎石に据える効用理論が選択理論の前では色褪せてみえるのも当然である。だが、選択理論は「消費者は最も選好するものを選択する」と述べることによっていったい何を説明しようとしているのだろう。所定の予算と所与の価格のもとである特定の財の組合わせを消費者が購入することの理論的説明だというのなら、それは無意味なトートロジーにすぎない。あるいは、消費者は現に固定した選好の地図をもち、この消費者を「最も選好するものを選択する」合理的人間として近似できるというのなら、われわれは、一定のプログラムを組み込まれてデータが与えられればただちに答えを出すコンピュータを合理的な存在だと呼ばなければならないだろう。私にいわせれば、コンピュータのような個人は、状況に応じて機転をきかすことができないという意味で、融通のきかない非合理な人間である。

効用理論から選択理論へ、功利主義から公理主義へ、心理主義から形式主義へ、という消費理論の発展は、後者が前者のもつ難点を克服し解決したという意味での発展ではない。選択理論は効用という未知数を解き明かしたわけではないし、あるいは別の説明原理をもってそれに代えたわけでもない。それはただ方程式の数を減らして、効用という未知数を未知数として考える必要がなくなった、効用理論の導出する諸命題は効用概念を用いなくても導出することができる、といっているにすぎないのである。形式性の完備という観点から二つの理論を比較しようとすると、形式性の網にかからない効用理論(功利主義)の別の側面は惜し気もなく流し捨てられてしまう。形式性の完備という面から二つの理論を比較しその優劣を論じるというのはじつのところは問題のすり替え以外の何物でもないのである。

こういったからといって何も形式化が不用だといっているわけではない。どのような理論にしろそれがいやしくも理論という名で呼ばれるからには、それはある種の形式性を備えていなければならない。たとえば数学であればこのような形式化を徹底して追求していくことができる。距離の概念ひとつとってみても、それを形式的に定義しさえすれば、ユークリッドの距離以外にも各種各様の距離を考案することができる。形式の世界に遊び一般化を追求していくことは数学にとってはむしろ美徳なのである。だが社会科学は、西部邁氏(93)がとりわけ強調しているように、形式性の背後にそれを解釈する解釈の体系を用意していなければならない。社会理論は「解釈の知的図式」(ハイエク)なのであって、人間活動や社会現象の裡に潜む意味内容の解釈を欠いたとき、社会理論はおそろしく空疎なものと化してしまうのである。

効用理論と選択理論を形式性の面でなく、消費活動や消費現象の解釈体系という点において比較してみるとき、私は、後者は前者からむしろ大きく後退してしまったという印象をもつ。効用理論は効用という概念によって消費を意味づけるが、選択理論の科学主義はみずからがひとつの解釈たらんとすることをむしろ意識的に拒否するのである。われわれは経済学の消費概念を再検討することによって消費活動や消費現象の意味を考えていこうと思うのだが、このときわれわれの検討に値するのは選択理論の排斥してやまない効用概念のほうであり、またそれを台座に据える功利主義のほうである。

経済学の効用理論では、効用と快楽は同一のものだとみなされている。したがって功利主義と快楽主義も普通は同一の置き換え可能なものだと考えられている。じじつベンサムは、人間を快苦計算の機械に喩え、道徳理論を快苦の幸福計算でもって基礎づけることによってみずから「道徳世界のニュートン」たろうとしたのである。ジェヴォンズやエッジワースらの経済学者もこのような意図においてベンサムの血を受け継いでいるといえるだろう。しかし、功利主義の体系はもともと道徳理論もしくは倫理学を基礎づけるという意図のもとに作り上げられたものである。そうだとすれば、同じ快楽を体系の基礎に置いてはいても、功利主義と利己的快楽主義とでは、快楽の位置づけ方や快楽の意味内容において相違があるのではないか、したがって両者を同一視することはできないのではないか、という疑念が生じてくる。

実際、W・C・ミッチェル(86)は、ベンサムは功利主義の倫理学を快楽の心理学とブレンドしているといい、またハイエク(44)は功利主義の道徳的・倫理的・社会的な側面(rule-utilitarianism)をその個人主義的・快楽主義的な側面(act-utilitarianism)から厳に区別している。さらにJ・プラムナッツ(101)によれば、功利主義と利己的快楽主義とはそもそも両立することのできない学説だということにさえなる。つまり功利主義は、快楽主義と違って、本来はモラルの領域、社会に関する理論だというわけである。功利主義は確かに一面では道徳的判断を個人の観点から行おうとする個人主義の学説である。しかし他面でそれは社会的側面をも併せもっている。問題は、効用(功利性)を快楽と同一視し、この快楽を体系の構成原理としたとき、功利主義がいかにして社会理論として成立しうるか、ということである。

この点についてプラムナッツはつぎのようにいっている。最大多数の最大幸福という功利主義の金科玉条は、諸個人の私的利害を事後的に調停するような原理などではなく、それ自体として無条件に望ましいと考えられている第一原理である。そしてその場合、最大多数の最大幸福という命題がいやしくも意味ある命題であるとするなら、それはこの命題の背後に「自分のために快楽を獲得することが人間の義務であるのと同じように、他人に快楽を与えることも人間の義務だ」(101：17*-18*)という主張が隠されているからにほかならない。義務――というと人はすぐ当為としての倫理学を思い抱く。しかし、功利主義は快楽の交換を〝…すべし〟の当為としてのみ主張しているのではない。最大多数の最大幸福にしろプラムナッツのいう快楽の交換にしろ、それらは当為以前の事実として、大なり小なり社会の中に存在している。功利主義がひとつの社会理論だというのは、それが、快楽の交換という形ではあるが、人間社会をコミュニケーション体系として理解しているからである。

人びとは真空状態の中で自己の快楽を追求するのではない。人が他者との相互依存関係の中におかれることなくみずからの利益や快楽を追求するというのは、ホッブスの、そして利己的快楽主義の描く構図であるが、ベンサムやJ・S・ミルらの功利主義は真空の空間を、コミュニケーション・フィールドによって充塡している。このようなフィールドが存在して初めて、人びとが自己の快楽を追求していくことが可能になる、という認識がそこにはある。つまり功利主義は個人とともに個人が活動するさいの場＝社会を視界に収めている。そしてこの両者の交差するところに位置するのが快楽なのである。功利主義者の念頭にある社会はいうなれば快楽をめぐるコミュニケーションの体系であり、快楽は社会の組織化原理である。このような快楽の位置が経済における貨幣の位置ときわめて似通っていることはすぐわかる。前章の貨幣経済論で論じたように、貨幣は経済社会の構成原理である。経済の中で人びとは貨幣を追求し使用するが、当の経済社会はすでに貨幣によって組織化されているのである。

このように、功利主義は個人的な原理であるばかりでなく、同時に社会的原理でもある。そのように考えなければ、功利主義は道徳学説、倫理学説としては成り立ちえないように思われるのである。しかしこれら両面が快楽という一種の個人心理によって首尾よく接合できるとは思われない。いえるのはせいぜい、人間には利己的な動機もあれば利他的な動機もある、ということくらいであろう。個人的側面は利己的動機によって、社会的側面は利他的動機によって説明しようというわけであり、これに応じて快楽も利己的快楽と利他的快楽（ベンサムのいう慈愛の快楽）の双方を含むことになるわけである。

道徳世界のニュートンたろうとしたベンサムはむしろ道徳世界のリンネに近づいたというミッチェルの見解はおそらくあたっているだろう。快楽ひとつとってみても慈愛心の快楽を含む一四の大分類がなされ、各々がさらに細かく細分化される。彼の倦まずたゆまず分類作業を行っていくありさまを見ていると、なるほど生物学のリンネを彷彿させる。だがベンサムの分類に対するこのような執着を彼の分類癖といったようなものに帰着させることはできないだろう。それはおそらく、功利主義の社会認識、すなわち快楽・苦痛という一つの、そしてほとんど唯一の視点から個人や社会の諸相を見ていこうとすることの帰結であって、視界に入ってくるものが多くなればなるほど——功利主義者には人間や社会の多面性に眼を向けていこうとする開かれた姿勢がある——分類はますます細分化されざるをえないのである。功利主義は確かに快楽主義と同一ではない。しかし、たとえそれが利他主義を内に含んでいるとはいえ、基調としてはやはり快楽主義的なのである。

消費概念を再検討してみようとするわれわれの立場からすればこれ以上功利主義に立入る必要はない。目下の関心に引き寄せてみると、功利主義の快楽主義化は、それがほんらい異質な効用と快楽を同一視してしまったことに起因しているように思われる。のちの経済学の効用理論も両者をまったく同一視したうえでその消費理論を展開するわけであるが、われわれは快楽とは異質の本来の効用概念のほうにこそ消費活動や消費現象の固有の意味を解く鍵が潜んでいると考える。

三 「使用」としての消費

効用という概念は本来は決して快楽という心理状態そのもののことではなかった。それはもともとは快楽とは独立に対象物がもつ性質のことだと観念されていた。ベンサム自身、効用(功利性)を「対象物に内在する性質」(10 : 83*)だと規定しているし、古典派経済学者もほぼそれに近いことを述べている。たとえばマルサスの『定義』によると、効用とは「人類に寄与することができ、また恩恵を与えることのできる」(71 : 171*-172*) 対象物の性質のことである。彼はこのように規定したうえで、さらに効用と使用価値とは同義であるとも述べている。効用、使用価値、有用性といった概念はほぼ同一の意味内容をもっており、それらがただちに快楽という人間心理に結びつくわけではない。たとえば木を伐ろうとするとき、鋸は効用、有用性、使用価値をもつが、決して快楽を与えるというわけではない。ところが功利主義は、というより快楽主義は、対象物の有する効用、有用性、使用価値を帰結主義的に、すなわちこのような対象物をそれが使用の結果として人間に快楽をもたらすか否かという基準によって評定しようとするのである。

効用はがんらい物に内在する属性だと観念されていたが、やがて物を脱け出し、そして人間の快苦の心理に吸い込まれ収斂してしまう。そして効用理論においても効用と快楽はやがて同義語と化してしまうのである。効用概念のこのような変化のありさまは効用についてのジェヴォンズ(49)の見解によく表われている。彼は効用は物の性質であるといいながら、他方では物固有の性質ではないといい、効用=物の性質は人間と物との関係において初めて意味を獲得すると述べている。そのさい彼は物と人間の関係を物と人間の「必要」のうえでの関係と等置しているのである。なるほどジェヴォンズもいうように、物それ自体という考えは物を人間世界においてみる限りでは無意味であり無内容である。このことに関する限りでは私もジェヴォンズやその他の功利主義者に同意しよう。しかし物を意味づけるにあたって、それを必要や快楽という観点から、しかもそれのみによって意味づけようとするのは短絡だと私はいいたいのである。消費という人間活動の意味を考えていこうとすれば、むしろ快苦という次元の彼方にある物の使用価値のほうが重要だと思われる。物の使用価値、あるいは物を使用するということの意味をいま一度考えてみなければならない。

物の使用価値というと経済学では人間の欲望を満足させる物の物理的属性のことだと考えられている。そしてこのような意味での使用価値を満足や快楽を生み出すために使い果たす過程が消費だと考えられているわけである。経済学の考える消費というものは、いってみれば生理と物理の出会うところで繰り広げられる新陳代謝の現象のことにほかならず、それは生命の維持という至上命令に服したものである。必要（necessity）とはまさしく必然（necessity）のことなのである。食物は空腹を満たすために、衣服は防寒・防暑のために、住居は雨露をしのぐために、というわけだ。もっとも消費をこのような生理的欲求に限定してしまったのではさすがに狭きに過ぎると思うからであろう、経済学は個人的欲求からさらに社会的欲求や文化的欲求へというふうに欲求の範囲を拡大するが、消費の原イメージとしてはあくまでも衣・食・住の生理的欲求が念頭に置かれている。生理的欲求であれ文化的欲求であれ、あるいは低次の欲望であれ高次の欲望であれ、いずれにせよ物はその物理的属性や物理的機能によって人間の欲求を満足させるというふうに考えられている。そして物の物理的属性と人間の欲求との関係をいい表わしたものが効用関数であり無差別曲線なのである。

しかし、物の使用価値はその物理的属性によって一意に定まるようなものではないし、物が人間にとって有する意味も快楽や満足という基準によって一元化できるわけではない。たとえば、ふだん好んで食する食物も客を招いての会食用の料理としては余りふさわしくないかもしれない。あるいは、家の中で着る普段着も公式の場で使用するとなればたいそう場違いな感じを与える。そして会食用の料理、公式の場で着る服装が功利主義のいう意味での快楽や満足を必ずしも与えるものでないことは、われわれが日常経験するところではないか。

いいたいのは、物の使用価値はそれが使用される文脈にほとんど全面的に依存している、ということである。時、所、状況、が変われば同一の物でもその使用価値はとうぜん変わってくる。ある物が使用価値をもつということは、その物がそれを用いる場面にしっくり合っている、うまく適合している、ということである。場違いの物はその度合に応じて使用価値を減少させるのである。ところが経済学の消費理論はこのような消費の文脈や場面といったものをまったく考慮に入れない。消費者は物に対してア・プリオリの選好をもっていると仮定されている。そしてこのような選好をもとに満足極大化の計算を行う消費者は賢明で合理的な人間だといわれる。だが、物に対してア・プリオリの選好をもつ人間はいわば「状況離脱的」(W・ヴィーラント)(135)な人間であり、彼がいくら虚構の人間だとはいっても、私にいわせればとてつもなく非合理で石頭の人間である。人間がいかに無知・無力の存在であるといっても、彼はその無知・無力をたとえわずかでも克服しようとする知性をもっている。その人間を計算機械としての人間に貶め仕立てあげていいということにはならないのである。

使用価値がこのようなものだとすれば、物を使用するという行為も欲求充足とは異なった独得の意味をもっていることが分かるだろう。それは決して食べる、飲む、着る、といった生物的・物理的な行動ではない。抽象的ないい方をすれば、それは場面や文脈にふさわしい事物を選び取るという人間ならではの独自の活動である。もちろん物を使用するさいには生理的・物理的な過程が伴うであろうが、人間学もしくは社会科学としての経済学にとって有意味なのはいま述べた意味での「使用」概念である。人間は衣食住という最も基礎的な財を消費するときでさえ、文脈に依存して物を使用している。思うに、消費という行為は使用という行為の下位概念だといって差しつかえないのである。

物の使用としての消費には必ず選択という行為が伴うが、それは最も選好するものを選択するといったステロタイプの機械的行為ではない。いやしくも選択の問題が生じるとすれば、それは人が何らかの不確実性に直面しているからである。つまり、選択肢が一見すると等価に見えるからである。等距離の地点に等量の乾草を置かれてどちらを口にしようかと思い迷うのはビュリダンの驢馬であるが、消費者もこれと似たような状況に直面している。といってもこの場合の物の等価性とはむろん同一物質・等量の等価性ではないし、また選好や満足という心理基準に照らした等価性＝無差別性でもない。機能上の等価性はなるほど道具類の選択の場合には現われるが、それはむしろ特殊な例である。重要なのは物に付着する意味やイメージの等価性であって、場面に応じて物を選択するとき、人はむしろこの意味上の選択を行うのである。ある公式の席にどのような服を着て行ったらいいか、家庭パーティに出す料理は何がいいか、と考えるとき、人は物理的な選択ではなく意味上の選択を行っている。このような意味上の選択はわれわれが文章を綴っているときには典型的な形で生じるといえるだろう。文中の特定の箇所をどの言葉で埋めたらいいかということは機械的に決まるわけではない。同義語がいくつも存在しているからである。どの語を採ったらいいか。迷ってしまうが、しかし人はビュリダンの驢馬と違って、一見すると等価なこれら同義語の中からどれか特定の語を選択しなければならない。そこで人は微妙なニュアンスの差や字面や発音したときの音感などを考慮に入れながら、すなわち意味やイメージをさらに分化させながら、文脈に最もふさわしいと思われる語を選ぶのである。

物を選択し使用するという意味での消費は生物的行動であるどころか、一種の知的行為であり〝表現〟行為だとさえいえるものである。消費が生産的な側面をもつことは、たとえばJ・S・ミル(79)やマルクス(74)によって、享楽的な不生産的消費に対する生産的消費として論じられたのであるが、彼らはこの生産的消費を物の生産に直接・間接に寄与する消費として捉えている。しかるに、消費が生産的・表現的な行為だと私がいう場合、そこには何らマテリアリスティックな含意はこめられていない。そのことによっていいたいのは、人は物を使用＝消費することによって、意識的・無意識的に何がしかの意味を生産し表現する、ということである。文章、絵画、音楽における言葉、線や色彩、音は、消費という〝表現〟活動における物に相当するといってもいいのである。

人間活動としての消費、使用としての消費は、このように一面では、状況や文脈に即して物を選択・使用し、もって何がしかの意味を表現する活動である。すなわちそれは一面では実践活動(プラクシス)だといってよい。しかし他面でそれは、習慣化した活動、慣習的行為(プラクティス)でもある。さきに、選択という行為の背景には必ず不確実な状況があることを述べたが、この不確実性は必ずしも消費活動の不可避の条件だというわけではない。人はその都度その都度の不確実な状況に直面してつねに新たな選択を迫られるわけではなく、冠婚葬祭のように物の使用をめぐる不確実性じたいが慣習によってあらかじめ軽減されている場合が多い。つまり、特定の場面で使用すべき物とその用途が個人的・社会的な慣習によってある程度きまっている場合が多いのである。消費にある程度のスタイルがあるのはここでもまた芸術の世界と同様である。

経済学は、ヴェブレンをほとんど唯一の例外として、消費活動それ自体を真正面から考察することがなかった。ただA・マーシャル(72)は消費の心理と形式論理の間には「活動」という独自の領域が存在することを炯眼をもって見ている。欲望を軽視したリカード価値論への反動としてのちの経済学は逆に欲望の科学たろうとしたのであるが、マーシャルはこの欲望の科学に対して活動の学をうちたてようとした。彼は消費の理論のみならず経済学それ自体が欲望ではなく活動によって基礎づけられるべきことを論じるのである。生物的行動ではなく、まして快楽計算でもない人間独自の領域、それが彼のいう活動の領域であり、彼は活動論を礎石に据えて彼の経済学を構築しようと意図した。なるほど彼の消費論は欲望の形式論理として展開されてはいる。しかしそれは彼なりのプラグマティックな理由に基づくものであって、研究の最初の段階では議論は純粋に形式的な性質をもった「初歩的な分析」に甘んじなければならなかったからである。活動の科学としての消費論、彼いうところの「高級な研究」は最後まで実現の日の目を見ることはなかったけれども、その片鱗だけは顔を覗かせている。たとえば、「食料に対して巨額な支出をするのは、肉体的欲望をみたすよりも、客を歓待するとか富を誇示するとかの欲求のためである」というくだり、あるいは「衣服においては自然的必要よりも慣行的な欲望のほうが強くあわれている」(72：II*：8*) というくだりなどは、あのヴェブレンの消費論を彷彿とさせるのである。

われわれは、功利主義の効用概念が本来は物の使用価値としての属性であることを論じ、この使用価値をして使用価値たらしめるのは快楽や欲望というよりは、むしろ物が使用される文脈であることを述べた。そして様々な文脈のもとで文脈に適合した物を選び使用することこそ消費固有の意味であり、消費とはプラクシスとプラクティスの両面をもつ人間独自の活動であることを主張したのである。これは、「消費の……的側面」といったいわゆる側面論としての主張ではないし、いわんや消費をこのようなものとして定義しようとしているのでもない。そうではなく、それは消費という現象の解釈である。生物的存在でありながら同時に生物的存在を超脱している人間、その人間の行う消費活動は欲望充足の生理的過程に尽きるわけではないし、それはまた選択の論理形式の糸に操られる操り人形の動作に還元してしまうこともできない。人間活動としての消費はやはり人間独自の相貌をもっているに違いないのである。ハンナ・アーレント(1) は物の消費と物の使用との間に一線を引き、前者に物にまつわる活動の生物的側面を、後者にその人間的側面を対応させているが、われわれは彼女のいう消費＝生物的行動においてすら、同じ彼女のいう使用＝人間的側面があると考えたい。

四　消費の社会性

「豊かな社会」、「過剰化社会」、「消費社会」、「新品文化」、これら様々の呼称で呼ばれる現代の社会は物の横溢する社会である。大量消費現象が一種の社会現象であることはもはや誰の目にも明らかであろう。このような現象を個人主義的な欲望の理論によって説明しようとすれば、いきおい欲望なるものの範囲と容量を適宜拡大していかざるをえない。たとえば、下級(肉体的)の欲望から上級(精神的)の欲望へ、あるいは絶対的欲望から相対的欲望へ、あるいはまた、個人的欲望から集団的・社会的・文化的欲望へ、というふうにである。しかしここには同語反復の陥穽がまちかまえている。欲望の拡大をもって大量消費現象を説明しようとするのは、生物の生長を生長素によって、物体が燃えるのを物体の中の燃素によって説明しようとするのと同列であって、このような説明はただたんに、大量消費は大量消費を促進するように欲望が拡大したことの結果だといっているにすぎないのである。

これらに比べると、デューゼンベリー(28)やガルブレイス(34)の消費論はもっと実質的な内容をもっているようにみえる。というのは、彼らの消費論は新たな欲望がどのようにして形成されるかという、欲望形成の過程に光をあてようとするものだからである。そして、一方のデューゼンベリーは、人びとの欲望は相互依存的に、すなわち他人が消費している優秀な財に接触することによって——たとえば友人の新車を見たり、自分のよりも立派な家屋を見たりした場合——変化すると論じ(デモンストレーション効果)、他方、ガルブレイスによれば、個人の欲望は欲望を満足させる過程に依存し、ことに生産者の言葉巧みな宣伝や販売術によって形成される(依存効果)。このようにデューゼンベリーやガルブレイスは欲望や選好が自律的なものでなく、現実の社会過程の中で形成されることを陽表的に論じることによって、消費のもつ社会的性格を強調するのである。

とはいえ、彼らの主張も欲望の理論の変形版であることに変わりないのではないか。たしかに彼らの消費論では欲望の形成については〝社会化〟されている。欲望は自律的に形成されるのでなく、他者との関わりの中で作り上げられていくものである。だが消費の過程そのものは社会化されているわけではない。欲望がいったん形成されると、人はその欲望を充足させるべく彼じしんの意志によって物財を私的に消費するのである。欲望はそれが作られるという面では他律的だが、反面、作られた欲望を行使するうえでは自律的だということになる。欲望のこのような二面性は、作られた欲望を行使しこの欲望を充足させるために物を消費することがとりたてて問題にさるべきでもないというのなら、相克をきたすことはない。デューゼンベリーの場合はそうである。彼は豊かな社会を生活水準が高度化した社会だとみなしており、そうだとすれば人びとの欲望が他律的に形成されるようなものであっても、そのこと自体は善悪・良し悪しの価値判断を超越している。だが、豊かな社会に批判の眼を向けるガルブレイスの場合にはそうはいかない。作られた欲望によって物を消費するのは、たとえそれが自律的な消費であっても異とされなければならない。ガルブレイスの価値判断からすると、自律的な消費は自律的に形成された欲望を充足するものでなければならない、ということになるのだ。彼の「豊かな社会」批判は作られた欲望への、そして欲望を操作する生産者への批判という形をとらざるをえないのである。ガルブレイスは、「欲望が宣伝や販売術や外交員の巧妙な手管によって合成されるという事実は、その欲望がそれほどさし迫ったことではないことを示している」(34：144*)と述べて、作られた欲望を貶めるのである。

ガルブレイスの眼に映る豊かな社会は、真の欲望という器から物が溢れ出ているといった体の社会である。そこでは消費の緊急性が低下しているのに生産者が大量消費をそそのかし煽っている、というわけだ。しかし、生産者が消費者の欲望を一方的にコントロールしているというガルブレイスの見解は消費者主権論の単純な裏返しにすぎないだろう。思うに、豊かな社会というドラマを演じているのは生産者だけではない。消費者もまたこのドラマの主役の一人なのである。さらに、作られた欲望が重要でないというのなら、ハイエク(41)も指摘しているように、人間文化の総体もまた取るに足りないものだということになってしまうだろう。文化とは教え伝えられていくものであり、ガルブレイスの流儀でいうと、文化に対する欲望は作り上げられるものだからである。

ガルブレイスのあげ足を取ることになるかもしれないが、彼の論法をつきつめていくと、文化をもつ社会は大なり小なり豊かな社会だということになる。したがって、文化をもつことを特徴とする人間社会はその古今東西を問わず無駄な消費を行っているということにもなろう。M・サーリンズ(116)はガルブレイスへの皮肉をこめて石器時代の採集社会を「最初の豊かな社会」と命名したが、事実彼の紹介する二つの例によると、採集社会の人間は一日平均で四ないし五時間も働けば生活必需品は楽々と手に入れることができるのである。彼のいわんとするところは、未開の社会といえどもそれが人間の社会である限りは、物の過剰、すなわち文化が存在する、ということである。禁欲主義者の眼で見ると無駄で余計に見えるこの文化の領域は無駄であるどころか、その実は人間固有の領域なのである。

欲望の発展段階論はもとより、ガルブレイスやデューゼンベリーの欲望形成論にしても、それらが欲望を消費論の基礎に据えるかぎり消費社会の本体に迫りうるとは思われない。それらは消費の過程を欲求充足の個人的過程とみなす点では功利主義の域を一歩も超え出ていないと思われるのだ。今日の大量消費現象をさきに社会現象だと述べたが、消費が社会現象であるのはなにも今に始まったわけではない。いつの時代においても消費は社会的現象であった。このことについては人類学が枚挙にいとまないほどの実例を示している。消費のこの社会的性格を理解するためには、欲望ではなく消費過程そのものに目を向けなければならない。

前節において消費を物の使用という観点から考察したが、このような消費概念が効力を発揮するのはまさしくここにおいてである。使用の対象として物を眺めたとき、物はもはやたんなるマテリアルとしての物ではない。これは文脈次第でいかようにも使用価値を変えうるところの物、つまりいく通りもの意味を担いうるところの物である。そして物を使用し消費するさい、人はマテリアルとしての物とともにそれに付随する意味をも使用・消費しているのである。さらに、意味を担った物を使用するということは一面では個人的活動でありながら、他面では社会的な活動でもある。というのは、意味というものは程度の差はあっても社会的なものであり、家庭の一室で一人こっそりと物を私的な使途に供しているときでも、その実彼は物の社会的意味をも消費しているからである。つまり消費の過程は社会的な過程だということである。そして社会的文脈にある物は言葉としての性格を帯びてくるのである。

ヴェブレンの消費論(134)の独自性は、効用理論とは異なって、それが消費過程それじたいのもつ社会性をものの見ごとに解き明かしていることにある。彼の消費論は有閑階級の消費現象に関するものであり、必ずしも消費一般に及ぶものではないが、それにもかかわらず消費という、人と物とが織りなす小宇宙をほとんど完璧といってもいいほどに構成している。その要点を箇条書き風に記してみよう。

第一。有閑階級は生存のための労働および消費の必要性を免れている人びとである。伝統的な経済学は生命維持のための消費を消費の原型だとみなすのに反し、ヴェブレンの消費論はこのような意味での消費概念をあらかじめ遮断したところから出発するのである。したがってヴェブレンの場合、有閑階級の豪奢な消費を説明するにさいして、欲望概念を水ぶくれさせる伝統的な経済学の轍を踏むことがない。

第二。彼の念頭にある物は、物理的属性のみが詰め込まれ、物理的機能のみをもって人の使途に供するような物ではない。それは物理的属性のほかに意味を担っている。前者はソシュールの用語を用いるなら記号のシニフィアン(意味作用部)に、後者はシニフィエ(意味内容部)に対応する。実際、ヴェブレンの考察する物は記号そのものである。彼は『有閑階級の理論』に先立って、「女性の衣裳の経済理論」(133)と題する論文を発表しているが、これはいってみれば衣服の記号分析である。彼によると、衣服（apparel）は衣裳（dress）と着物（clothing）の二側面から成立っている。着物は衣服の物理的側面であり、防寒・防暑のためのものである。これに対し衣裳のほうは衣服の意味的・象徴的側面であって、彼の説くところによると、衣裳は装飾にその起源をもつが、いまでは富の象徴としての機能をはたしている。これらの両面は衣服という対象物に統合され分かちがたく結びついているけれども、衣服の発展の跡を辿ってみるとむしろ衣裳の要素が着物の要素に先行しているとさえ彼はいうのである。

第三。このようにヴェブレンは物について一種の記号分析を試みるのであるが、重要なことは彼の消費論がこの記号分析にしっかりと錨をおろしていながらそれに引きずりこまれることがなく、むしろそれを背後においたまま上向して、有閑階級の消費をひとつの世界として描ききっていることである。有閑階級の消費とは物に付属する意味の消費である。上の衣服の例でいうと、彼らは着物の側面でなく衣裳の側面を消費しているのである。物の物理的属性を消費するのが目的でないという点では彼らの消費は不生産的消費であるが、富や地位や権力を誇示するために物に属する特定の意味を使用しているという点では、それは生産的消費だといってよい。さらにまた、彼らの消費は人に見せびらかすことを狙った「誇示的」消費であるが、このような消費が可能になるためには物のもつ意味が他階級の人びとにあらかじめ了解されていなければならない。諸物は全体として意味の体系を形作っており、有閑階級は富や権力の誇示という使途のために最大の使用価値をもつもの、すなわち彼のいうところによれば、「高価」で「新奇」で使用に「不適切」なものを選択するのである。

ガルブレイスの目に豊かな社会の消費が無駄と映るように、ヴェブレンにとって有閑階級の消費は「金ぴか時代」を地で行くものである。社会の批判者としては両者には相通じるところがある。しかし消費という現象を前にしていざそれを解釈する段になると両者の間には歴然とした相違が出てくる。ガルブレイスが消費者主権から生産者主権へのクーデタを図ったとしたら、ヴェブレンは効用理論を転覆させ、消費理論の革命を成し遂げたといってもあながち過言ではないのである。

効用理論と有閑階級の理論の間には深淵があるが、有閑階級の理論と今日のバタイユ（8）やボードリヤール（9）の消費論との間の距離はごくわずかである。いや、ボードリヤールのように過度に分析的にならず、かといってバタイユのように過度に詩的でもないという点で、つまり分析性と詩的直観がほどよく融合している点で、私はヴェブレンの消費論をバタイユやボードリヤールのそれよりも上位に推したい。

現代の消費社会、大量消費現象を説明しようとすれば、畢竟するに、物の記号性を顧慮しないわけにはいかない、ということである。記号とはC・S・パース（98）の定義によれば「ある人のためにあるものの代わりをするもの」（98：II：135）のことであるが、物＝記号はその意味的属性によって「あるもの」の代わりをすることができる。つまり代替可能性をもつのである。なるほど物はその物理的属性の面でも代替可能性をもっている。たとえば釘を打つときにわれわれは金槌に代えてそこらにころがっている石を用いることもできる。しかしこの物理的属性における機能上の代替可能性にはおのずと限度がある、といいたい。それに引きかえ、物の意味上の代替可能性はほとんど無限である。富や権力をひけらかそうとすれば、無際限の物の使用が可能である。ヴェブレンのいう三原理、すなわち「高価」、「新奇性」、「不適切性」はそれぞれ富、物の短命性、生命過程からの解放を意味し、これらを満たすものは何であれ、誇示的消費という目的のために使用することができるのである。

大量消費現象は物＝記号が意味の領域で無限の代替可能性をもつこと、および人びとが自己を他者から際立たせようとする差異化の傾性をもっていること、これらの帰結だといっていい。ただひとつ付け加えておくと、人びとは差異化の傾性だけでなく、他者への同化の傾性もあわせもっている。すなわち人びとは社会的イメージを担った物を消費することによって社会の「範例」に従おうともするのである。たとえば流行という現象は、G・ジンメル(125)のいうように、差異化と同化のダイナミズムなのである。

第六章　解釈と実践

一　はじめに

これまで五つの章にわたって、知識、期待、貨幣、消費という、経済学にとってはすでにお馴染みのテーマについて論じてきた。お馴染みのテーマ、とはいえその内容は通例のそれとはまったく異なっていた。というよりむしろ相違点を際立たせる形で論じてきたのである。形式や実用性を重んじる経済学にとっては取るに足りぬと思われていた要素、あるいは経済の円滑な運行を妨げるとみなされていた要素、これらはわれわれの主張する経済学、すなわち道徳科学(人間学)としての経済学にとっては、かえって経済の要石をなしていた。

このような相反した帰結が生じるのは、おそらく経済科学と道徳の経済理論が学としての性格を根底から異にしていることによる。とすればまた、両者を成り立たしめている方法も当然異なっているはずである。このことについては先の「知識」論でもある程度触れるところがあったが、本章ではこれまでの諸章をいちおう取りまとめておく意味で、道徳科学の視座構造を経済学の方法論——これはライオネル・ロビンズとルードヴィッヒ・フォン・ミーゼスの方法論によって代表させることができるだろう——と対比させながら論じてみることにしよう。

二　経済学の定義と経済世界の解釈

経済現象を目的 - 手段間の論理関係を通して把握しようとするのが今日の主流派経済学であるが、ロビンズとミーゼスはその方法的基礎づけを与えたといっていいだろう。少なくとも彼らの方法論上の著作――ロビンズの『経済学の本質と意義』(110)、ミーゼスの『経済学の認識的諸問題』(83)、『人間活動論』(84)、『理論と歴史』(85)――はのちの経済学が辿った形式科学への道を準備しているように見える。が、ここで問題なのはこのような方法論者としての彼らの類同性ではなく、むしろ両者の間の種差である。ロビンズとミーゼスはのちの経済学の方法的基礎を与えたといったが、その基礎づけ方に関して、彼らの間には微妙ではあるがそれでもやはりはっきりとした相違がある。やや図式的ないい方をすると、ロビンズは目的 - 手段間の論理関係を人間の経済活動が内包している「経済的事実」だとみなすのに対して、ミーゼスはこのような経済主義の残滓を一掃する方向へと向かっている。彼の方法論は方法論というよりはむしろ認識論とでも呼ぶべきものであって、いうならば、経済現象はどのようにしたら認識可能かという問いに対する回答として、ア・プリオリの選択の論理形式を呈示するのである。このあたりの相違を両者の主張に即していま少し具体的にみていくことにしよう。

ロビンズ(110)の主要な関心は経済学の定義である。つまり経済学の守備範囲に明確な境界を画することである。定義といっても、それが定義者の恣意に委ねられていいという道理はなく、これまでの慣行をできるだけ尊重するというのが定義を行うさいの暗黙のルールである。ロビンズも引用しているミルの言葉を借りるなら、経済学の定義は「都市の城壁と同様に、後に至って生ずるかもしれない大建築物のための容器となるためではなく、すでに存在する集合体の回りに境界線を引くために建てられる」(79：155*–156*) べきものである。このような境界線の線引きの試みのひとつに、ロビンズのいう「物質主義的定義」、すなわち経済学を物質的厚生の諸要因に関する研究だと規定するものがあるが、彼はこのマテリアリスティックな定義では経済学の定義としては狭きに失すると考えるのである。

物質主義的定義に対するロビンズの異論には確かに一理はある。非物質的なサーヴィス、たとえばオペラ・ダンサーのサーヴィスも富の一種だというのはなるほどもっともであり、物質主義的定義がこれらを経済学の城壁の外に置く限り、この定義では確かに狭きに失するであろう。しかしこのことは物質主義的定義の致命的な欠陥となるものではない。富の概念を物質のみならずサーヴィスをも含むように拡大しさえすればいい。実をいうと大方の「物質」は――たとえば家屋、自動車、衣服などのように――それらが生み出すサーヴィスによって人びとの厚生に寄与しているのである。

富の概念をこのように拡張しさえすれば物質主義的定義でも経済学の範囲を画そうという目的のためには十分なはずではないか。そして、たとえばミルのように、経済学を「社会の諸現象のうち、富の生産のためにする人類の結合された諸操作から生ずるものの法則を、これらの現象が他の何らかの目的の追求によって修正されないかぎりにおいて追求するところの科学」(79：180*) と(物質主義的に) 定義したっていっこうにかまわないのではないか。それなのになぜ、ロビンズのように経済学をわざわざ「諸目的と代替的要素をもつ稀少な諸手段との間の関係としての人間行為を確定する科学」(110：25*) として定義する必要があるのだろうか。

彼はこのような当然生じるはずの疑問には何も答えていない。彼はただただ一つの主張を繰り返すのみである。すなわち、「一つの目的を達成するために時間と稀少なる手段とを投入する一切の行為は、他の目的達成のためにそれらを使用することを断念することを意味する。それは経済的側面をもっている」(110 : 22*)と。そしてこの経済的側面を研究するのが経済学だと、彼は倦むことなく主張するのである。それならば彼は何もわざわざ物質主義的定義を引合いに出す必要などなかったのだ。

彼のいうような経済的側面はほとんどありとあらゆる人間行動の中に見出されるであろう。なぜなら、ある時ある場所での人間行動は、必ずや、他の用途に流用可能な貴重な時間と手段とを犠牲にせずにはおかないだろうからである。それではいったい経済学者——彼もまた時間と手段とを限られている——はこれら無数の経済的側面のうちいったいどれを取りあげればいいのか。ロビンズにいわせれば経済学はそれらの中から「最大の興味と最大の効用をもつ」側面、すなわち市場経済を研究すればいいということになる。

このような方法論者としての驚くべき一貫性にもかかわらず——ケインズはロビンズのことを一貫した思考体系を有するほとんど唯一の経済学者だと揶揄している——、経済学の範囲を画そうとする彼の当初の意図は完全に失敗している。範囲を画すどころか逆に版図を拡げすぎたというのがその主たる理由なのではない。重大なのは、社会科学の他分野との境界をどのように画すかということを彼はまったく念頭においていない、あるいは念頭から消え去ったということである。範囲を画すには経済学と他分野との間に境界線を引かなければならない。彼は物質主義的定義を「分類的」と呼んで稀少性定義の「分析的」性格に対比させるが、経済学の範囲を画そうとする目的のためにはむしろ分類的定義のほうが趣旨に沿うのではないだろうか。実際、物質主義的定義をもってすれば、経済学を他の分野から画し、諸学を分類することは可能である。たとえば政治学なら、それを権力にまつわる人間行動を研究する分野だと定義することができるだろう。しかるに、ロビンズのいう経済的側面に対して政治的側面というものをわれわれはいったいどのようなものだと考えたらいいのだろうか。あえて定義するとすれば、それを人間行動の非合理的側面とでもせざるをえないだろう。経済学の範囲を画そうというロビンズの試みは、経済学の範囲を画すどころか、実際には、政治に、医療に、教育に、家族に、というふうに他の領域を侵略していく経済学帝国主義の試みなのである。

このようにロビンズは目的－手段間の論理関係を様々な人間行動の中に「経験的事実」として横断的に見出し、それを人間事象の経済的側面と呼んで経済学固有の対象に定めようとする。が、同じ目的－手段間の論理関係の上に経済学を組立てようとはしても、そこに至る道筋はロビンズといま一人のミーゼスとでは明らかに異なっている。ミーゼスはロビンズとは違って、複雑多岐の経済現象はいかにすれば有意味に認識できるかというところから出発する。つまりカント風にいえば「経済はいかにして可能か」というのが彼の方法論の出発点である。そしてこのような問いに対する回答が彼の唱えるプラクセオロジー (praxeology) なのである。

ロビンズの論難する相手が主としてイギリス功利主義の伝統に属する経済学であるのに対して、ミーゼスの相手はドイツ精神科学である。周知の通りドイツの精神科学は、人間事象や社会現象をファクトの相において眺めるのでなく、それらをそれらに内在する意味内容に即して考察しようとする。そして精神科学という呼び名が示しているように、彼らは人間事象や社会現象は〝精神〟すなわち人間の内面の所産だとみなし、この内面——彼らはこれを理性的認識を超え出ているという意味で、〝非合理〟なものだと考えた——を「理解」することが人間にまつわる事象を認識する方法だと考えたのである。人間は生をもった存在であり、この生の本体をなす人間の内面が非合理的なもの、機械的な因果律に服するものでない以上、それらを理解するには通常の科学的方法に頼るわけにはいかない。そこで彼らは「追体験」とか、「感情移入」とか、あるいは「直観」などといった手法をもって、このような人間の内面に立ち入ろうとしたわけである。このことに関連していうと、マックス・ウェーバーはこのようなドイツ精神科学(歴史学派)への内在的批判という形でいわゆる理解社会学を構想し、歴史学派の直観的あるいは心理主義的な理解方法を斥けて、概念=理念型によって人間行為を理解すべきことを唱えたのである。

それでは当のミーゼスは精神科学やその内在的批判者であるウェーバーに対してどのような態度をとっているのか。人間行為をその意味にまで立ち入って把握しなければならないとする点、その点に関する限りでは彼もまた歴史学派やウェーバーと同様の立場をとっている。つまり、経験主義、自然主義、行動主義のように人間行為を「外側」から把握するやり方には彼も一貫して異を唱えるのである。だが、人間事象のこのような外的把握への異論にもかかわらず、ミーゼスと他の二者との間には大きな隔りがある。まず彼は、意味把握の方法としての直観を斥ける点では歴史学派と袂を分かち、何がしかの概念装置を用いるべきことを主張する点ではひとまずウェーバーと見解をともにする。ミーゼスは直観による意味把握のことを「理解」(understanding)、概念による把握のことを「概念化」(conception)と呼び、前者は人間世界の「価値」の領域にしか適用することができないと考える。そして直観の方法は社会科学の方法としてはふさわしくないものだとして排除するのである。このようにして彼は概念による意味把握の重要性を主張するのであるが、実をいうとこの概念化の性格はミーゼスとウェーバーとでは大きく異なっている。この点においてミーゼスはウェーバーとも一線を画しているのである。

ウェーバーの概念装置、すなわち彼のいう理念型は経験に手を加えてそれを加工したものである。目的合理性や価値合理性という人間行為についての理念型にしてもそうであって、それらはア・プリオリの論理的無矛盾性、彼いうところの整合合理性とは異次元のものである。実際、ウェーバーは、整合合理性は経験科学の概念装置ではないと述べている。これに反してミーゼスの用いる概念装置はまさしくウェーバーの整合合理性に類するものであり、ハイエクが Pure Logic of Choice と呼ぶ純粋にア・プリオリの論理的構成物なのである。彼はこういっている。「思考と行為の間の関係を探求することはプラクセオロジーの埒外にある。人間の知性が把握しうる論理はただ一つしかないこと、そして行為の様式の中で人間的であると呼ぶことができ、また知性によって把握しうるものはただ一つしか存在しないこと、この点をはっきりさせればそれで十分である。」(84 : 25) 人間は目的意識をもち、目的を追求する動物である、というのはミーゼスの繰り返し強調するところである。そしてこのような人間の目的充足の活動は Pure Logic of Choice として以外には把握できない、というのが彼の行き着く到達点である。彼が人間行為は定義上つねに合理的であるというとき、彼のいわんとするところは、人間行為をそのように合理的なものだと考えなければ人間行為は認識の鏡に映しとられないということなのである。

「形式主義的」で「公理主義的」、「普遍的」で「ア・プリオリ」の人間科学、すなわち「理性の不変の論理構造によって」(83 : 134) 人間行為はおろか、ひいては社会現象までも把握していこうとするのが彼のいうプラクセオロジー(人間行為の学)である。こうして彼もまたロビンズと同様に目的－手段間の論理関係を経済学の基礎に据えようとするのであるが、そうすることの意義は二人の間では大きく異なっている。すなわち、一方のロビンズはそうすることによって経済学の範囲を画そうと目論見る(―定義論)のであるが、他方のミーゼスはそうしなければ人間行為を有意味に認識することはできないと考える(―認識論)のである。したがってロビンズの場合、目的－手段関係によって捉えることのできない人間活動の側面は非経済的側面――もっともこのような側面をどのような学が扱うのかということはロビンズは明らかにしていない――ということになるが、ミーゼスの場合には目的－手段間の論理的関係の網の目を通らない人間行為は認識不能、たとえば非合理的あるいは前論理的だということにならざるをえないのである。

ところでミーゼスの認識論を首肯しえないのはロビンズの定義論を首肯しえないのと同様である。いったい、ミーゼスの主張するような見解が維持するに耐えないことはフロイトの精神分析やレヴィ＝ストロースの構造人類学等の業績を顧みればおのずと明らかであろう。彼らは、夢や精神病者の一見すると〝非合理〟にみえる言説、あるいは未開社会のトーテミズや神話などをいわば理解する道を切り拓いたわけだが、このような現象を彼らは彼ら個人の直観によって理解しようとしたのでは決してないのである。夢や神話がミーゼスのいう意味での論理性をもたないからといって、それらを非合理で前論理の認識不能の現象だとみなすのは早計である。われわれの主張を先取りしていえば、フロイトやレヴィ＝ストロースらが共有している認識方法こそが人間事象や社会現象を理解するうえでは中心に据えられて然るべきなのである。

経験主義や行動主義、あるいは歴史主義を社会科学のとるべき道としては正当に批判し、ひるがえって人間行為の〝意味〟を汲みとるべきことを主張するミーゼスが、なぜ論理形式主義に行き着かざるをえなかったか、その理由はおそらく彼が——そしてドイツ精神科学(歴史学派)やウェーバーも——理解さるべき当の意味には自立した固有の領域があることを認めえなかったことに求められるであろう。彼らは意味を直観や追体験、あるいは理念型、あるいはア・プリオリの論理形式、によって把握しようとするが、そのさいの把握すべき意味というものは、認識者が探りあてるべき行為者の意図や目論見、あるいは行為者と認識者の双方に普遍的に備わっている論理構造のことだと考えられる。彼らは皆共通に意味は「内側から」把握しなければならないというが、そのとき彼らがいっているのは、無媒介の直観によるにせよ、理念型という媒介項を置くにせよ、あるいは論理形式のフィルターを通すにせよ、認識者はいま述べた意味での〝意味〟に立ち入らなければならないということである。

これに対し、私が意味には自立した領域があるというときにいおうとしているのは、意味は人びとが紡ぎ出したものでありながら、それでもなお人びとの意識や主観から離れた織物として存在している、つまり〝実在〟している、ということである。もっというと、人間事象や社会現象はひとつの意味の体系をなしている、ということなのである。

意味の世界が自立している、こういうと人はすぐエミール・デュルケーム(29)の「社会的事実」を連想するかもしれない。彼は社会学と他の諸学、たとえば心理学、との間に境界を画し、そうすることによって社会学固有の研究対象領域を定めようとする。この社会学固有の対象となるのが彼のいう社会的事実である。社会的事実とは、心理や主観のような個人的事実からは明確に区別される「一種独得の実在」であって、個々人の外部にあり、しかも社会の成員の一人一人を拘束しさえするものである。法、道徳、教育といった社会制度はこのような社会的事実として考察されるべきことを彼は説くのである。

彼のいわんとするところの半面は確かに理解できる。彼のいう通り、社会制度が人間の理性や効用にその端緒をもつとは到底考えられない。しかし納得することのできない別の半面は、理性主義、功利主義、心理主義を批判する彼が、今度はみずからの赴く進路を自然主義的な客観主義へと向ける点である。社会的事実を「物」のように考察せよという彼の有名な方法上のテーゼは、なるほどそれが微妙なニュアンスを内に含んでいることは認めるけれども、基本的にはやはり自然主義・実証主義の社会学における表明といえるであろう。

社会現象を社会的事実として考察しようとするデュルケームの社会学主義は、それを個人心理に還元して説明しようとする心理学主義の対極にあるといえる。そしてこの社会学主義が社会自体をひとつの社会的事実として論じるとき彼の社会は個人を超越した有機的存在として描き出されることになる。すなわち、彼の社会観は一種の社会有機体論へと傾くのである。社会科学の心理主義を克服しようとするデュルケームの意図はそれ自体としてはなるほど正当だと思われるが、しかし彼の構想する社会学主義がはたして心理学主義を克服したかというと、それは克服というよりは、かえってその対極に走ったという感が強い。

話を振出しに戻すと、私が意味の世界が自立し実在しているということの真意は、心理と(社会的)事実との間には、両者のいずれにも還元しつくすことのできない第三の領域、すなわち意味の世界が存在している、ということである。したがって、意味を理解するということは、この独自の第三の領域を〝解釈〟し、そのことを通してこの第三世界固有の論理を明らかにする、ということにほかならない。私が経済社会のソシオ・ロジックというときのロジックとは、ア・プリオリの形式論理とは異質の、この第三世界固有の論理のことである。あるいは、「社会学《ソシオロジー》の基礎は〝社会論理《ソシオ・ロジック》〟にある」とレヴィ＝ストロース(66:90*)がいうときの社会論理とは同じくこの第三世界の論理のことなのである。ファクチュアリズムと心理主義を同時に否定するウェーバーやミーゼスは、誤解を恐れずにいえば、意味の世界が第三の固有の世界として存在していることを考えなかったために、意味把握と称して理念型や形式論理などの多分に恣意的な概念装置を用いざるをえなかったのである。

自立した意味の領域を第三の領域と呼ぶとき、もちろん私はカール・ポパーの「第三世界」を念頭に置いている。彼のいう第三世界は、物理的世界(第一世界)や心的世界(第二世界)とは別個に存在する「実在」の世界であって、定義風にいうと「知性によって把握しうるものの世界、または客観的意味における観念の世界」(106:176*)、一言でいえば自立せる意味の世界である。彼は主として(科学的)知識の理論との関連で三つの世界を論じており、そして科学的知識は第一世界にも第二世界にも還元することができない自立性をもつ――それゆえ科学の方法としての自然主義、実証主義、帰納法、また心理主義やデカルト流の先験主義などは否定される――ことを主張するのであるが、われわれの現在の関心事である「理解」の問題に寄せてつぎのような発言を行っている。

すなわち、「私が客観的第三世界の自律的存在についていくつかの根拠を提示したのは、人文科学《ヒューマニティイーズ》(「精神科学」、「道徳・精神科学」)の研究者によっておおいに論じられてきた理論(「解釈学」)に寄与しようと思ってのことである。ここで私は、人文科学の中心をなすものは第三世界に属する諸対象を理解することである、という仮定から出発するであろう」(106：184*)と。ポパーのこのような見解には私もまったく同感である。意味の世界が「客観的」に存在していると考えたときに初めて、理解(解釈)という探求の行為がそれみずからの存在権を主張しうると思われるのである。

第三世界を構成している様々の要素は人間が生み出したものでありながら、なおかつ当の人間を超越している。それらの大部分は人間的行為の「計画されざる所産」(ポパー)である、つまり無意識の所産であるということだ。第三世界を考察する(考察すべきだと私は考える)社会科学はこのような無意識の所産を当然扱わないわけにはいかないが、そうしようとするときの社会科学は人間学の一環としての社会科学である。この人間学は、たとえばトーテミズム、神話、精神病者の言説、消費の現象、貨幣という社会制度、これらを第三世界に置いて、第三世界の観点から考察するのである。

デュルケームの社会学主義はこれらの現象を「物」として、つまり第一世界の観点から扱おうとするわけだが、一方、経済学や社会学の心理主義、理性主義、あるいは機能主義は、これらを第二世界の観点から眺めているといえるだろう。そして後者は、合理性によって説明することのできない現象は、それらを生み出した行為者に非合理、前論理的、狂気というラベルを貼って、考察に値しないもの、合理的思考の枠をはみ出してしまうものだと断じてしまう。これに対して、人間の織りなす出来事や事象を第三世界の中に置いて考察するということは、それらのもつ意味を探り、そうすることによってこの世界に固有の論理、この世界の成立ちを少しでも明らかにしていこうとすることである。第三世界が自立し実在しているということは、とりもなおさずこの世界には固有の論理が存在していることを承認することである。そうでなければ、この第三世界はいずれ他の二つの世界に両極分解してしまうであろう。そして敢えていうと、この世界の基底には言葉＝ロゴスの論理があるといいたい。

生理学的ないし行動主義的な心理学に対するフロイトの精神分析学、機能主義的人類学に対するレヴィ＝ストロースの構造人類学、実用主義《プラグマティズム》に対するパースのプラグマティシズム、(論理)実証主義に対するポパーの〝客観的〟知識の理論(批判的合理主義)、デュルケームの実証主義社会学に対するジンメルの〝形式〟社会学、そしてディルタイの心理主義的解釈学に対するガダマーの哲学的解釈学。これらはいずれも、我田引水になるかもしれないが、第三世界をそれらなりの視点から考察し、そして視野に収まる限りでの第三世界の論理を明らかにしようとする試みであるといえるだろう。フロイト、レヴィ＝ストロース、ポパーについてはもはやいわずもがなであろう。パースの場合には、彼の主要な関心は記号論、および記号過程としての推論の理論にあり、ジンメルについてみると、彼の形式社会学の「形式」とはフォーマリズムのそれではなくて、いうなれば意味世界に内在する形式のことである。そしてガダマーの場合には、人間の世界経験の本質は単刀直入にその言語性に求められ――「理解されることのできる存在は言語である」(32：432)――、解釈学はたんなるテクスト解釈の域を超えた、人間理解の普遍の方法にまで高められるのである。

三　プラクシスとプラクティス

科学主義の経済学が理性の個人主義から出発するのに対して、モラル・サイエンスとしての経済学は無知の個人主義から出発する。無知なる個人は無意識の領域を有する個人であり、この無意識の領域が解釈を必要とする意味の世界を生み出すともいえるのである。しかしその一方で、彼は理性的個人の抽象的・形式的なステロタイプの行動とは違った独自の活動の領域をもっている。推論、期待、使用、解釈などの活動は、人間が無知であればこそ必然化されるといった類の活動であり、そして、このような活動の範疇は人間を無知の存在だと規定しない限り社会理論の平面に登場することのないものである。このような〝活動〟をステロタイプの行為から区別するために、それを具体的活動もしくは(広い意味での)実践と呼んでおくことにしよう。そうすると、無知の個人主義は意味の領域と具体的活動の領域の双方をわれわれの眼の前にもたらすといえるわけである。本節ではこの具体的活動としての実践について論じることにしよう。

前節で意味の世界の基底には言語性があるとわれわれは推測したが、もしそうだとすれば、具体的活動＝実践も言語的活動をその原型としてもつのではないかという推測も当然導かれるであろう。この点に関してソシュール(117)の言語活動の捉え方は頗る示唆的である。

彼は「言語活動(ランガージュ)」を「言(パロール)」と「言語(ラング)」の総体として把握する。ラングとは言語活動の社会的側面、すなわち「社会制度」、「観念を表現する記号の体系」、「価値の体系」、「規範の体系」、のことであって、ソシュールによると、言語活動を行うさい人びとはこれらをいちいち意識の上にのぼせることはない。これに対して言語活動の個人的側面であるパロールは「意志と知性の個人的行為」であって、その本質は特定の具体的文脈に応じて記号(これは記号体系の中にあって一定の「価値」を帯びている)を選択し結合して自己の思想を表現することである。ソシュールのこのような言語活動の捉え方を精神分析や神話解釈に適用してみるとつぎのようになるであろう。精神病者の言説や未開人の神話は意識的もしくは無意識的の言語活動の所産だとみることができるが、留意すべきは、前者においてはラングがいわば個人化されており(それは当の個人だけに通用する文法である)、後者にあってはラングは社会的なものであるにもかかわらず、われわれのそれとは異種なのである。フロイトの精神分析やレヴィ＝ストロースの神話解釈は、このような意味で特異性をもつラングを原言語とでも呼べるものによって――人間精神の基底には言語性がある――翻訳し解釈しようとする試みである。

さらにつづけるとしよう。言語活動がパロールとラングの総体だというとき、その意味するところは、ラングがなければパロールは存在せず、またパロールがなければラングも存在しないという意味で、両者は「弁証法的な」(R・バルト)(7：101*)関係にあるということである。

言語活動をラングとパロールの両面から成る活動として捉えるにあたって、ソシュールはデュルケームとG・タルドとの間で闘わされたかの社会学論争に触発されるところが大きかったといわれている。実際、デュルケームの社会学主義は言語活動のラングの側面に、タルドの心理主義もしくは個人主義はそのパロールの側面に反映されているとみることもできよう。ちなみにソシュールはラングを「社会的事実」とも呼んでいる。しかし彼が言語活動をラングとパロールの弁証法として捉えるとき、社会学主義と心理学主義は「言語活動(ランガージュ)」においていわば止揚されているのである。もっともソシュールはラングの側面のみが言語科学の考察対象になりうるとして、もっぱらラングの側面に彼の言語科学の本領を発揮させるのであるが、そうするからといって彼の言語学がデュルケームのような社会学主義に陥ることのないのは、ラング＝社会学的事実を記号学として構想するからである。彼のいう社会制度としてのラングは政治制度、法律制度などという場合の公式の制度とは異なっており、それは指話法とか、象徴的儀式とか、作法とか、軍用記号とかいった類の制度の系列に属するものである。つまり社会制度としてのラングは広い意味での慣習であり、計画されざるルールの体系である。

われわれは知識や期待を論じるにさいして、一方における想像や、推論、解釈といった活動の側面、他方における価値、規範、慣習といった要素、これら二項の密接不可分の関係を論じてきたが、この二項はソシュールのパロールとラングに相当するとみることができよう。さらに消費について論じたさい、消費活動のうち、特定の場面や文脈に応じて物を選択する活動をプラクシス（praxis）、慣習化された活動のことをプラクティス（practice）と呼んだが、これらもまた言語活動の二側面と深いかかわりをもっている。practiceという言葉は慣習的行為のみならず、慣習そのもののことを意味してもいるのである。こうしてみると、具体的活動一般をラングとパロールとの総体として、あるいはいっそう適切にはそれをプラクシス(狭義の実践)とプラクティス（慣習的行為、慣習）の総体として捉えることができるであろう。

アリストテレスの人間行為の学、すなわち彼の実践学もまた、人間行為をこれら両面から認識している。アリストテレスのいう人間行為＝実践は政治的行為と倫理的行為の不可分の総体であって、一方の政治的行為はまさしくわれわれのいう意味でのプラクシス、他方の倫理的行為はプラクティスのことである。ちなみに倫理とはエートスのことであり、このエートスというギリシャ語は習慣という意味ももっている。アリストテレスの考える政治的行為は倫理＝習慣と切っても切れない関係をもつものであり、この意味で彼の実践学は「〝倫理学〟としての政治学」（J・リッター）(109：233*) のことである。

さらに、ヒュームらのイギリス経験論哲学者や古典派経済学者は人間行為を主としてプラクティスの面から捉え、そして価値・規範・慣習のもつ社会安定化機能をとりわけ重視したとみることができ、一方、ドイツ精神科学は、生という多分に非合理的の相においてではあるけれども、人間行為をプラクシスの面から捉え、人間行為の能動的・創造的側面をとりわけ強調したといえるだろう。そしてさらに、ケインズの貨幣経済論における企業者と消費者はそれぞれプラクシスとプラクティスの担い手として描かれているといえるかもしれない。企業者は将来に関する期待に導かれて生産活動や投資活動を行い、そのことによって未知の将来に能動的に働きかける存在であるのに対し、消費者は、たとえば限界消費性向の逓減という「(社会)心理法則」を通して、経済システムの安定化に寄与するのである。

注意しておかなければいけないのは、プラクシスとプラクティスは具体的な人間行為の二つの側面であるというにすぎず、現実の人間活動はつねにこれら両面をあわせもっているということである。人が「意志と知性」による選択を行うときにも彼はつねに価値・規範・慣習を背景に置いており、反対に人がおおむね慣習にしたがって行動しているようにみえるときでも、彼はやはり何らかの選択を行っている。投資活動に伴う期待形成は確かにプラクシスとしての面を濃厚にもっているが、しかしそれが気ままな空想から区別されるのは期待形成もまた慣習要素に、たとえば将来にまつわる正常性の観念に、大なり小なり支配されるからである。さらに消費活動がプラクシスとプラクティスの両面から成り立っていること、そして流行という現象がこれら両面の間のダイナミズムであることは、前章で論じた通りである。このようにプラクシスとプラクティスが恣意的に切り離されるものでないことはパロールとラングの関係と同様なのである。

ところで、機械的行為の場合とは違って人間の具体的活動を考えるさい、われわれはどうしても「状況」という概念を舞台表に導入せざるをえない。機械体系は機械体系であるがゆえに意味性を欠いているが、これはこの体系内の個人＝選択機械が状況というものをもたないことの帰結であるといえるだろう。この個人はヴィーラントの言葉を借りれば「状況離脱的」なのである。状況とは諸条件の網の目（texture）であり、解釈して解きほぐすべきテクスト（text）であり、そして人びとのおかれている文脈（context）である。それはいってみれば行為者からみた意味の世界（第三世界）であって、人びとはそれを自分なりに解釈しなければならない。企業者は状況を解釈することによって状況にふさわしい行動をとり、消費者は場面を解釈することによってそれにふさわしい物を選ぶ、あるいは話者はコンテクストに沿った語を選びとる、という具合である。

状況の概念が不可欠なのは科学的世界の行為者、すなわち認識者にとってもまた同様である。ガダマーの哲学的解釈学、ポパーの「知識の進化」理論、パースの仮説的推測（アブダクション）の理論、パースやデューイ（26）の探求の理論、これら知識の理論における認識行為の実践的性格は、「通常科学のパズル解き」（T・クーン）（60）の機械的性格とは好一対をなしている。後者においては、認識者は企業や消費者が条件つき極値問題を機械的に解くのと同じように確定した問題を定型的に解くだけであるが、前者における認識者は問題が確定する以前の状況――「問題状況」（ポパー）、「解釈学的状況」（ガダマー）、「状況」（デューイ）――から出発する。そしてこのような状況の中におかれそれに直面することによって問題の何たるかを手探りで摑み、問題の解決へ向けて認識の歩を進めていく。そのさい、一方では何らかの想像力――「仮説」（パース、ポパー）、「先行理解」（ガダマー）――を介入させながら、そして他方では伝統や（科学者）共同体の「偏見」をむしろ認識の糧としながら、このような状況を解釈し、そうすることによって確定的もしくは暫定的な知を確定しようとする。このようなダイナミックな実践行為が彼らのいう認識行為なのである。

議論を経済学に引き戻すと、以上を要するに、経済学もまた、機械論・決定論というその恣意的な形式の世界から脱出するためには合理的選択なる機械的行為とは異質の活動範疇を考えなければならない、ということである。様々な経済的活動もまたプラクシスとプラクティスという二つのカテゴリーから成る総体である。数ある経済理論の中でもハイエクとケインズのそれはひときわ生彩を放っているが、それもそのはずで、彼らの考える人間活動はステロタイプの計算機とはまったく異質の具体的人間活動なのである。そのせいで、彼らの経済理論は期待や解釈、慣習や規範といった要素を不可欠の要素として組込まざるをえないわけである。このような根本的な相違を何ら顧慮することなく、彼らの経済理論を形式的な模型の中に無理矢理押し込めようとするのは本末転倒した行為である。これに類した本末転倒は経済学の動態観と政策観にも現われている。そこで最後に、人間の具体的活動(実践)と機械的行為の対照を念頭におきながら、動態と政策に関する問題について方法上の観点から若干の検討を加えておくことにしよう。

形式主義的な経済学の動態論はもちろん動態現象を機械論として構成しようとする。すなわちそれは経済変動のプロセスを因果模型によって再構成し、変動のプロセスを因果的に説明しようとする。が、そのとき実は動態という現象の本質はどこかに消え去ってしまっているのである。動態という現象は与件が変化し新たな出来事が次から次へと生起することをその本質としているはずであるのに、機械的動態模型においてはこの点はまったく考慮に入れられていない、というより入る余地がないのである。そもそもこのような動態現象を機械的な因果模型を用いて説明し、様々な経済変数の辿る道筋を描き出そうとすること自体に無理がある。思うに、われわれにできることはせいぜい動態という現象を何らかの形で概念化すること、そのことだけである。

ちなみに、J・シュムペーター(119)の経済発展論は微分方程式の経済動学とは異なって、動態という現象を概念化する一つの試みである。彼は新しいことが絶えず生起する非決定論的な時間、N・ウィーナー(136)のいう意味での「ベルグソンの時間」を問題にしているのであり、この点からしてすでにそれは「ニュートンの時間」の上に構築された形式的な動態理論とは趣きを異にしている。そしてこのような時間の上に生じる変化が彼の捉える「発展」の現象なのである。そのさい彼はこのような発展を与件の外的変化としてではなく、「経済が自分自身の中から生み出す」(119 : I*: 174*) 変化として論じる。となれば、このような自律的変動を生み出す経済主体をも概念化せざるをえないが、この変動の担当者が彼のいう「企業者」なのである。

彼の企業者は新結合やイノヴェーションを遂行する能動的・創造的な経済主体である。だからこのような企業者の活動はわれわれのいうプラクシスのカテゴリーに入るといえるかもしれない。だがシュムペーターはこのような企業者活動を知性的というよりはむしろ非合理的な活動だとみなす傾向がある。というのは、彼の捉える新結合やイノヴェーションはどちらかといえば無から有を生みだす類の活動であり、ボールディング(15)のたくみな比喩を借りるなら、シュムペーターの企業者は「イメージの突然変異」によって創造活動を行う経済主体だからである。したがってこのような企業者の行為もやはり、機械的行為とはまた違った意味で、状況離脱的な行為だということができよう。

ところでシュムペーターのこのような企業者概念は彼の動態概念と表裏一体の関係にある。彼は経済社会の動態＝発展をE→E′→E″→…というふうにワルラス的な静態均衡(E、E′、E″、…)の継起として捉えるわけだが、均衡から均衡への移行は、それを経済内的に把握しようとする限り、企業者の「イメージの突然変異」によらざるをえないのである。彼の動態論は、ひとつの均衡から別の均衡への移行をあらかじめ予測することができないという意味では非決定論的であるけれども、動態を均衡状態の断続的な継起と捉えているのはやはり恣意的である。非決定論的な動態といっても、そこには何がしかの連続性の契機があるとみなければならない。そうでなければ家計や企業や社会がひとつの永続的な組織体として存在することはできなくなってしまうだろう。ところが企業者の直観に依拠するといった観のある彼の動態論、ひとつの均衡から次にどの均衡に移行するかということがもっぱら企業者のイメージの突然変異にかかっているような動態論は、企業という連続性をもった組織を必要としない。かりに企業組織が念頭にあったとしても、このような動態現象の前では、その存在は大いに危いものとなるであろう。企業者は決して直観によって革新を遂行するのではなく、彼は状況を解釈したり、また企業内外の慣習に拘束されたりして、革新を遂行するのである。企業組織に連続性を与えるのはこの慣習要素である。シュムペーターの経済発展論に企業者概念は存在しても企業組織の概念は存在しない。経済の動態を論じる場合でも、慣習要素、そして慣習要素を体化した企業組織の概念なしにすませることはできないと思う。

動態にまつわる方法上の問題はこれくらいにして、次に政策に関する問題に移ることにしよう。ここにいう政策に関する問題とはいわゆる理論と実践の関係をめぐる問題、すなわち社会科学の場合、自然科学におけるのと同様の意味で理論と実践(応用)の関係を論じることができるのか、ということである。結論を先にいっておくと、この点についての私の見解は懐疑的である。確かに自然科学においては、科学理論の応用という意味での技術＝工学が成立しうるであろうし、またこの技術が特定の目的を実現するうえで寄与するところも大きいであろう。だがこのことが経済学についてもいえるとは思われない。

もちろん現実にはケインズ理論や新古典派理論が、特定の目的のために応用され、しかもそれらが一定の効果を発揮していることは否定できない。だがこの効果も所詮は一時的なものでしかないように思われる。といっても合理的期待形成論の説くように、合理的な経済主体はいずれは政策の帰結を意志決定のさいに勘案するようになり、よって長期的にみると政策は無効に帰す、というのがその論拠なのではない。端的にいってしまうと、機械理論の機械的応用は長期的には経済社会の安定化要因たる慣習を破壊してしまうというのがその理由である。

理性ではなく無知こそが人間の条件であって、慣習は人間の無知から出て、その無知を補う役目をはたしている。ところが機械的な経済理論の応用としての経済政策はこのような意義を担っている慣習を徐々に崩壊せしめていく、といいたいのである。

モラル・サイエンスとしての経済学とは違った平面に立つ機械論の経済学は、当然のことながら、慣習を機械のスムースな運行を妨げる錆や摩擦のようなものだとみなす。そして経済政策はこのような錆や摩擦を積極的に除去しようとする。その結果、現実の経済じたいがマシーンとしての性格を帯びるようになってくるのである。マシーンとしての経済社会、それは一つ歯車が狂ってしまうと全体が狂ってしまう可能性を秘めた経済社会である。だが、経済のこのような脆弱化に対する善後策が存在しないわけではない。つまり、テクノロジーや効率性――一言でいうと進歩――をそれ自体として神話化し、この神話を皆に語らせ、また皆がこの神話を唱和することによって、一種の〝秩序〟を経済社会に与えるのである。いい換えれば、過去から蓄積されてきた伝統や慣習に代えて、いわば未来のユートピアを共有することによって社会の安定化要因とするのである。

だがこのような策が疑似解決策でしかないことは直ちに分かる。千年王国のユートピアと違って経済社会のユートピアは進歩や変化の観念を主調として唱和されるものである。次から次へと新しい出来事を作り出していくこと、進歩や変化を神話化したものが産業社会のユートピアである。このようなユートピアによって保たれる〝秩序〟というものは実にきわどい秩序である。それは慣習や伝統によって曲がりなりにも保たれている秩序とは似て非なる秩序である。ハイエク(37)は理性の個人主義の政策は短期的政策であり、これに対して無知の個人主義の政策は本性上長期的なものだと述べているが、この場合の長期的政策とは慣習や伝統を維持するような政策のことである。モラル・サイエンスの念頭にある政策とは本質的に長期的性格のものなのである。

第二部

第七章　ケインズの経済理論

――モラル・サイエンスとしての経済学――

一　はじめに

ようやくにして掘りあてた思想の鉱脈、その存在は前々から薄々とは感じていたが、いまやそれなくしては世界が空まわりしかねないと思われるほどに確信の度合を強めるにいたった思想の鉱脈、それをなんとかして表現し人に伝えたいと思うのだが、いかんせんそれを表現する適切な手段が見つからない。既成の術語や概念装置に拠りかかりたい誘惑にかられるが、そうすると微妙な、とはいえ含むところの大きいニュアンスの襞がそっくり抜け落ちてしまう惧れがある。そこで致し方なく自分なりの造語を創ってみるが、どうも落着きが悪い。また、自己の思想を伝えるといっても、仮定－定理－証明という体裁の単純明快な単線的論法を拒む何物かがそこにあるから、いきおい錯綜し入りくんだ論理展開をとらざるをえないことになる。挿話、伏線、傍証の類があちこちに張りめぐらされ、それらにはまた様々の留保や限定がつけられる。そしてある程度見晴しのきくところまで登りつめると、これまでの議論を要約整理し、いったん小休止したところでさらに藪の中に分け入る、といった按配である。ケインズの『一般理論』を読み進んでいくうちに感じるのは、このような、新たな思想を確信しそれを人に伝えようとする時の、気魄と難渋である。

かつてケインズ革命について喋々され、そして現在でもなおケインズ革命の核心が奈辺にあるかという詮索が引きも切らずつづけられている。だが経済学上の革命というものは、その名の仰々しさにもかかわらず、概してつまらないものである。有効需要の理論、流動性選好説、不完全雇用均衡の可能性、なるほどこれらは従来の説とは違うという意味では革命的といってもいいのかもしれない。だがそれも、高々、経済学という専門の門によって規格化された世界の中でのものの見方の変化を示すにすぎない。ずっと以前の限界革命の革命性がそうであるように、ケインズ革命の革命性も私の眼には取るに足らぬもののように映る。

とはいっても、この私がケインズ革命に対して反革命を企てようとしているのではない。革命に抗して反革命の旗幟が掲げられるのは政治の世界だけでなく、経済学の世界でもまた同様であり、現にケインズの〝革命的〟理論は従来の市場理論の一特殊ケースにすぎないとする市場理論擁護の反革命が自己主張を行っている。まして数式や統計がこの反革命の試みを支持するようにでもなれば、革命理論の影がますます薄くなっていくのは必至である。だがこれはどうみても経済学の内輪喧嘩である。ひとしきりあい争ったあと、経済学はまた新たな革命と反革命を求めて経済学の門の中をさまよい歩く。しかるに、ケインズの辿り着いた鉱脈は経済学上の革命―反革命という皮相よりもっと奥深いところにある、というのが私の率直な感想である。

ケインズは、経済の表層の下には末広がりに広がる深層部があり、後者は前者のありようを様々な形で特徴づけ限定していることを認識していた。この深層部の認識が彼をしてただの経済学者から分かたしめるゆえんである。『一般理論』における期待や貨幣の本性にかんする章はこの深層部への降り口である。いったいこの書物は、消費論、投資論などの経済論の横糸と、期待論や貨幣本性論などの〝人間学〟の縦糸が縦横に交錯した織物の如き観を呈している。したがって形式論理以外は意に介さない経済学者の眼をもってすると、それは「悪しく書かれた書物」（ポール・サミュエルソン）、いたずらに晦渋で錯綜した書物だということになってしまう。ところがケインズの辿り着いた鉱脈は形式論理という道具をもってしては掘りおこすことのできない、それとは異質の論理をもった経済社会の深層なのだ。

経済社会に限らず、一般に社会をその深層部にまで降りていって見ていこうとする態度はイギリス伝統のモラル・サイエンス（道徳哲学）のそれである。ケインズ本人もまたこのような態度を共有している。いな彼はいろんな面において一箇の道徳哲学者である。そしてひとたび彼を道徳哲学者として眺めてみると、彼の経済学上の革命家としての相は消え失せて、むしろ形式化の度合をますます強めていく時の経済学に対して〝反〟革命を企てる〝反〟革命家としての顔が顕わになるのである。

モラル・サイエンスといっても、なにもそれははっきりと確立された専門科学の一部門だというわけではない。それは自然科学の自然に対する意味での人間性、すなわちモラルの領域を扱い考察する諸学の総称である。ごく大雑把ないい方をすると、それは自然科学と一線を画しているのみで、その内部が明確な敷居で区切られているというものではない。そこにはいまにいう経済学、政治学、倫理学、哲学、あるいは論理学といった学問分野が含まれるであろうが、現代のこれら諸学を寄せ集めればモラル・サイエンスが形作られるという性質のものではない。これらはかつてのモラル・サイエンスから漸次独立し分化していったものであるが、これらはかつてのモラル・サイエンスがもっていた風貌をほとんど失いかけている。ことに経済学の分野ではケインズをほとんど最後にして――もっともハイエクは例外中の例外である――その残滓は跡かたもなく消滅してしまったといっても過言ではない。

一見するとまとまりを欠いているようにみえるこの学は、しかし、遠心性とともに強い求心性をもっている。

なるほど、ホッブス、ロック、ヒューム、アダム・スミス、バーク、それにJ・S・ミルといった人たちの関心は多方面にわたっており、そのうえ彼らは、学の領域に留まらず、政論家、政治家として大なり小なり実践の領域にも足を踏み入れている。しかし彼らは、勃興しいまや隆盛の域に達しようとしている自然科学を横目に見やりながら、モラル＝人間性の領分の独自性を主張し、それを自然の領域と鋭く対比させた点で共通している（ホッブスはたぶんその例外をなすかもしれない）。彼らの多方面への関心はこのモラルという太い幹の回りを動いているのである。彼らはほぼ共通に人間知性論、人間本性論、人間論理学といった類の人間学を自前で用意し、そしてこの人間学から翻って社会の成立ちや仕組を考察しようとする。彼らの考察する社会はなべて機械的・幾何学的なメカニズムとは異質の結構をもち、歴史や伝統や慣習などの要素が巧みに配材された精妙かつ微妙な構造物である。彼らが政論家・政治家として対面する社会はほかならぬこのような社会である。したがって改革を行うにさいしては適切な状況判断を必要とし、諸影響の微妙なるバランスを考慮に入れなければならない。だから、理性によって社会を一から構想し直そうとする、たとえばフランス〝幾何学派〟のやり方は、おのれの分際をわきまえぬ不遜の行為だと彼らの眼には映るのである。

人間学から社会論へ、そして社会論から実践論へというのは、モラル・サイエンスの書式である。もちろんこれら三つの論へのウェイトの置き方は人ごとに異なっており、また必ずしも彼らがこの順序に従ってみずからの所説を体系的に展開しているわけでもない。それにもかかわらず、彼らはこれら三論を不離不可分のものとして論じている。この点はケインズにあっても例外ではないのである。よく彼は経済学者でもあれば政治家でもあり、また論理学者でもあると評される。じっさい彼はこれら三つの相をもって活動し、それぞれに応じた著作を残してもいる。『貨幣論』や『一般理論』は経済学者としての彼の著作であり、おびただしい数のパンフレット類には彼の政治家としての一面が如何なく発揮されている。そして初期の『確率論』がケインズの論理学者としての産物であることはいうまでもない。これら三つの顔は外に向けては彼の多面性や多芸多才ぶりを表わすが、内に向けては一つ、すなわち道徳哲学者としての顔である。

あらためて、ケインズはイギリス伝統のモラル・サイエンスの最後の立役者だといおう。専門分化し形式化された経済学の薄っぺらな平面に彼を置いて眺める限りでは、なるほど彼はケインズ革命の遂行者なのかもしれない。しかしひとたび彼を重層的・立体的なモラル・サイエンスの空間に置いて眺めてみると、反対に彼は当時の経済学に対する〝反〟革命家として現われる、というのが私の言い分である。

しかしそうはいっても、ケインズ自身がこのことをはっきりと自覚していたとは思われない。彼は往時の道徳哲学者とは違って、自己分析の才、こういって悪ければ自己分析の習癖、をほとんどもち合わせていない。自己に沈潜し、自己の内的空洞を埋めていこうとはしない者、そのような者を思想家という名で呼ぶことはできまい。鋭い直観力や鋭敏な感受性なら人一倍のものを彼はもっていたであろう。だが直覚し確信したものを自己の内部に向けて跡づけていき、茫漠とした無意識の層を一枚一枚はぎとっていくことによってその出所を明らかにしていくという作業を彼はほとんど行っていないのである。あたかも彼のまき散らす言説は四方八方に乱反射しているようで、焦点の所在がいっこうに定かではない。『若き日の信条』という自己省察はいわば自家撞着の告白、その真意はぼんやりとしたオブラートでくるまれているようで、オブラートを取り払う仕事はむしろ読者のほうに委ねられている。彼の個々の言説をまともに受け取ってしまうとなんとも奇妙なケインズ像ができ上がってしまう。ちょうど未開の神話の個々断片を文字通りにつなぎ合わせるとなんとも奇妙なストーリーが出来上がってしまうように。神話――そう、ケインズを解釈するということは、ケインズというひとつの神話を解釈するということなのだ。ケインズは完全競争を仮定していたのか、それとも寡占の状態をか、固定価格か伸縮価格か、あるいは均衡論か不均衡論か、こうした詮索はオースティン・ロビンソンのいい回しを借用するならば、蟻が建物に這いつくばって、その煉瓦の一つ一つを調べてまわるようなものである。そしてこの蟻は「地面に近すぎるために建築家の業績のスケールの大きさがわからない」(112 : 105*)のである。ケインズが建てた建物のスケールがはたしてどれほどのものであったかということは問わないことにして、ともかくわれわれはこの建造物を一種の神話に見立て、そしてこの神話に解釈を施していこうと思う。

二 人間学

経済学者としてであれ政治家としてであれ、あるいはまた論理学者としてであれ、ともかくケインズのなす主張や提言の背後には一貫した基調、すなわち知性主義とでも呼べるものが横たわっている。知性から出でず、知性に裏づけられていない思考や実践は、彼にとっては空理空論のたわごとにほかならない。第一次世界大戦後のイギリス経済の停滞と混乱は、並べて、企業家や投資家の没知性的行動に、そして政治上の行きがかりや通念に囚われて適切な措置を講じることのできない政治家の無能に、帰せられるべきものである。知性のひとかけらでもあれば万事はすべて順調に運ぶのだというほとんど楽天的ともいえる彼の信念は、彼の著作のいたるところに見ることができる。

知性の王国の住人が無知蒙昧な大衆を嚮導すべきだというケインズの発想があのプラトンの哲人支配の思想にある程度の親近性をもっていることは確かである。が、それはプラトンのそれとは似ても似つかぬほどに世俗化されている。陽気で楽天的で多分に子供じみた彼の知性主義が、その反動として、マネタリズムや合理的期待形成論の市場一辺倒の市場主義の動きを増長させたのも確かに理解できるのである。だが知性主義はほんらい理性主義とは異質のものである。ハイエクのケインズ批判はケインズの知性主義が理性主義の方に大きく傾いている点に向けられるが、大方の反ケインズ主義者はケインズの知性主義を批判するにさいして、みずからはむしろ理性主義の方に傾いてしまっている。

確かにケインズの知性主義には理性主義への傾きがあるけれども、しかし彼の知性礼賛は理性礼賛とは必ずしも同一ではない。もしそうだとしたら、経済生活において期待の果たす役割を彼があれほどまでに重要視したことの説明がつかないし、また人間の知的活動全般にわたって信念や確信といった要素のもつ意義をあれほどまでに強調した理由も分からなくなってしまう。もし人間が未知の世界を演繹計算によって知ることができるなら、あるいはまた確率計算をもって行動の準拠とすることができたなら、そのときにはこの世の中は時計が時を刻むように規則正しく進行していくことであろう。このような世界は経済問題や政治問題などの〝問題〟のおよそ起こることのない静穏な世界、というよりもむしろ死の静けさをもった世界である。また自分を理性的人間だと傲慢にも決めこんだ人の作る世界は官僚やテクノクラートや計画者たちの支配する恐怖の世界である。ケインズの知性主義の眼前にある世界はこのような死の世界ではないし、それが目指すのはこのような恐怖の世界ではない。それは人間の呼吸する息吹きで満ちた生の世界である。

がんらい知性主義において、知性の対極に位置するのは決して無知ではない。反対に人間なるものが無知で誤謬にみちた存在であることを認識するところから知性主義は始まるのであって、してみると知性に対置されるのは、無知よりはかえって理性のほうである。実際、人間知性論や人間本性論を扇の要の位置にもつイギリスのモラル・サイエンスは、つねに大陸の、ことにフランスの理性主義を念頭におき、それに批判の眼を注ぐことによってみずからを育んできた。たとえば、哲学の面ではデカルト流の先験的な合理主義に対して経験論を、政治上はフランス革命の啓蒙主義に対して伝統主義を、あるいは道徳理論においては理性的・形而上学的なそれに対して道徳感情論を、というふうに。経験、伝統、感情などは理性主義に対する泥縄式の対抗馬として持ち出されたものではなく、一本の糸によって結び合わされている。一本の糸、それは人間存在の無知や可謬性の認識である。人間が無知・無力で誤り多き存在だとするならば、すなわち人間が理性の光に導かれて知識を一気に獲得したり、あるいは社会を新たに構想し直したり理性の法によって人間を律していくなどということが途方もない妄想にすぎないとしたら、人は経験や伝統や感覚に頼らざるをえないのではないか。だが頼るといっても、それらが人間の無知の片をすっかりつけてくれるというわけではない。そう考えるのは経験主義(実証主義)であり、また悪しき伝統主義、感覚主義である。それらに対してつねに懐疑のまなざしを怠ることなく、なおそれらのもつ積極的な意義を汲みとっていこうとすること、それがモラル・サイエンスのほんらいの知性主義である。そこにおける知性とはいわば懐疑する知性、無知を克服しようとする能動的知性のことである。

その昔、エドマンド・バークは、人間は個人としてみると愚かであるが、種としては賢明であると述べた(16：95)。ケインズもまたバークとほとんど同じ口調でこういっている。「自分自身の目的を促進すべく個々別々に行動している個々人は、あまりにも無知であるか、あるいはあまりにも無力であるために、そのような目的すら達成することができないというのが、頻繁に見受けられるところなのである。〔しかし〕社会という一つの単位を形成しているときの個々人は、各自が別々に行動するときに比べて、明敏さに欠けるのが常であるということは、経験的に何ら示されていない。」(圏点は原文イタリック)(53：344*)

バークやケインズが人間は種として、あるいは社会の一員として賢明であるというとき、彼らは人間の無知・無力を補う伝統や慣習のことに触れている。伝統や慣習の認識は人間の無知・無力の認識と相即不離の関係にあり、モラル・サイエンスの人間学や社会理論の一つの重要な礎石である。人間は、知らず識らずのうちにではあるが、伝統や慣習を築きあげる。そのような存在として人間は賢明である、というのだ。

ところで人間はいま一つ、種としてみるとある賢明な能力を具備している。すなわち思考し、推論する能力がそれである。無知が人間の条件だからといって、人間は必ずしも意気阻喪するには及ばない。彼らは無知の薄暗がりの中で思考し推論し、そこにみずからの知識の地図を描き上げ、この地図を頼りにして未知の世界に足を踏み入れることができる。C・S・パースは、論理的に思考し推論する人間の能力を「自然淘汰」の所産だと述べた(98：V：227)が、ケインズもパースそのままに、論理的思考を人間に装備された有益な知的習慣だと語り、それは「自然淘汰」によって人間に与えられたものだと述べている。すなわち、「[この知的習慣は]われわれの人間的装備の一部であり、おそらくは単に自然淘汰によって与えられ、形式論理学よりもむしろわれわれの知覚や記憶に類似した装備に他ならない。」(54：448*)

慣習論がモラル・サイエンスの社会論の本体をなすとすれば、知識論あるいは論理学はその人間学の本体をなしている。論理学と人間学、この結びつきは一見したときほどには唐突でない。ケインズの見解を引くなら、論理学は「理論と事実、直観的想像力と実際的判断力とが、人間知性にとって心地よく融合している」(54：443*)モラル・サイエンスの一部門だということになる。そして、論理学は中年者のやる仕事ではないと彼のいうように、ケインズ、フランク・ラムゼー、J・S・ミル、ヒューム、ロックといった人びとは比較的若い時分に論理学に関した書物を著している。それはともかく、無知の認識から出発するモラル・サイエンスにとって、知識論、もしくは知識獲得の学としての論理学はその人間学の基礎論たらざるをえない必然性をもっているのである。

人間が全知全能の神的存在ではないとしたら、あるいは、いずれそのうち人間は(自律的に、もしくは啓蒙の力によって他律的に)神的理性の差配する状態にたち至るという主張が根も葉もない空想にすぎないとしたならば、一言でいうと人間がいわば存在論的に無知であるとしたなら、人間はどのようにすれば知識の状態に達することができるのか、いや当の知識とはそもそもいったい何なのか、ということはそれこそ人間を論じる場合の基本的な問題となるはずである。さきに名を挙げた人たち、ことにロックやヒュームの人間学にはこのような問題意識が充満している。

ロック(67)やヒューム(48)によれば、知識は大別すると、絶対に確実で疑いをさしはさむ余地のないもの(knowledge)とそうではない蓋然的性格のもの(probability)との二つに分けられる。前者は、三角形の内角の和は二直角に等しいという数学的命題のように経験に左右されることのない確実判明の知識であり、この意味でそれは理性の産物といってもいいものである。だがこのように絶対確実の知識は、知識全体との相対でみればごく限られたものでしかない。人間の経験する出来事は無限に多様で、しかも変転きわまりない。そして経験のこのような多様性・可変性を前にしたときの人間理性の力など微々たるものである。しかし思考する動物としての人間は混沌とした経験を知識の状態にもたらさなければ満足しない。そうしなければ知的活動や日常活動は二進も三進も行かぬ状態に追いこまれる。だが人はこれら多様な経験について確実な知識をもつことはできない。彼は経験上の知識にかんしては蓋然的な知識をもつことで満足しなければならない。このような見解はロックやヒュームに限らず、およそ人間の存在論的な無知を認める人たちにとっては、大なり小なり自明のことであった。

しかし問題がここで終わるのであれば、この人間学は無知の暗闇に進める歩を断念する絶望的な懐疑主義に行き着くのみであろう。ヒュームはこのような絶望的懐疑主義者として断罪されがちであるが、それは合理主義者の独断というものである。ヒュームのみならず一般に道徳哲学者、社会哲学者と呼ばれている人たちにとっては、理性が終わりを告げるところに知性の領分が待ち構えている。理性の狭隘な土地が耕しつくされたところで、知性の領域が拓かれ、そこにおいて知性の活動が花開くのである。

いったい、一口に蓋然的知識とはいっても、その蓋然性の程度は様々であろう。勘や閃きだけをたよりに得られた知識と長い推論の連鎖を経て獲得された知識とを比べてみると、一般に後者のほうが知識として高い蓋然性をもつのは当然である。いい換えると、推論の論理や筋道が確かであればあるほど、得られた知識の蓋然性の度合は高くなる、といえるのである。こうして、推論の論理学と知識の蓋然性の度合を論じる確率論とは、互いに手を携えて論じられるべき必然性をもつことになる。両者は広い意味での論理学、「人間論理学」（ケインズ）とでも呼べるものの不可分の二側面である。

ケインズの『確率論』(52)はケインズの流儀での人間知性論、人間本性論だといえるであろう。彼の確率論はロックやヒュームらの知識論の系統に属しており、頻度理論のような形式論理の確率論とは出自を異にしている。前者はあくまでも、知識や命題の多くは蓋然的な性格をもたざるをえないという認識から論を起こすのであり、そしてこの蓋然性《プロバビリティ》の度合をどのように評価するかというところから確率の概念が生じてくるのである。

ところが、この系統の確率論においては、知識のなかでもなかんずく因果関係にまつわる知識の性格について大きな関心が寄せられてきた。ことにヒュームは、自然は斉一《ユニフォーム》ではないからいくら個々の事実を枚挙していっても、ある事象とある事象との間に必然的な関係をうちにたてることはできないこと、したがって因果の関係とはひっきょう蓋然的な関係たらざるをえないことを明言して、絶対的知識に到達する手段としての帰納法の妥当性を否定した。いわゆる〝ヒュームの問題〟である。ヒュームのような帰納法に対する懐疑から従来の帰納法を救い出そうとする試みが、その後、J・S・ミルをはじめとする多くの人たちによって試みられた。ケインズの『確率論』も帰納法の復権を図ることをひとつの目的としている。だが、ヒュームの問題を解こうとする一連の試みは人間学というよりは、かえって科学方法論の領域に属しており、いまの文脈とは直接の関係をもたない。ここで問題とすべきは、因果関係にかんする知識なり命題なりが蓋然的性格をもたざるをえないとして、その蓋然性あるいは確からしさというものを基礎づけるのは何か、ということである。

この点についてヒュームは蓋然的推論における「信念《ビリーフ》」の意義を強調したわけである。すなわち、ある事象Aといまひとつの事象Bが隣接して生起し、人がこれを何回も反復して経験するとき、AならばBという判断がその人にとって習慣と化し、AならばBという命題が確からしいとする信念をその人はもつにいたる、というのである。習慣が信念を強化し、そのことによって蓋然的推論の確からしさが保証されるというヒュームの見解は確率にかんする一種の主観主義的解釈である。「あらゆる蓋然的推論は一種の感覚《センセーション》に他ならない。」(48：I*：170*) ヒュームのこのような見解はのちに確率論の信念度理論として展開されていく。そのさい、蓋然性の度合を左右する〝信念〟は一方では客観主義的に、他方では心理主義的に解釈され、信念度理論もそれに応じて客観的なものと主観的なものとに分裂していく。ちなみにケインズの確率論は前者に傾き、ラムゼーのそれは後者への傾きをみせている。ケインズの場合、蓋然性の測度としての確率は「合理的」信念としての確率であり、それは個々人の主観には依存しない。このことは次節で論じる彼の期待論とも関連しているので、ここで簡単に触れておくことにしたい。

ケインズの考えている推論は因果関係にかんするものよりはもっと一般的な形の推論、すなわち前提命題（知識)から結論命題(知識)を導くところの推論である。もちろんこの結論命題は大なり小なり蓋然性を帯びたものである。ここまではケインズの確率論と信念度理論との間には大した相違はない。違いが出てくるのは、信念度理論が蓋然性(確率)の程度を主観的な信念の度合によって測ろうとするのに対して、ケインズの確率論は命題間の論理性によってそれを測ろうとする点においてである。なるほど結論命題の蓋然性の度合は前提命題の質と量に応じて一般には変化するかもしれない。しかしそれらを所与だとすれば、結論命題の蓋然性の度合、すなわち確率は、命題間の論理的関係によって一意に定まり、信念という主観的要素にはなんら依存することはない、とケインズは考えるのである。

ケインズの論理学、つまり彼の論理的確率論では、推論それ自体の中味については立ち入った考察はなされていない。それは暗箱の形になっており、確率は並べて証拠(推論の前提命題や推論の前提となる知識)の質や量に依存するという仕組になっている。ただし証拠の質・量といっても、彼の場合とくに重要視されるのは証拠の内的構成、すなわち結論命題を妥当とするに有利となる証拠と不利となる証拠との間の相対的なバランス関係である。バランスが五分五分のときには結論命題が真である確率は二分の一、もしこのバランスが有利な証拠のほうに傾けば確率はもっと高くなるであろう。とはいえ、結論命題が真なることの蓋然性の度合はもっぱら証拠の質や量、とくにその内的構成によって一意に定まる、というのがケインズの論理的確率論の主張であって、そこでは推論の過程や推論過程における人間的要素は排除されてしまっている。

ただ彼は確率《プロバビリティ》の概念とは別に「論証のウェイト」(weight of argument)という概念を用意しており、こちらのほうに推論活動における主観的要因が反映されているとみることができる。論証のウェイトとは文字通り論証の〝重み〟のことであって、有利・不利のいかんにかかわらず、証拠の量が増せばただそれだけで論証(推論)の重みは確実に増すのだ、とケインズは主張する。たとえば、証拠の量がその有利・不利のバランスを変えることなく増加したと仮定してみよう。そのさい確率のほうは以前と変わりがない。なぜなら、証拠の有利・不利のバランスは以前と同一だからである。しかし証拠の絶対量は増加している。したがって論証のウェイトのほうは必ず以前よりは大きくなっている、つまり同一の確率を以前よりは高い確信をもって主張することができる。

この論証のウェイトという概念が『一般理論』における期待の「確信」度という概念に対応しているのを見てとるのは容易である。期待の確信度が低くならざるをえないのは期待を形成するさいの証拠となる知識の量が絶対的に乏しいからである。そして証拠となる知識の量が乏しいために期待の確信度が低くならざるをえない状態が、ケインズのいう不確実な（uncertain）状態である。したがって不確実性（uncertainty）の度合と期待（推論）の蓋然性（probability）の度合、すなわち確率とは必ずしも相関的ではないということになる。たとえばいくら不確実であっても（つまり証拠となるべき知識の絶対量がいくら乏しくても）、もし数少ない証拠が結論命題（期待）にとって圧倒的に有利な構成をもっているなら、確率はいくらでも大きくなるのである。

このように、ケインズの確率論は彼の期待論と密接な関係をもっている。とはいうものの必ずしも直結しているというわけではない。彼の確率論としての論理学は信念度理論の主観主義を排するの余り、むしろ意に反して形式論理学のほうに傾いている。形式論理学への傾きをみせる点ではラムゼー(107)も同じであって、彼はケインズとは対極にある心理主義的な信念度理論から出発してそれを形式論理化する。信念度としての確率に無矛盾的に数値を与えようとする彼の確率論は彼じしんも認めているように形式論理学(「小論理学」)に属している。しかるに、期待と論理学との関連性を考えようと思えば、形式論理学よりはむしろラムゼーのいう「発見の論理学」、あるいは「大論理学」のほうがいっそう直接のつながりをもつであろう。この辺の議論は次節に譲るとして、ともかく、これまで不釣合とも思えるほどのスペースを割いて知識論もしくは論理学について述べてきたのは、それがモラル・サイエンスの社会論の礎石を提供していると思われるからである。そしてケインズにおいてもまた、確率論という体裁をとった彼の知識論は期待論という形の人間活動論に道をひらき、そしてそれを通して経済社会論へといたるのである。

三　期待論

知識論がモラル・サイエンス全体の基礎論だとすれば、期待論はケインズ経済社会論の基礎論に相当している。人間が存在論的に無知だという認識は彼の経済社会論の底流を流れており、そのために、彼は期待という人間活動の要素に従来の経済学に比べると破格とも思えるほどの位置を与えるのである。

この期待要素はケインズの経済体系では二重の側面、微視的側面と巨視的側面とでも呼べる二重の側面、をもっている。期待は、一方では、いうまでもなく経済主体の意志決定と深い関わりをもっている。不確実な状態とはケインズにとっては演繹計算の通用しない状態と同義であり、このような状態の中におかれた人間は何らかの形で期待を形成することによって意志決定を行わなければならない。期待とは人間活動の一要素、というよりは人間活動そのものである。しかし他方、ケインズの期待にはこれとは別の側面がある。期待は、意志決定の問題を超えて、ケインズ経済体系の究極の骨格を与え、この骨格が彼の体系に通常の市場理論とは著しく異なった特徴を与えるのである。あらかじめいっておくと、不確実な世界を前にしたときの期待のあり方にはいくつかのタイプのものがあり、このタイプに応じて企業家、投資家、消費者(労働者)という三つの階級が識別される。期待という要素はケインズの三階級の識別基準だといってよく、期待の種類の違いに応じて三つの階級が区別されるのである。さらに、このような階級区分は各種の市場を区分する基礎となっている。三つの期待は三つの階級を生み、これらの階級はさらに彼らの活動の場である市場のタイプを識別し特徴づける。そして最後に、これらいくつかのタイプの市場が連結されて彼独自の経済社会が組立てられる、というわけである。そのさい、三つの市場は無媒介的につなぎ合わされるのではない。三つの市場を有機的に連結し、そうすることによって経済をひとつの経済社会として成り立たせているもの、それが貨幣である。ケインズの考えている経済とは、貨幣によって様々の異質の要素が結びつけられて重層化・立体化した経済、通例の市場経済とは異なった「貨幣経済」のことである。

もっともケインズ本人が期待のこのような巨視的側面を意識的に論じているわけではない。しかし彼の行論を再構成し、一見すると矛盾するかにみえるその個々断片をつなぎ合わせていくと、期待のもつこのような役割、すなわち彼の経済空間を〝張る〟座標軸としての役割が明らかになってくる。彼の期待論にはこのような側面のあることを念頭におきながら、以下ではまず期待の微視的側面からみていくことにしよう。

期待論を人間活動論の一環としてみていく場合、期待を前節で論及した知識論、ことに推論の論理学と関係づけておくのが有意義であろう。推論とは、ごく大まかないい方をすれば、既知の知識をもとにして新たな知識(その多くは蓋然的な知識)を得ようとすることである。したがってこの推論は、行動の指針とするために既存の知識をもとにして将来を推し測ろうとする期待の活動と同一の活動形式をもっている。違いはといえば、期待のほうが具体的な人間活動とより直接の関係をもっていること、そして新たに獲得しようとする知識が主として将来にかんする知識であること、これくらいであろう。とはいえこれは些細なことであって、期待を推論と同一視することをなんら妨げるものではない。両者が同一の形式をもっていることに変わりはないのである。このように期待を推論として捉えてみると、ケインズ期待論における期待の特徴と矛盾――この矛盾は期待の内包する矛盾であるばかりか、ケインズの見るところでは経済社会に内在している矛盾でもある――がはっきりしてくる。

ケインズの論理的確率論が、推論それじたいの内容は暗箱にしていることを前節で述べたが、この点は彼の期待論においてもまったく同様である。彼は期待＝推論の中味には立ち入らず、かえってそれを所与としている。したがって形成された期待の良し悪しは、彼の期待論においては、ひとえに手許にある知識(期待や推論の前提となる証拠)の質と量にかかっているのである。質、すなわち証拠の、形成された期待にとっての有利・不利のバランスは、形成された期待の蓋然性(『確率論』での「確率」)を決定し、証拠の絶対量は形成された期待についての確信《コンフィデンス》の度合(『確率論』での「論証のウェイト」)を決定する。確率と確信はともに経済主体の意志決定に影響を及ぼすが、ケインズが重視するのはこれらのうちでもとくに後者のほうである。たとえば高率の投資収益が高い確率で見込まれても、もし投資収益を予想するさいの知識が絶対的に乏しければ予想の確信度は低いはずで、したがって企業はこの投資を躊躇するにちがいない。ケインズの主張によれば、確信の状態(state of confidence)は資本の限界効率表に多大なる影響を及ぼし、そのことを通じて経済問題に関係してくるのである。

だが、ケインズの目にする経済はきわめて不確実な経済、期待を形成するさいの基礎となる知識があやふやで頼りない経済である。彼はこういっている。「数年後の投資収益を支配する要因についてのわれわれの知識はふつうきわめてわずかであり、それはしばしば無視しうる程度のものである。」(56：149, 147*)このような状態のもとでは、確信に満ちた期待を形成することはほとんど絶望的だということになるだろう。じっさい彼は、J・ロビンソンやG・L・S・シャックルらの〝ファンダメンタリスト〟がケインズ理論の決定版だと目する論文(57)の中で、経済社会における不確実性の意義を際立たせて論じ、期待がいかにあやふやで頼りないものであるかということを激しい口調で論じている。こうして、ケインズの論旨を一貫させると、経済社会はおおむねシャックルの描くような、一事が動揺すれば万事が根こそぎ揺らいでしまう万華鏡の世界となってしまうであろう。

ところがケインズはその一方でこういうのである。すなわち、経済が不安定化するのは期待が期待本来の姿をとっていないからである、と。この本来の〃真正《ジェニュイン》な〃期待こそ、長期的視野をもち確信に裏づけられた期待、彼のいう長期期待である。だがこの長期期待は、彼の議論を一貫させればないものねだりに等しい。なぜといって、確信のある期待を形成するためには期待形成の基礎となる知識が量的に豊富でなければならないが、ケインズの眼前にある経済は不確実性の蔓延する経済であり、そこではこのような知識は無いにも等しいからである。それならやはり期待は不安定で根なし草のようなものにならざるをえないのか。――私は必ずしもそうは思わない。知識が乏しくても人はケインズがいうのとは違う意味で確信に満ちた期待を抱くことができる。ケインズ論という本旨からは逸脱するかもしれないが、このような可能性のあることには触れておくだけの価値がある。そのためにはケインズが暗箱にしておいた箱を開け、期待＝推論の中味にどうしても立ち入らざるをえない。

確率論や期待論において彼はいかなるタイプの推論を念頭においていたのか。これは想像することさえ困難であるが、強いて推察すれば、彼は帰納的推論に類したものを考えていたのかもしれない。『確率論』はヒュームの懐疑から帰納法を救い出そうとする目的をもっていたし、現に『確率論』では数章を割いて帰納的推論について論じている。また、この帰納的推論においては証拠となる知識の絶対量が結論命題の蓋然性の度合に直接の影響を与えるということも、『一般理論』における期待の性格をあわせて考えると、上の推測を補強するであろう。

じっさい彼が、「［投資収益に関する期待は］投資の収益に影響をもたらす諸事実について人びとが現在もっている知識との関連においては、一義的に正しい（圏点は原文イタリック）ものであって、それはこの知識の変化に比例してのみ変化するものである、と想定している」（56：152,150*）と述べるとき、彼の念頭にある期待＝推論は確かに帰納的推論の如きであったかもしれない。が、そのことは措くとしよう。ともかく彼が、推論結果が推論の前提となる証拠に、そしてそれのみに依存するような推論を考えていたことは明らかである。そしてこのような証拠に直接に依存するような推論は――たとえば帰納的推論は証拠からの〝類比《アナロジー》〟によって推論を行う――当の証拠や知識が乏しい不確実な状況の中ではうまく機能しえないのである。

　ところが推論の中にはC・S・パースがその重要性を強調した拡張的推論（ampliative reasoning もしくは abduction）というものがある。演繹的推論とも帰納的推論とも異なったこの第三の型の推論。期待＝推論をその内容にまで立ち入って考察しようとするさいには、この種の推論の論理が多くの示唆を与えてくれる。

　拡張的推論というのは、たとえ前提となる知識が限られていても、それを増幅《アンプリファイ》し、このような限られた知識との相対でみれば不釣合いとも思えるほどの豊かな内容をもった結論を導くような推論のことである。この意味でそれは発見の論理と称してもいい。部分的知識から一般的な知識を導こうとする帰納的推論も、演繹的推論のトートロジーに比べると、発見の論理としての性格を多分にもっている。しかしそれは本質においては類比もしくは経験的一般化による推論であるために、導かれた知識の内的豊富さは限られている。これに比べれば拡張的推論は文字通り発見のための推論だといえるのである。

　それではいったい、拡張的推論において限られた証拠を豊富な内容をもつ結論命題に変換する要因は何なのだろうか。確かに直観とか閃きとかいった要因も介在しているだろう。たんに介在するばかりか、これらがこの推論にとっての不可欠の構成要素であることは認めておかなければならない。だが直観や閃きは往々にして気紛れである。拡張的推論が持続的な人間活動となるためには、それらとは別の要因が存在していなければならない。

直観や閃きを生かしながら、なおそれとは区別される要因が存在していなければならない。それを私は証拠を〝解釈〟する能力だと考えるのである。拡張的推論としての期待とは、状況を解釈し、多かれ少なかれ直観や閃きを働かせながらひとまず暫定的な期待を形成し、今度はそれをもとにして現在の状況が納得のいくものかどうかを再解釈し、それによってまた新たな期待を形成してみるというような、循環的な過程をもった推論のことである。したがって私のいう意味での確信とは解釈の妥当性についての確信のことである。ケインズのいう長期期待をこのような意味での確信に裏づけられた期待だと解釈し直せば、不確実性下の長期期待の状態は必ずしも無いものねだりではなくなってくる。

ケインズの長期期待について再検討していこうとするならこのような方向で考えざるをえないだろうし、またそうすることが期待論に実り豊かな展望を拓いていく道だとも思う。再びケインズに戻ると、彼は期待をそれじたいとして論じるよりは、むしろ(長期)期待を論じることによって企業家のほんらいあるべき姿を問題にしていたのだと思う。しかるに企業家はもはや彼の願うような形では期待を形成していない、彼らは投機家と化してしまっているのだ、というのがケインズの現状認識であった。長期期待は知性主義者ケインズの理想とする〝真正〟な期待であるが、現実には真正ならざる別種の期待が企業家を領導している。しかし他方、期待には慣習に導かれて社会に連続性と安定性を与える第三の期待、慣習的期待というものがあることをケインズはいっている。こうして彼の念頭にある期待は長期期待を含めて三つのタイプに分かたれるのである。そしてこれら三つのタイプの期待、不確実性下の人間活動の三類型が、彼の階級区分の基礎をなすことになる。こうしてわれわれはケインズ期待論の巨視的側面に到達するのである。

ケインズの期待論は一方では推論の論理学を介してモラル・サイエンスの人間学的知識論に通じ、他方では期待のタイプにもとづく階級区分を介して彼の経済社会論へと通じている。一般にモラル・サイエンスにとっては、活動論は知識論と社会論を橋わたしする役割をはたしているが、ケインズのモラル・サイエンスにとってもまた、期待論という人間活動論は知識論と社会論を媒介する位置にあるといえる。そしてケインズの場合、期待のタイプによって活動類型が、そして階級が区分され、この階級区分が彼の経済社会論の土台をなしている、というのが私の見解である。

経済学は、新古典派経済学をほとんど唯一の例外として、経済主体を何らかの観点から区分けするのを通例としている。階級とは何よりもまず人が世界を認識するときの視座構造となるものである。階級《クラス》とはクラシファイされたもの、世界を認識するために世界に刻み込まれ、世界の基底をなすと考えられたところの基本要素である。したがって階級区分はたんなる便宜的なものではなく、経済学者の経済社会観そのもの、彼らの構築する経済体系を余すところなく特徴づけるものである。たとえばリカードの場合を例にとってみよう。彼の階級、すなわち資本家、労働者、地主という三つの階級は、表面だけをみればそれぞれ資本、労働、土地という生産要素の所有者であるにすぎず、その限りでは何の変哲もない階級である。このような表面的にみた階級区分に基づく限りでの彼の分配理論は、分配関係が変われば諸価格がどう変わるかという、どちらかというと形式論理に属する理論であって、それは経済社会観と呼べるほどのものでもない。だが、彼の三階級は相異なった生産要素の所有者というより以上の意味をもっている。

これらの生産要素はなるほど物理的属性を異にしており、この異質性が階級区分を可能にしていることは確かである。だがリカードの階級にとって、それゆえ彼の経済社会にとっては、生産要素のこの物理的異質性が有意なのではない。有意なのは、資本についてみるとそれが再生産可能であること、つまり人工的な要素であること、つきつめればそれが〝文化〟の所産だということである。この文化には土地という再生産不可能な〝自然〟が対置される。資本と土地との対比は文化と自然という対比を表意し、この文化と自然という対比こそが彼の経済社会観の根底にある。さらに第三の要素である労働はいってみれば文化と自然の中間に位置し、両者を媒介するものである。労働の所有者である労働者はあるときは生存水準以上の賃金を受け取ることによって〝文化〟の領域に足を踏み入れ、またあるときには生物的な〝自然〟の水準に呻吟する。労働者とは文化と自然の両方の相をもった両義的存在なのだ。リカードの階級区分の背後に読みとることができるのは自然と文化の対比であり、彼の経済社会論は人類学的な広大な視野をもっているといえるだろう。そして彼の経済社会論に色濃く漂うペシミズムは文化に比べて自然が稀少化していくこと（〝自然の吝嗇〟）へのペシミズムであり、また彼の理論を特徴づけるダイナミズムは自然と文化の相克が生み出すダイナミズムだといえるのである。

リカードの三階級と同様に、ケインズの三つの階級、すなわち企業家、投資家、労働者(消費者)という三階級も、表面的にみる限りではべつだんどうということもない経済階級である。たとえばインフレーションやデフレーションが彼らにいかなる影響を及ぼすかということを問題にする限りでは、それらはそれぞれ実物資本、金融資産、労働の所有者としての階級にすぎない。だがこれらを不確実性に対処するときの行動様式、期待の類型の相違によって区分するとき、すなわち企業家は長期期待によって、投資家(投機家、金利生活者)は機会や状況に敏なる機会主義的期待によって、そして労働者(消費者)は慣習的期待によって階級を特徴づけ識別するとき、この階級区分はケインズ経済体系の根幹に関わってくるのである。

不確実性という無知の暗闇の中を長期的な視野と展望をもった期待に導かれてつき進んでいく企業家といった像は、ケインズの理想とする企業家像である。それは、経済騎士道の精神を身に具えた産業の将帥としての企業家、アルフレッド・マーシャル(73)の理想とする企業家像と一脈通じるところがある。もっともマーシャルの思い描く経済的騎士としての企業家はどちらかというと倫理的資質によって彩られた企業家であるのに対して、ケインズのそれは知性と能動性を兼ね備えた存在としての企業家だという相違はあるけれども。

企業家が目先の利益にとらわれずに長期的な期待をもって事に対処してくれたなら、いまこの時代の慢性的な不況はなかったかもしれない。あるいは何らかの手立てによって企業家を長期期待の状態に導いてやれば、この不況も早晩終息することであろう。だが、いまの企業家はおおむね機会主義的に行動し目先の利益しか考えない投機家に変貌してしまっている。このような投機家が経済の中にみずからの場所を占め、経済に構造化されてしまっているからには、彼らを長期期待の状態に導こうとするとかえって事態を悪化させる惧れがある。彼らは投資市場の発達が産みおとした産物であるが、この投資市場はというと、それがつねに流動的な状態にあるのでなければば――そうでないと投機家の活動する余地はない――企業の投資を促進し経済を発展に導くというそれ本来の役割をはたさなくなってしまう。ケインズの現状認識はこのようなものであった。

この投資家あるいは金利生活者は、ケインズのみるところではやはり、経済を不安定な状態に陥れ経済を停滞に至らしめるところの張本人である。ここから彼はこの「無機能」な投資家階級の安楽死を切に願うことになる。だが、機会主義的な期待形成、機会主義的な行動は経済にとってはそれほどまでに無機能なのであろうか。浮動し変動する経済状況の本質を素早く察知し、そのことを通して所定の目的の達成を図る、このように有意義な側面を機会主義はもっているのではないか。じつをいうと、機会主義は一面ではこのような機能をはたしている。機会主義のこの側面はむしろ長期期待、少なくとも私のいう意味での長期期待のもつべき一面である。だが機会主義 (occasionalismus, occasionalism, opportunism) という言葉は、たぶんどこの国の言語においてもそうであろうが、好ましからざるニュアンスをつねに伴っている。わが国の「日和見主義」という言葉がそうである。ケインズが嫌悪し憎悪するのはもちろん機会主義のこのネガティヴな側面である。

じっさい機会主義は付和雷同に陥りやすい。冷静に状況を見つめ、そのうえで将来についての断を下すという回りくどい作業を回避して、人は大衆心理におのれの判断を従属させがちである。ケインズの挙げる新聞紙上の美人投票の例は機会主義のこのような傾向をうまくいいあてている。結果として、投票者の平均的な好みを一番うまくいい当てた者に賞品を与える美人投票においては、投票者は自分が真に美しいと思う人に一票を投じるのではなく、投票者一般の好みを推し測ることに腐心し専念するのである。この美人投票の例からもわかるように、機会主義は日和見主義と化す傾性を内に秘めている。本来の企業家が冷静沈着の知的な騎士だとすれば、日和見主義者としての投資家はケインズにとっては凡庸な大衆にほかならない。

しかし物も考えようで、日和見主義的に行動する人間もそのじつは合理的にふるまっているといえるのではないだろうか。さきの美人投票の例でいうと、自分の真の好みを押し通すことによって手に入る可能性のある賞品をみすみす逃してしまうほうがそれこそ非合理なのではないか。なのにそのどこがおかしいのか。それは、ケインズの思うところでは、このような大衆、あるいは投機家と化した企業家や投資家は、彼らにほんらい期待されているのとは別種のゲームを演じているからである。すなわち賞品獲得のゲーム、貨幣獲得をただひたすらに目ざすゲーム、〝黄金欲〟や〝貨幣愛〟につき動かされるゲーム、をである。長期期待に導かれた知性のゲームは公共の利益に合致しているが、黄金欲や貨幣愛に動機づけられた自由放任の機会主義的ゲームは公共の利益とは真向うから対立する、というのが政治家・政策者としてのケインズの見解であった。

だが、企業家の投機家への変貌は現実である。というより、投機家の機会主義的な行動類型は人間が普遍的にもつ行動類型の一つである。時の力や将来にかんする無知を打ちまかそうとするのも人性《インテリジェンス》なら、早急に結果を求め、手っ取り早い金儲けに熱中するのも人性《ヒューマン・ネーチャ》である。政治家・政策者としての立場を離れてひとたび観察者として臨むと、ケインズはこれら二つの人性を考慮に入れざるをえない。そして観じるに、経済の停滞とその不安定化は機会主義的な人性が優勢となっていることに起因し、このことはまた長期的視野に立とうとする人性がいかに頼りないものであるかということを示してもいるのである。

しかし人間は経済社会のこうした不安定化への傾向を掣肘する第三の人性をもっている。すなわち、人間は一人一人としてみれば無知であるが、種として社会の一員としてみると賢明である、とバークやケインズがいうときの賢明さ、つまり慣習や伝統を知らず識らずのうちにつくり出し、それらを活動の指針とする人間独自の本性がそれである。慣習や伝統はただそれ自体として眺めれば、なるほど惰性であり前時代の遺物なのかもしれない。だが、人間はもともと無知で誤り多き存在だと考えるモラル・サイエンスの文脈にそれらを置いてみるとき、慣習や伝統は人間の無知・無力を補う必要不可欠の要因に転じるのである。これらは不確実な世界に生きることを余儀なくされた人間に「未来の規則性」（ヒューム）を与える。慣習や伝統に依拠するということはただたんに過去からの惰性に身を委ねるということではなく、むしろ未来の規則性を積極的に信じ、この規則性を期待するということである。ケインズの経済体系における労働者もしくは消費者は、労働を提供し、対価として得た賃金で諸財を購入しそして消費するといったありきたりの階級ではない。ケインズにあっては、この階級は慣習に依拠して期待を抱きまた行動する階級として特徴づけられている。他の二階級と対比させると、労働者(消費者)の階級はまさしくそのような存在として有意なのである。

このような識別基準をもつケインズの三階級を合理的経済人として同質化してしまったのでは話しにならない。

そのとき、企業家、投資家、労働者という階級を区別するのは、高々彼らの保有する資産や生産要素でしかない。そしてこのような階級を基礎にして組立てられるのはいたって平板なマクロ経済模型である。しかるにケインズの三階級は長期期待、機会主義的期待、慣習的期待という質的に異なった期待類型によって区別され、このようにして区別された三種の期待をもとにして彼の経済体系は組立てられ、そして立体化されている。ちなみに彼は経済体系の究極の独立変数として「三つの根本的な心理的要因」(56 : 246-247, 245*)、すなわち、消費の心理的性向、流動性に対する心理的態度、資本資産の将来収益にかんする心理的期待、の三つを挙げているが、これら三つの心理的要因はそれぞれ労働者(消費者)、投資家、企業家の階級のそれである。そのさい、〝心理的〟という言葉は人びとが不確実性に対処するときの態度をいいあらわしていると解釈することができる。このような階級区分の表意するのは経済社会の内蔵している変化と連続性、安定と不安定といった類の二項対比であり、このような二項対比はケインズの経済体系ではある種のディレンマとしてあらわれるのである。

四　貨幣経済とそのディレンマ

ケインズを一人の道徳哲学者として描き出し、彼の多岐にわたる著作、確率論から経済学、そして政治上のパンフレットにまで及ぶ彼の著作を、一つのモラル・セオリーの上に配列し直そうとするわれわれの試みは、まず知識論から出発したのであった。知識論がこのモラル・セオリーの第一章たらざるをえないのは、それがこの理論の先行きを決定する道、すなわち方法《メソッド》を提供するからというのではなく、無知を通して知識の状態にいたろうとすることとじたいが一つの人間行為であり、おそらく人間の諸行為の中でも最も根源的で基本的なものだからである。そうだとすると、もっと具体的な経済的、政治的、社会的等の諸行為も、この根源的な人間の知識活動を、たとえそっくりそのままの形でというわけではないにせよ、やはり何らかの形で反映しているに違いない。このような認識が知識論をモラル・サイエンスの第一章たらしめると思われるのである。

このような認識をもとに知識論と社会論を意識的に連結しようと試みたのはケインズよりもむしろハイエクのほうである。『哲学・政治学・経済学論考』(43) という彼の論文集のタイトルと論文の配列は彼の意図するところを端的に示している。そこでの哲学とは知識論そのもののことであり、政治学はヒュームらを中心として論じるモラル・セオリーとしての政治学、すなわち知識論と社会論の混然一体となって融合した政治学、そして経済学とはモラルの社会理論の一特殊分野としての経済学のことである。ハイエクのこれら三つの学は密接不可分に結びついており、それらの各々は一つの専門学科として専門という門を構えることができるようなものではない。それらを「学」という呼称で呼ぶことさえほんらいは不可能なのだ。こうしてこれら諸学は一体となって彼のモラル・セオリーを形づくるのであるが、中でも知識論と経済学は彼独自のやり方で、彼独自の市場観を通して結びつけられている。

ハイエクの見る市場は資源配分の場としての市場というよりは、かえって無知なる個人が彼らなりのやり方で知識を発見し、その発見された知識が広まり伝播されていく場としての市場である。人びとは経済活動を行うにさいして客観的な情報やデータに全面的に依拠することができるわけではない。ふつう経済学は知識がすでに市場参加者の共有財産となっている状態から出発し、そのうえで生産、消費、交換などといった経済活動が営まれる様を考察するが、ハイエクにとっては知識が共有されている状態は市場過程の帰結ではあっても、決してその前提ではない。人びとは大なり小なりみずから独自に獲得した知識にもとづいて行動を起こさざるをえないし、しかもこの知識の多くは彼らが自分の置かれている時・所・状況を彼らなりに解釈して得られた主観的な知識である。そして人びとが生産、交換、消費を行っていくうちに有益な知識が淘汰されていき、そのような知識のみがやがてある種の客観性を帯びていく。ハイエクは市場をこのような知識伝播の場、主観的知識を客観的知識に変容させていく場として捉えるのである。しかもこの市場は理性による計画の所産ではない。それは長い歳月を経るうちに徐々に形成されてきたものであり、市場の中には慣習や伝統やその他もろもろの倫理的要素が体化されている。ごくかいつまんでいうと、彼はこのような形で知識論と経済学との結合を図るのである。

　知識論と経済社会論を連結させようとする試みは、ハイエクとちがってケインズの場合には、はるかに無自覚的である。が、それでもやはりケインズ経済理論の最深奥部には知識論がある。そして両者を媒介し、彼の経済学の直接の基礎となっているのが彼の期待論だとわれわれは考えたわけである。期待論に基礎をおくケインズの経済理論はとうぜんハイエクの市場理論とは異なっている。彼は経済社会の不確実性をよりいっそう強調するところの貨幣経済論として彼の経済理論を構想するのである。

　それでは貨幣経済とはいったいどのような経済なのだろうか。その特徴をケインズは手を変え品を変えして表現している。いわく、貨幣経済とは「実物交換経済」とは違って「貨幣がそれみずからの役割を演じ、動機や決意に影響を及ぼすような経済、端的にいうと貨幣が状況の枢要な要因《オペレイティヴ・ファクター》となっている経済」(55 : 408)のことである。またいわく、貨幣経済とは「将来にかんする見解の変化が雇用の方向だけでなくその量にも影響を与えるような」(56 : vii, xxiii*)経済のことである。彼はまた、貨幣は現在と将来とを連結する精妙な手段である、という有名な文句も残している。

　だがキャッチ・フレーズというものはえてして事の真相の半ばを覆い隠してしまうものである。ケインズのそれにしても例外ではなく、さきの文句は貨幣経済の高々半面を特徴づけているにすぎない。この半面をもって全体に換えようとするとき、経済は変転流転の万華鏡の世界となってしまうのだ。ところがケインズの貨幣経済は、不確実性に起因する変化や変動には慣習や伝統による連続性が、経済の不安定化要因にはその安定化要因が、流動性に対しては固定性が、伸縮性には硬直性が、というふうに、まるで複式帳簿の貸方項目に借方項目が対応するように、一方が他方に対応している経済である。だから、一方の項目にのみ着目し、それらのみにもとづいて描かれた嵐の世界としての経済像は全体像の半面をいいあてているにすぎない、ということになる。また、他方の項目にのみ注目して経済を静穏な社会として描いたとするなら、それは一般的な非ユークリッド的世界を静穏で特殊なユークリッド的世界として描くようなものである。これら二つのいずれかの世界に置かれた貨幣は、いわば片端になった貨幣である。なぜなら貨幣の意義はまさしくこれら対立する様々な二項を結びつけるところに存在するのだから。そして貨幣経済とは、これらの異質の二項が貨幣によって有機的に結びつけられ経済社会の中に構造化された、非ユークリッド的な世界のことにほかならない。しかもそれは力学的機械の世界とは違う。貨幣経済とは、熱機関のように、これら二項の〝温度差〟によって作動し運動する動態的な経済のことなのだから。

期待の様式によって識別された階級区分が関係してくるのは議論のこの文脈においてである。貨幣経済論ではこの階級区分を基礎にして、こんどは彼らの活動の場所である市場が質的に区分けされる。すなわち、企業家の市場、投資家の市場、そして消費者(労働者)の市場にである。もしこれらを市場＝交換の場という面に力点をおいて同質化してしまうなら、いきつくところは平板でありふれた均衡理論である。そのときケインズの貨幣経済理論の特徴はせいぜいミクロ理論に対するマクロ経済理論だということになってしまい、ミクロ理論との相違は高々集計の水準の相違にすぎないことになってしまうだろう。ところがこれらの市場の背後に不確実性に対処するさいの人間行動の相異なる様式を読みとるとき、均衡理論とはまったく違った様相が現われてくる。すなわち、貨幣経済という多面的・多次元的な構造物が姿を現わすのである。

市場の異質性を考察するにあたって、まず市場をそこで取引される財の特性に従って二つの市場に分割し、そこからさらに第三の市場を引き出すという便法をとることにしよう。こうして市場を三つのタイプに分類し、そしてこれら三つの市場と三階級の行動様式との関係をみていくことにしたい。

まず市場を、取引きされる財の使用価値がもっぱらその存在原理となる市場と、一方、財の資産性、あるいはその流動性がその存在原理となる市場との二つに分類することにしよう。そのさいつぎの二つの但し書きをつけておく必要がある。第一に、私のいう意味での使用価値は、効用や快楽をもたらすという意味での使用価値ではなく、財がそれを使用する場面——時、所、状況——に適合しているという意味での使用価値だということである(第五章を参照)。このような適合性は、人が時・所・状況を解釈し、それに見合った財を選びとることによってみずから判断しなければならない場合もあるし、また慣習や慣行によってあらかじめ定まっている場合もある。たとえば冠婚葬祭は後者のケースである。第二に、資産性や流動性をもつ財は貨幣や証券類あるいはすでに据えつけられている実物資産などの狭義の資産には限られない、ということである。これら以外の財であっても、ある程度の物理的耐久性をもつ財は大なり小なり流動性をもちうる。たとえば鮮魚類でも冷凍技術などの保存技術が発達すればこのような属性をもちうることは昨今の例をみれば明らかである。このようにあらゆる財は程度の差こそあれ資産性をもっているといえるのであるが、さきの資産性を存在原理とする市場というのは、金融資産市場のようになかでもとくに資産性が問題となる市場のことをいっている。

こうして、さしあたり市場は、財の使用価値を主たる存在原理とする市場とその資産性をもっぱら存在原理とするところの市場との二つに区分けされるが、そうすればとうぜん、この両者をともに存在原理とするような市場も考えることができるであろう。これがわれわれのいう第三の市場である。財の使用価値のみによって特徴づけられる第一の市場、財の資産性や流動性のみによって特徴づけられる第二の市場、これらと並んで財の資産性と使用価値の双方によって特徴づけられる第三の市場が存在するというわけである。

これら三つの市場は通例の消費財(労働)市場、資産市場、投資財市場の三つにほぼ対応しているといえるであろう。ただわれわれの市場区分の基準は財の使用価値とその資産性(流動性)であって、財の物理的性質、あるいはストックかフローかということとは直接の関係をもたない。たとえば同一の財であっても、たとえばさきの鮮魚類のように、流通段階が異なればわれわれの基準でみた財の性格も異なってくる場合がある。卸売段階でのそれは使用価値とともに資産性も有するが、小売段階までくると資産性のほうはかなり小さくなっているのである。ちなみにカール・メンガーはその主著(76)において、かなりのスペースを割いて商品の理論を展開しているが、この〝商品〟は使用価値と流動性(「販売可能性」)の双方によって特徴づけられる財である。したがってこのような財＝商品が取引される市場は一種の投資財市場とみなすことができるわけである。

消費財(労働)市場、資産市場、投資財市場をわれわれの流儀で分類しなおすと、市場と期待との関係がはっきりしてくる。慣習的期待、長期期待、機会主義的期待という三つのタイプの期待、消費者(労働者)、企業家、投資家という三つの階級、そして消費財(労働)市場、投資財市場、資産市場という三つの市場、これらが一直線につながってくるのである。

まず消費者の活動場、すなわち消費財市場や労働市場から始めることにしよう。ここで取引きされる財は、われわれが特徴づけたところによれば、ほとんど使用価値のみが問題となる財である。労働という財はその典型であって、奴隷制社会を別とすればそれは資産性をまったくもたず、それゆえ投機の対象となることがまったくない。このことは労働以外の財についても多かれ少なかれ妥当しよう。たとえば数の子や小豆などの〝商品〟でさえ、流通の小売段階では資産性を著しく減少させている。このようにこれらの市場で取引きされる財が資産性をほとんどもたないということは、そのぶんこれらの財が投機の対象となることを免れているということである。ということはまた、これらの財の価格がそのぶん安定化する傾向をもつということである。

この傾向はさらにつぎの事情によって強められる。さきに述べたように、財の使用価値は慣習や伝統によって定められている場合が多く、このとき消費は程度の差こそあれ一定の様式《スタイル》をもつにいたるのである。だから価格の大幅な変動が消費慣行の継続を危くするようなことになれば、この価格の変動が人びとの感情的な反発を招くことは必至であろう。こうして価格の変動は少なくとも短期的にはある一定の範囲に抑えられる可能性が大である。古来、公正価格とか正常価格とかいう名で呼ばれてきた価格概念の出所を辿っていくと、慣習や伝統にもとづく消費慣行の存在にいきつくのである。

ケインズが消費慣行や労働慣行の存在をこのような市場の無視すべからざる特徴だと考えていたことは明らかである。このような慣行の存在によって、賃金や価格が少くとも短期的には硬直化する傾向をもつ。このことは彼の貨幣経済論にとっては決して小さくない意味をもっている。このことを考慮せずに、形式論理を押し通して硬直価格は伸縮価格の一特殊ケースにすぎないと主張したとすれば、それは問題の所在を理解しないところから生じた主張である。あるいは慣習や伝統を経済理論にとっての与件だとしたり、ましてそれらを経済の円滑な運行を妨げる障害物だとみなしたりするのは、本末転倒の見当ちがいである。これらとは反対に、慣習、慣行、伝統は、人間社会にとって必要不可欠の構成要素だと考えなければならない。それらは貨幣経済という多次元的な構造物にとってもまた、無視すべからざる必須の構造要素なのである。

この点の考察はひとまず措いて、つぎに投資財市場に移ることにしよう。この市場においてなぜ長期期待という行動原理が必要となるかということは、この市場の特質を考えればおのずと明らかである。企業や商人は将来の収益を目当てにこの市場で使用価値をもった財を購入するが、この財はいったん購入されてしまうと、資産のもつ流動性、あるいは当を得た価値での貨幣への交換可能性を多かれ少なかれ失なってしまう。企業の実物投資の場合にはこのことはとくに妥当するし、商人の在庫投資の場合でもこのような可能性はつねに存在している。このようにいったん投資された財が流動性を低めざるをえないことの理由についてはいくつかの説明が可能だろう。たとえば、投資された財は機械・設備のように企業の中に物理的に固定されてしまうということもあろう。また宇沢弘文教授(129)が説いておられるような、機械類がいったん企業に据えつけられてしまうと、それらは企業の人的・物的資源の有機的全体——企業独得の有機的全体——の一環となり、この機械類のもつ意味が企業ごとに異なるために流動性が乏しくなる、という説明は物理的説明よりはいっそう説得的である。あるいはまた、メンガーの示唆するような説明、すなわちいったん購入された財はすでに「手がつけられている」からという、ただそれだけによっても流動性を低下させるという、多分に心理的な説明にも、ことによると重要な真理が含まれているのかもしれない。いずれにせよ、これら様々の要因が淵源にあって、そして直接的にはこれら実物資産の規則的な(中古品)市場の組織化が困難だという理由によって、いちど投資された財は流動性の度合を低めると思われる。

ここに投資という経済活動が独得の性格をもった経済活動たらざるをえない理由がある。投資の結果が思わしくないからといって、すでに投資された財を〃経済的〃な価格で売却できるという保証があるわけではない。それゆえ投資にさいしてはいやがおうでも冷静沈着な状況判断を行わざるをえず、確信をもった期待形成という作業が不可欠になってくる。ケインズは、経済の将来が現在に連結されるのは耐久設備が存在するからだと述べているが、ここにおいて〃耐久設備〃は〃設備の非流動性〃に置き換えるのが正確というものであろう。設備の物理的耐久性ではなく、その非流動性こそが将来についての顧慮を促し、そしてこの将来への顧慮を通して未来は現在に連結されるのである。

消費者の市場が慣習や伝統を通して過去に道を開いているとすれば、企業家の市場は期待を通して未来に道を開いている。だが、この未来にかんしていうと、それは徐々に、企業家の長期期待によるのではなく、むしろ投機家の気紛れに左右されるようになってきている、そしてこのことは資産(証券)市場の発達によるのだ、というのがケインズの終始変わらぬ現状認識であった。事業規模が拡大していくと他人の資金に依存する割合は高くならざるをえない。そして資金調達を容易にするためには証券市場を組織化して証券の流動性を高めてやる必要がある。つまり貸手のリスクを軽減してやる必要があるわけである。このように証券市場の組織化は経済規模の拡大にとっては必須の条件なのであるが、ケインズによればこれには好ましからざる反面がある。たとえば、株式市場の発達によって企業そのものが株式取得を通じて買い取りうるものになると、いい換えれば、企業そのものが流動性をもつようになると、長期期待のもとに投資活動を行う必要性が企業家にはなくなってくる。こうしてケインズによれば、「ある部類の投資は職業的企業家の真正《ジェニュイン》な期待によるよりも、むしろ証券取引所で取引する人びとの、株価に表われる平均的な期待によって支配される」(56：151,149*)ことになる。企業家の長期期待は投資家の機会主義的な期待にとって代わられるわけである。証券市場で決定される利子率は企業の投資決意に影響を及ぼすから、このような傾向はさらに強まるであろう。こうして、資産市場の発達は資金調達を容易にする一方で、経済を不安定な状態に陥れるのである。

以上みてきたように、三つの市場はその市場に固有の特性ゆえにそれぞれそれらに対応する三つの期待類型と親和性をもつ。ところが、期待どうし、あるいは市場どうしの間には、必ずしも親和性があるとはいえない。とりわけ、資産(証券)市場の発達に伴う資産の高流動化の結果、長期期待は機会主義的期待に浸食されているという事実がある。貨幣経済は矛盾に満ち、どこか遠心的に発散していく傾向をもっているという認識が、『一般理論』その他のケインズの著作を通奏低音のように流れている。それがまた彼に経済への国家介入という最後の手段をとらせることにもなる。確かに貨幣経済は多くの矛盾やディレンマ、そして不安定化の強い傾向を内包している。このことをよりよく理解するためには、反面、貨幣経済は構造安定化の契機をも同時に内包していることを見ておかなければならない。誤解しないでいただきたいのだが、こういったからとて、それは貨幣経済が現に安定的だとか、あるいは秩序だっているとかいうことを意味しない。いおうとしているのは、貨幣経済も一つの経済社会であるからには何がしかの安定化の契機をもっていなければならない、いやもっているはずだ、ということである。そうでないと貨幣経済は端から存在不可能、構造の上で存在不可能の経済だということになってしまうだろう。貨幣経済の矛盾とはこの構造安定化の契機が経済にとって逆機能せざるをえないことの矛盾であり、また貨幣経済の不安定性とはこの契機が徐々に崩壊していくことによる不安定性だという面をもっているのである。

不確実性に包囲された人間の経済において貨幣の貨幣たるゆえんは、それが高い流動性をもっているということである。高流動性は貨幣の存在理由であり、利子を犠牲にして人びとが貨幣を保有しようとするのはそれが高度の流動性をもっているからである。高流動性＝貨幣を保有しておれば、人は必要な時にそれを特定の物に具体化することができる。逆にいうと、人は特定の物に具体化することを延期しようとして貨幣を保有するのである。ケインズの挙げる貨幣保有の諸動機に共通しているのは、人びとの物への具体化を延期しようとする動機である。人びとが貨幣を保有しようとするのは、E・W・シュトライスラー(127)のいい方によれば、「計画を回避するため」(planned to be unplanned)であり、A・G・ハート(36)によれば、それがいつ何どきでも特定の物に具体化できるという「融通性」(flexibility)をもつためである。不確実な状態のもとでは必ず時宜を見計らう必要が生じるが、人は貨幣を保有することによって時を待つのである。

だが貨幣の存在理由である当の高流動性は何によって保証されるのか。もし金貨幣であれば、それにまつわる歴史的、審美的、心理的、等々の要因をもってその高流動性を説明することも可能かもしれない。だが紙幣についてはそうはいかない。それは一枚の紙片にすぎないのである。この紙片が高流動性をもつことの一つの理由として、それが国家によって発行され国家の信用によって裏づけされていることがあげられるかもしれない。が、それは紙幣が高流動性をもつことのいわば大前提である。フランス革命時のアシニァ紙幣や第一次世界大戦後のドイツ・マルク紙幣に起こった価値の大暴落と流動性の低落は、確かに国家に対する信用の低下にその因を帰せることもできようが、ここで問題にしているのは、国家が政治的に安定している平時においても流動性の度合が変化する可能性があり、それでもなお貨幣が高流動性をもつ傾向にあるのは何故かという、高流動性のいわば小前提を探し出すことである。

まさしくこの文脈において消費財市場や労働市場のさきに論じた特性がかかわりをもってくるのである。繰り返していうと、労働や多くの消費財は資産性を大なる程度欠いているために投機の対象となることが少なく、一方これらの財の使用については慣習要因が大きな影響を与えている。ことに労働は資産性をまったくもたないために投機の対象となることはなく、一方、労働慣行や公正観念が労働の売買において一定の役割をはたしている。このためことに労働については、その価格たる賃金はかなりの程度において固定化しがちである。そしてこれら労働や消費財の購入対価が現物ではなくて貨幣で支払われているという事実、さらにこれらの財の取引は全経済的取引の相当割合を占めているという事実、これらの事実がおそらく貨幣の高流動性を保証するのである。つまりこのような事実があるために相対価格のみならず絶対価格もまた安定化する傾向をもち、それによる貨幣価値の安定化が貨幣の高流動性を保証すると思われるのである。ケインズが「貨幣と利子の本性」という『一般理論』の一章で何とかしていおうとしているのはまさしくこのことである。貨幣はそれが消費財市場や労働市場を流通していくうちに、それらの市場が内蔵している慣習要素、安定化要素を掬いとっていくといえるのである。

このような考察を踏まえると、貨幣経済に内在する矛盾もしくは不安定化の傾向がいかなるものかが明らかになる。まず、ケインズが強調したことであるが、貨幣の高流動性は不確実性に対処するための便宜を与える反面、というよりはまさしくそのことのために、経済を不況に陥れる、あるいは不況からの脱出を阻害するという面をもっている。不確実性の度合が高いと企業家は投資計画を遅延させ、貨幣を保有することによって好機に備えがちである。また投資家は投資家で、証券類に比べて相対的に流動性の高い貨幣を保有しようとするであろう。こちらは利子率を引上げる方向に作用し、不確実性が軽減しない限り利子率はそう簡単には下がろうとしないだろう。そしてこのことによって企業の投資はますます阻害されることになる。こうして、貨幣の高流動性は不確実性に対処するための便宜を与えるとともに、経済を停滞に陥れるための原因を提供しもするのである。

それでは何らかの原因によって貨幣の流動性が低下したとしたらどうだろう。あるいはシルヴィオ・ゲゼルの提案する「スタンプ付き紙幣」のように、紙幣に定期的に有料のスタンプを貼り替えることを義務づけ、そうすることによって貨幣の持越費用を高めたとしたら事態はどのようになるであろうか。なるほど一時的には上述したこととは逆のことが起こるかもしれない。投資は促進され、貨幣を証券に換える動きも活発化するであろう。利子率は低下し、このことがまた投資活動をいっそう活発にするかもしれない。だがこのような効果はたぶん一時的なものでしかないであろう。このとき経済は不確実性に対処するための便宜＝高流動性を多かれ少なかれ失うわけだから、ケインズの願う〝真正〟な期待に導かれる類の投資とは異質の投資、つまり機会主義的な投資、機会に身を投じるところの投機が優勢になる可能性が大きい。貨幣以外の金融資産は貨幣に比べて相対的に流動性を高め、一般の商品も資産としての性格をますます強めるから、投機が日常茶飯事と化し、経済は不安定化の度合を強めるだろう。それがもとで貨幣の流動性はいっそう低下し、事態は悪循環していく。

さらに現代のように、新製品が泡のように現われては消え、消えては現われる時代、消費慣行や労働慣行がしだいに崩れ去っていく時代、一言でいうと消費者や労働者がいわば機会主義的に行動するようになってきている時代、このような時代においては貨幣経済の安定化の契機それ自体がしだいに失われていく。

このように、貨幣経済は八方塞がりのディレンマや不安定化の傾向を内包した経済である。それらは形式論理上のディレンマや不安定性などでは毛頭なく、いってみれば社会構造上のそれである。ケインズの貨幣経済論はモラル・セオリーとしての経済社会論であって、人間学に基礎づけられた期待論がその根底にあり、不確実性に対処するさいの期待の諸様式によって市場が質的に区分されている。そしてこの経済においては、安定と不安定、連続と変化、過去と未来といった様々な二項対比が貨幣を介して連結されている。貨幣経済はこれら二項の〝温度差〟によって作動し、この温度差を利用して時間という経路の上を突き進んでいくことを余儀なくされている経済である。温度差が消滅するとたちまち経済は停滞の深みに陥り、温度差が度を超えると経済は過熱化し不安定化する。ケインズ持前の楽観主義の背後にはどことなくペシミズムの色が漂っているが、思うにそれは、動きつづけることを強いられ、いちど立ち止まってしまうと真っ逆さまに停滞の深みに落ち込んでいかざるをえない貨幣経済の本性を垣間見た者の、強迫神経症的なペシミズムの色である。

五　実践家の眼

モラル・システムとしての社会は機械とは異質の微妙かつ精巧な構造物である。この構造物が変化に遭遇し機能不全に陥りつつあるとき政策の問題が生じるが、とうぜんそれは技術的性格のものではありえない。油をさし、部品を交換し、いわんや新たな設計のもとに新たなシステムを考案するなどというわけにはいかないのである。そうかといって事態を静観し、成行きに任せておくと重大な結果を招く惧れもあるから、やはり何らかの措置を講じる必要がある。だが既成の理論をたよりに政策の処方箋を書くには状況はあまりにも複雑である。理論通りの処方は往々にして、手術は成功したが患者は死んだ、という自己満足に陥りやすく、またベッドの丈に合わせて手足を截つという、プロクルステスの寝台の類の本末転倒に帰着しがちである。モラルの領域における政治や政策が人事の中でもとりわけ困難で複雑微妙の業たらざるをえない理由がここにある。

政治家や政策者はつねに状況の中にあり、この状況の何たるかをつねに念頭においておかなければならない。このことに触れてエドマンド・バークはこう述べている。「政治家は大学の教授とは違う。後者は社会についての一般的な見解をもっているにすぎないが、前者、すなわち政治家は、そのような一般的見解と結びつける状況、そして頭の中にたたき込んでおくべき状況というものを数多くもっている。状況の数は無限、かつそれらは無限の仕方で結びついており、しかもそれらは可変的で一時的なものである。状況を考慮に入れない政治家は誤りをおかしているどころではない。そのような政治家はまったくの狂人なのだ。」(18：41) 状況を念頭におかない政治家を狂人だといい放つとき、バークは状況の中に生きる政治家としてのみずからの自負を述べている。

イギリスの道徳世界の思想家たちは、政治家バークほどではないにしても、やはり何らかの形で政治という実践の領域に足を踏み入れており、バークと同様に状況の真只中に生きている。彼らは理念の王国に遊び永遠の相の下に生きるタイプの人間ではない。あらゆる人間は生まれながらにしてプラトン主義者かアリストテレス主義者か、そのいずれか一方に属するというコールリッジの見解に一理あるとすれば、彼らは文句なくアリストテレス主義者の側に属している。抽象よりは具体の、観念よりは経験の、そして理想よりは現実の世界に居を構える彼らは、どうみてもプラトン主義者とはいいがたい。

状況の中に生き、つねに状況と対峙している実践家にとっては、先験的に教えられ、それを手本として状況を解釈し、そこから政策の手立てを引き出すことのできるような、そのような理論などは存在しない。もし理論と呼ばれるものがあるとしたら、それは彼らじしんの状況解釈こそが理論にほかならない。理論がこのような性格のものであるとしたら、彼らが実践家であるということは、とりもなおさず彼らが理論家、社会哲学者であるということでもある。

しかし、たとえ先験的な知識や理論が複雑な状況に立ち向かうには無力だとしても、歴史や伝統の知恵がその肩代わりをしてくれるのではないだろうか。歴史や伝統はモラル・サイエンスの社会理論においてはひとかたならぬ意味をもち、人びとはそれらを社会に連続性を与える最重要の要因だと考えたのであった。この歴史や伝統は政治上の実践に対しても少なからぬ指針を与え、実践のための教材の役割をはたしてくれるのではないだろうか。――一面では然り、一面では否である。確かに歴史には先人たちの知恵が集積されており、先例や慣行はいまだかつて経験したことのない新たな状況を前にして進むべき道を切り拓くための素材は提供してくれるだろう。だがそれはあくまでも素材でしかない。というのは、新たな状況に対して先例や慣行を盲目的に適用するのは、抽象公式をもって現実を截つのと少しも変わるところがないからである。「歴史をその本質において、すなわちそれが潜勢的《ポテンシャル》なものであり現在という時点で発見を要するものであることを理解しないで、過去に現われた事実をもって歴史だと解するのは、道徳的理性にかんする誤解にもとづいている。」(C・パーキン)(97：123) バークやバークの解釈者としてのパーキンがいうように、先例や慣行はただそれ自体としては政策の指針とするに堪えない。それらはあくまでも潜勢的なものにとどまるのであって、それらは新たなる状況のもとで解釈し直されなければならない。この解釈という作業を通して始めて、それらは実践家にとっての一指針となりうるのである。実践家にとって必要とされるのは数学者や工学者の理性ではなく、何よりも解釈する知性、状況に没入し、状況を構成するいくつもの微妙なバランス関係をつねに念頭におき、状況の複雑な網の目を解きほぐしていくところの思慮(プルーデンス、アリストテレスのいうフロネーシス)である。

それではケインズはどうかというと、確かに理性主義への傾きはあるものの、彼もまた本質的にはアリストテレス主義者であり、実践家としても道徳哲学者の列に伍している、というのが私の感想である。個人としてみれば、彼は多くの人たちの証言するように功利主義者でもあれば審美主義者でもあり、あるいは機会主義者である反面で理想主義者でもあったのかもしれない。だが政治家、実践家としてみるとこのような個人的な顔は背後に退いてしまう。政治家として難局の打開を図るためには功利や理想によって現実を象どるわけにはいかない。政治家に要求されるのは、状況を構成している無数の要素の中で本質的なものを瑣末なものから選り分け、選り分けられた本質的な諸要素を再配置すること、一言でいえば状況を解釈することである。『一般理論』は体系書というよりは、むしろ状況解釈の書という感が強い。そして状況を解釈するにあたってモラルの実践家が人間の本性に通暁していなければならないのは、いまここに生起している状況をもたらした究極の要因は、ほかならぬ当の人間だからである。

政治家として時の経済の状況に対峙していくうちに、彼は経済社会の中には可変要素とともにある不変の要素が埋め込まれていることを知るようになる。この不変要素は良くも悪くも経済社会の現在や将来の動向の鍵を握っており、この要素から目を逸らしたり、ましてこの要素を消去しようとしたりすると、事態はいっそう悪化する可能性がある。W・A・モートンが的確に指摘しているように、「ケインズは、社会構造は完全に流動的ではなく、固体ではないが少なくとも粘着性の物体に似ているのだという考えを抱いていた。しかるに彼の反対者たちは、一般に社会構造がより流動的なものだと信じていた。」(89 : 61) モートンのこの一節は、ケインズと当時の(そして今日の)経済学者の社会観の相違をものの見事に表現している。ケインズは、社会が本性上完全に流動的ではありえないことを見てとったために、社会を流動化するのでなく、かえって社会の半流動体的構造をそっくり保ちながら、財政・金融政策によって社会を同心円的にインフレートする途を選ばざるをえなかった。彼はいまにいう意味でのインフレ主義者であったはずがない。なるほどデフレ政策に対してインフレ政策を主張したというのならそうであろう。しかし社会が本性上半流動体的であることを認識している者が、インフレーションの弊害、社会の流動化を促し、貨幣経済の基礎をつき崩しかねないインフレーションの弊害を頭の中に入れていなかったはずがない。ケインズを計画主義者として手厳しく批判するあのハイエク(42)でさえ、ケインズが戦後ながく生き永らえていたなら、戦後のインフレ政策に対する断固たる闘士になっていただろうという感想をもらしている。

モラル・サイエンスの実践論の中核には「便宜」(expediency, convenience) の思想があるが、実践家としてのケインズの背後にもこの思想がある、といってもあながち的はずれではないと思われる。「便宜」――J・S・ミル(78)によれば、「善」が道徳の領域の、「美」や「崇高」が審美の領域の、それぞれ原理であるように、この「便宜」(expediency) は政策の領域における基本原理となるものである。バークの統治の基本原理をなすのもこの「便宜」である。彼はいう。「人間がみずからを治めるという完全無欠の権利から何がしかを減じ、この権利の上に人為的・実定的な制限を画すに至ったまさにその瞬間から統治の全組織は便宜 (convenience) の問題となる。」(17：77*–78*) モラル・ポリシーの指導原理であるこの「便宜」主義は通常理解されている意味での帰結主義ではない。というのは、結果に重きを置く点では似ているが、「便宜」主義の強調する結果なるものは、「社会にとっても、そのなかのすべての個人にとっても善だとみなされる」目的(バーク)(16：98) に対する下僕であることが強調されるからである。このように「便宜」主義は帰結主義とは異なるが、かといってそれは、帰結主義とは正反対の位置にある理想主義と同じだというわけでもない。個人や社会にとっての善は、理想の彼岸にではなく、あくまでも現実の比岸にあるものである。また政策者の観念的な理想によってあるべき社会を構想しようとするのは「便宜」主義者にとってはむしろ不遜きわまりないことなのである。

これまでたびたびバークを引き合いに出してきたが、現にケインズの著作の中にもいたるところバークの声がこだましている。ケンブリッジに在学中、バークの標準版全集を買い込み、それのみか「バークの政治思想」と題する懸賞論文を書いて賞をものにしたというほどだから、親しむところはあったのであろう。もっともこの時のことを友人の一人は「少々厭味だった」と回想しており (30)、のちにブルームズベリーに集うことになる彼のエリート主義の臭いが紛々としていたことは想像に難くない。

しかしのちにいたって彼がこう書いたとき、すなわち、「バークが『立法上のもっとも微妙な問題のひとつ、すなわち国家がみずから進んで公共の英知にしたがって指揮監督すべきものは何であり、国家が能うかぎり干渉を排して個々人の努力に委ねるべきものは何であるかを決定する問題』と呼んだ問題は、これを抽象的論拠に基づいて解決することはできず、その詳細にわたる功罪に基づいて論じなければならない」(53：345*) と書くにいたったとき、彼はみずからの政治的実践の中でバークの「便宜」の核心を垣間見ていたのだと思う。ケインズは実践の領域においてもまた正統派経済学の技術主義的な政策に対して、〝反〟革命を企てようとしたのである。

第八章　法と自由

一　はじめに

「まだ政治理論という学科が存在するのであろうか」と問う政治哲学者アイザィア・バーリン(12)にならって、私もまた「まだ経済理論という学科が存在するのだろうか」と問うてみたい気にかられる。政治学と同様に、いやそれ以上に、経済学もいまでは経験科学として確立するに至っており、経験によってテストしたり確証したりすることのできない「経済理論」は形而上学として一蹴されるのが現在の状況だからである。たしかに、形式科学でも経験科学でもない「経済理論」はいまではほとんど消滅したかにみえる。しかし私は、政治理論が消滅しつつある状況の中にあって、正義とはなにか、国家とはなにかといったタイプの問いに答えようとする、あるいはそのような問いに対して与えられた解答をめぐって考察を行おうとする政治理論、この政治理論の存在理由を説くバーリンと同様に、自由とはなにかという問いから発して、経済理論の存在理由を主張してみたい。

二　自由と強制

経済学には一種の景気循環のようなものがあって、主義や見解の盛衰が交互に現れるという現象がみられるが、とりわけ自由をめぐる見解の循環はじつにみごとな周期波動を描いている。自由と強制、自由と計画、自由主義と介入主義、市場経済と計画経済、小さな政府と大きな政府、……。一方がインフレートすれば他方がデフレートするというふうに経済思潮は波をうち、そして現在、反ケインズ主義の旗幟をかかげて、経済学は自由の季節に突入している。いい添えておくと、このケインズ主義は前世紀の自由放任主義にその終焉を宣告し、政府の経済介入の必要性を積極的に主張したのであった。

自由主義と介入主義のこの景気循環は、その振幅をしだいに大きくしながら進行してきたように私の目にはみえる。たしかに現代の資本主義は修正資本主義と呼ばれ混合経済と呼ばれているように、国民経済における政府活動のウェイトはいまでは無視することのできない大いさをもっている。最近よく、民間の活力とか経済の活性化とかいった言葉を耳にするが、これとて政府の活動をできるだけ抑えた「警官つきのアナーキー」（カーライル）あるいは「夜警国家」（ラッサール）というような古典的な状態への回帰を目ざそうとしているのではなく、いわば公私の境界線を少しでも私のほうにおし拡げようとする試みだとみなすのが妥当なのである。このように自由と強制、自由と計画、自由主義と介入主義は今日では仲良く共存し、事実としては両者の循環の振幅はしだいに小さくなってきている。しかるに私が振幅が日増しに大きくなってきているというとき、いおうとしているのは、自由と強制、自由と介入が、当初もっていた緊張関係をしだいに失って、ということはつまりこれらの言葉が当初もっていた多彩なニュアンスをしだいに失って、いわば黒か白かという形で対置せしめられ、このような両極端への単色化が日増しに進んでいる、ということなのである。介入主義の季節にあっては自由主義が黒く色どられ、反対に自由主義の季節においては介入主義が黒く染め上げられるという具合に、白と黒の色分けがしだいに明瞭になってきており、自由の景気循環はこの両極端の間を大きく揺れ動くようになってきている、ということである。

事態がこのようになってくると、自由主義も介入主義ももはや独力で自己の存在意義を主張するということはなくなってくる。一方の存在意義は他方の側における失策の存否にかかってくるのである。フリードマンのマネタリズムや合理的期待形成学派はケインズ政策の失敗によってその存在理由を見出す、つまり反ケインズ派としてみずからの存在理由をかち得る、といってもあながち過言ではない。戦後、先進諸国はケインズ政策を採用し、そして政府支出を増大させていったが、歳入が歳出に伴わず、その結果、赤字財政が慢性化していった。そして、赤字財政の顕在化と時を同じくして起こった景気の停滞はなべて政府の経済介入にその責を帰せられていく。フリードマンの『選択の自由』はまるで介入主義のあら探しの集大成であるかのような観を呈しており、彼の主張する自由主義はつづめれば反介入主義のことにほかならない。彼にとって反介入主義は自由主義を定義するものなのである。

それでは半世紀前に、ケインズが自由放任を批判したときにはどうであったか。彼の介入主義は反自由放任主義によって定義されているのではない、といえるであろうか。

なるほど、人間性についての理解、人間事象に関する蘊蓄にかけては、フリードマンとケインズとの間には数段の差がある。自由主義者のほうが人間の領域に通暁し、介入主義者は技術者の発想にたつ、というのが通り相場であるが、人間性の理解に関するかぎり、〝自由主義者〟フリードマンと〝介入主義者〟ケインズとでは事情は逆だといってよい。そもそもケインズが批判の矢を向けたのは〝われをして自由になさしめよ〟という自由放任主義に対してであって、決して自由主義一般に対してではなかった。むしろ彼は自由放任主義と自由主義との間に一線を画していたのである。ロック、ヒューム、サミュエル・ジョンソンらの「保守的個人主義」、ルソー、ペーリ、ベンサム、ゴドウィンらの「民主的平等主義」、アダム・スミスの「私的利益と公共善との間の神の摂理による調和という思想」、これら三つの思潮がたぶんケインズの念頭にあった自由主義であって、これらと適者生存のレッセ・フェールとの間にはとある一線が画されていたのである。だが彼は、自由放任とは区別された自由主義に深く立入ることはしなかった。思想としての自由主義がなにものであるかということはおそらく彼の関心の外にあったのだ。問題は、自由主義とは異なった出自をもつレッセ・フェールという主義が、いま一方の自由主義を圧倒し併呑していったという事実、さらに自由放任が国民経済の機能を害っているという事実、であった。もし自由放任が事実として完全雇用をもたらしていたとしたなら、自由放任に対する彼の批判の中心部分はその根拠をなくしてしまったにちがいない。残るのは、利己主義や貨幣愛というものに対する審美上の非難、あるいは弱者をかえりみないソーシャル・ダーウィニズムに対する人道上の非難だけであったろう。

つまりケインズの介入主義もやはり反自由(放任)主義としてみずからの存在理由をかち得たということである。自由(放任)主義では経済はうまく機能しない、だから政府の介入が必要だという彼の主張は、介入主義では経済はうまく機能しない、だから小さな政府を志向すべきだとするフリードマンらの主張と、方向こそ違え、同列にあるといえるのである。

自由主義が介入主義を、介入主義が自由主義をそれぞれ貶めることによってしか自己の存在理由を主張しえないというのは、なにもフリードマンやケインズの例にかぎったことではなく、理念や観念に立入ることを忌避する経済学の学としての性格からして、ひっきょう、そのようにならざるをえないのだ、と私は考える。経済学はソーシャル・エコノミーとポリティカル・エコノミーという二足の草鞋をはいてみずからを展開してきた。一方では社会認識の経済学として、他方では実践志向の経済学として。そのさい両者は互いに独立し没交渉のまま発展してきたのではなく、一方が他方に養分を与え、相互に力を貸し合うという形で経済学という科学を形成してきたのである。社会認識の学と実践の学が結びつくとき、いきつくところは事実を重視する経済科学としてのそれである。ここにおいて〝事実〟と〝経験〟とはほとんど同義であって、いまここにある事実＝経験の間の相互関係をうち立てることに経済学は腐心し専念してきたのである。とうぜん、言葉や名称はたんに事実をいい表わすだけの規約的なものとなってしまう。自由という言葉もその例にもれず、自由という言葉が掬いとってきた自由をめぐる諸観念、自由という言葉がもつ多彩なニュアンスは削ぎ落とされ、単色化されざるをえない。自由の景気循環は字義通りの物的景気循環と軌を一にしてしまうことになってしまう。自由主義の経済的パフォーマンスが悪いとみなされれば自由主義はデフレートし、そのパフォーマンスが良好だとみなされれば、自由主義は一転してインフレートするに至るわけである。

自由という語は現代の経済学においてはもはや独自の意味内容を担ってはいない。そもそも自由の主張と反自由の主張が入れかわり立ちかわり現われるということ自体が、自由や自由主義という言葉が自律した意味をすでに喪ってしまったことの証左であるといえるだろう。残されたのは言葉の残骸であり、勝手気儘の自由、あるいは空疎なイデオロギーとしての自由主義である。手っとり早くいうと、現代の経済学は自由の概念がなくてもすますことができるようになった、これを裏返すと、自由の概念がなくてもすませるように、経済学が変質してしまった、ということである。

このような経済学に比べると、政治学においては自由の問題と学との間の関係はずっと緊密である。自由の問題は政治思想上の中心問題のひとつであったし、経験科学としての色彩を濃くしている今日の政治学においてもやはりそれが重要な問題であることに変わりはない。ハンナ・アーレント(2)によると自由は政治学のレゾン・デタであり、バーリンによれば自由の問題は政治学の根本問題である。なぜそうかというと、人びとの目的の間に大なり小なり不一致や齟齬のあることが人間社会の特質であり、そうだとすれば、自由と強制、自由と服従との間の拮抗は、全体主義的社会、あるいはユートピアとして夢想される社会を別にすれば、それこそ人間社会にとっては大問題となるからである。人びとの目的の間になんの不一致も存在しないなら、残るのはせいぜい、共通の目的を達成するためにはどのような手段を採ったらいいかという、手段の問題、技術の問題のみである。目的や利害の不一致が自由と強制という問題を生み出し、自由と強制について論じることは政治社会そのものを論じることにほかならない。政治社会とは自由と強制の緊張関係のうえに成り立っている社会のことだといってもいいのである。

先に経済学における自由概念が色あせていったのは経済学それ自体の変質と軌を一にしていると述べたが、じっさい、古典派、とくにアダム・スミスの経済理論においては自由という言葉はそれ独自の意義を有し、自由の問題は経済理論の中心的な論点であった。かつての経済理論と現代の経済学——両者はそれぞれモラル・サイエンスとしての経済理論と経験科学としての経済学であり、自由概念の退化はモラル・サイエンスとしての経済理論の経験科学としての経済学への変質と軌を一にしていると思われるのである。

経済理論のこの変質をみるためには、スミスの例の〝見えざる手〟がスミス当人と今日の経済学とでは意味内容にどのような相違があるかということをみていくのが好都合である。

見えざる手に関する『国富論』の有名な一節でスミスはこういっている、「かれ〔生産者〕はふつう、社会一般の利益を増進しようなどと意図しているわけではないし、また自分が社会の利益をどれほど増進しているのかも知らない。……だがこうすること〔自分自身の安全をのみ思い、自分自身の利益のみを考えること〕によって、彼は、他の多くの場合と同じく、この場合にも、見えざる手に導かれて、みずからは意図してもいなかった一目的を促進することになる。かれがこの目的を意図していなかったということは、その社会にとって、これを意図していた場合にくらべて、かならずしも悪いことではない。自分の利益を追求することによって、社会の利益を増進しようと真に意図する場合よりも、もっと有効に、社会の利益を増進することもしばしばあるのである。」(126：388*) 彼は、人びとが自分の利益のみをおもんぱかると、かえって社会的利益は増進するといっている。私的利益の社会的利益あるいは公共善への転化は、マンデヴィルの、私悪変じて公益となるという、私益の公益への転化と同一の発想に立っている。

私益の追求が公益の増進につながるという見解は、とうぜん、政府の経済への介入は必要最小限にとどめるべきだという主張に導かれる。そして、「特恵あるいは制限を行ういっさいの制度がこうして完全に撤廃されれば、簡明な自然的自由の制度がおのずからできあがってくる」というスミスの自由主義は今日のフリードマンらの自由放任主義とまったく同一の平面にあるかにみえてくる。だが両者は似て非なるものである。

私益を公益に転化させる過程は、レッセ・フェールの市場経済理論においては、需要と供給の均衡をもたらす市場均衡化の過程のことにほかならない。神の見えざる手とは、市場という均衡化機構のたんなる喩えにすぎなくなっている。価格のみをみて消費量や生産量を決めるという消費者や生産者の自由とは、いってみれば真空中

の *in vacuo* の自由である。真空の中の自由主義が現実に秩序や調和をもたらすかどうかということは別にして、レッセ・フェールの経済学は少くとも理論の上では自由が市場に調和をもたらすと考えないわけにはいかないのだが、そのさいの調和とは市場のメカニカルな均衡のことなのである。

市場が需給調整の機構だと観じられると、政府の役目は市場という機構装置を円滑に作動させるために、たんに油をさすことだけだ、ということになってしまうであろう。それ以上の手を加えることは、力学法則に勝手に手を加えることにほかならず、そうすることによって市場機構の正常な運行は妨害されることになるのである。公と私、政府と市場の二極分解はここに完成され、そして私的領域としての市場経済は〃神〃なき機構と化してしまうのである。

市場の〃神〃なき機構への変貌は、道徳哲学者スミスにとっては思いもよらぬことであっただろう。私的利益を公共善へと転じさせるところの見えざる手は、彼にとっては決して市場の自動調節機能のたんなる喩えなどではなかった。それ以上にもっと実体的な意味を担っている。そもそも彼のいう「自然的自由」も真空中の自由、自由放任の自由ではなかった。今日二極分解してしまった公と私の間にはモラルの領域が存在しており、この領域こそが彼にとっての、また古典派経済学者にとっての経済社会なのであった。

モラルの領域は人間が理性的に計画し構成したのではない。それは人間の恣意的な構成物ではないという意味である種自然としての性格を帯びている。いや、理性主義者なら理性の産物をこそ自然と呼ぶだろう。理性主義者にとって理性とは人間の自然にほかならず、だとすれば、人間が理性に従って構成したものは自然的なものであるに相違ないからである。理性主義者にとっての自然とは理性に合致したあるべき状態としての自然、〃自然化する自然〃、ナトゥーラ・ナトゥーランスのことである。このような理性主義の自然に対して、古典派にとっての自然とは、歴史的な自然、〝自然化された自然〟、ナトゥーラ・ナトゥーラタの自然、すなわちコンヴェンションやトラディションとしての自然である。

自然化された自然は、しかし反面では、人間の所産《アーティファクト》、奇妙にきこえるかもしれないが理性主義の自然以上に人為的なものである。なぜなら理性の所産としての自然は抽象的な理性から天降った限りにおいて自然としての意味を付与されるのに反し、コンヴェンションやトラディションとしての自然は生身の人間から生み出され歴史の中で蓄積されてきたものだからである。自然と人為が混然一体となって融合したコンヴェンションやトラディション――これらが充満した領域がモラルの領域である。

とうぜんのことながら、モラルの領域における自由は無拘束の自由、自由放任の自由ではない。それはある意味で拘束された自由である。ある意味で、というのは、それは自由放任主義者が非難するような私的領域の外部からの拘束ではなく、私的領域内部からの拘束だからである。

市場がメカニカルな機構などでなくかえってモラルの領域であることは、エドマンド・バークによって明快に述べられている。私的な経済の領域が決して自由放任の領域などでないことはバークにとっては自明のことだった。『穀物不足にかんする思索と詳論』(19) は彼の経済学上の著作としてはほとんど唯一のものであるが、そこにおいて彼は、公と私、政府と市場との間の線引きの基準を一方の強制、他方の自由に求めてはおらず、それらを「法に属する」領域と、「コンヴェンションだけが規制できる」領域とによって区分けしているのである。

「国家が公共の英知によってみずから指導の任にあたるべきものは何であり、できるだけ干渉しないで個人の分別にまつべきものは何であろうか」という『穀物不足』の一節 (19 : 268*) は、ケインズの『自由放任の終焉』にも引用されている有名な一節であるが、この問いに対する彼の回答は、国家はみずからがつくったものだけに自己の仕事を限定すべし、つまり狭義の法に属することのみに自己を限定すべし、ということであるに対し、コンヴェンションのみが規制できるものは個人の分別に委ねよ、というものであった。「コンヴェンションだけが規制できることに対して、偉大な政治家たちは傾向をあたえることはできるかもしれないが、法をあたえることはできない」(19：269*) というのが彼の見解であった。

このようにバークにおいても、私的領域としての市場経済は自由放任の領域ではなく、慣習の領域、モラルの領域であることが、まるで当然のこととして念頭に置かれていたのである。

三 法の下の自由

自由放任という無拘束の自由の上に構成される市場経済理論と、慣習や伝統によって内部から拘束される自由がほんらいの自由だと考えるモラルの経済理論(モラル・サイエンス)との相違はつぎのような図式によって対蹠的に描きだすことができる。

先に、自由放任の経済学は市場を均衡化をもたらす機構装置とみなさざるをえないと述べたが、このような市場においては、各人各様の経済活動は、いってみれば、引力と反発力によって均衡する。この均衡は天体の均衡と同様に真空の中の均衡であって、様々な方向を志向する経済活動の利害が引力と反発力によってつり合いを保つような力学的な均衡のことである。しかるにモラルの領域の秩序は力学的均衡の秩序とはまったく別物である。むろんこの領域においても人びとの目的や利害は同一の方向を向いているというわけではない。もし人びとの目的や利害が一致したなら、政治が技術の問題に退化するのと同様に、経済の問題も、共通の目的を達成するための手段の選択の問題へと退化してしまうであろう。人間の目的や利害が四方八方を向いているというのは、やはり経済理論の出発点なのである。だが、モラルの領域の秩序は、このような目的・利害の力学的均衡の秩序などではない。いやしくも秩序に向かう傾向があるとすれば、それは四方八方に飛散ろうとする点と点の間に何かゾル状の物体が流し込まれ、このゾル状の物体によって経済行動が掣肘をうけることによる。それはあくまでもゾル状の物体でなければならない。空気のような無抵抗の物体であれば事態は自由放任の事態と同一になってしまうだろう。かといってまた、それはセメントのような固形の物体でもない。その場合には個人の自由の余地はまったくなくなってしまう。自由でありながら自由放任ではない、このような状態をもたらすのがゾル状の物体であり、このゾル状の物体に対応するのが、モラルの領域ではコンヴェンションやトラディション、あるいはそれらに体化された広義の法である。モラルの領域を特徴づけるのはこのような法の存在であり、モラルの経済理論にとっては、この法は行動の与件や外殻といったものでなく、経済行動そのもののあり方を特徴づける。その意味で慣習という法はモラルの経済理論の中心的な柱をなすのである。

スミスらの古典派から新古典派へ、そして新古典派からやがて今日の新々古典派へと至る経済学の流れは、人間事象としての経済についての考察の深化などでは毛頭ない。それは人間事象の内在的考察からその外的形式の精緻化へと向かう、すなわち人間事象の考察の断念へと向かう、不連続の流れであったといえるだろう。古典的自由主義の経済理論から自由放任の経済学、そして形式の経済学へと至る流れは、どうみても連続性をもった流れではない。自由主義の経済理論と一口にいっても、古典的なそれと今日のそれとの間には、一見しただけでは気がつかないが、その実は天と地ほどの開きがあることには留意しておかなければならない。

ふたたび自由の問題に針路を戻すと、古典的自由主義の経済理論にあっては、経済的自由は法に拘束された、法の下の自由だということである。ライオネル・ロビンズ、彼は一方では経済学の転換期にあって新しい形式的経済学の方法を高らかに謳いあげたひとであるが、そのロビンズはこういっている。「法や秩序の堅固な枠組がないと、個人個人の間に調和が出現するなどということはとてもありえないことである。適切な制度によって掣肘されない私的利益の追求が生み出すのはカオス以外の何物でもない。」(11:56) そして彼はつぎのようにもいっている。「見えざる手とは立法者《ロー・ギヴァー》の手のことであり、この立法者の手によって、公共善と不調和をきたすことになるやもしれぬ諸々の可能性が私的利益を追求する領域から取払われるのである。」ロビンズはこのように、スミスの理神論の神は、人工の神でありながら同時に人間を超越した神、すなわち法であることを、正しく解釈しているのである。

だが、ロビンズの表現には誤解をまねきかねない箇所のあることは指摘しておきたい。彼は、法や秩序の枠組という表現を用い、そして見えざる手とは立法者の手であるといっているが、そのさい法はあたかも外部＝立法者から与えられたゲームのルールであるかの観を与えかねないのである。

もちろん、モラルの領域にとってこのような意味での法が不要だというのではない。必要なかぎりにおいてこのようなゲームのルールを設定すべきことが政府や国家の任務であることはスミスやバークもむしろ積極的に主張しさえしている。しかし、古典的自由主義者や古典的自由主義の最後の孤塁を守るハイエクらにとって、このように外側から与えられた法以上に重要視されるのは、内部から醸成された法である。ハイエクはこれら二つの法の相違は公法と私法の相違にほぼ対応すると述べている。すなわち、公法がオーガニゼーションの法であり、政府という上部構造の法であって、それは立法によって制定された法であるのに反し、私法は私的領域の中で育まれ存続してきた法である。そして、公法が立法者によって制定される法であるのに対し、私法は裁判官や法学者によって「発見」される法だとハイエクはいう。「法制定《ロー・メーキング》が出現したのは公法の領域においてであり、他方の私法の領域には、何千年にもわたる裁判官や法学者の法発見の過程を通じて、すなわち人間の活動や〃正義の感覚〃をこれまで長い間にわたって支配してきた規則を明文化しようとする努力を通じて、発展をみてきた。」(42 : 78-79) 書かれた法、制定法としての公法に対して、私法は書かれざる法、慣習法のことである。

慣習法が書かれざる法であるのは、それを明文化《アーティキュレート》することができないか、もしくはそうすることが著しく困難だからである。このような法の中に起居する人間の多くは、そもそもこのような法が存在することさえ知らない。書かれた法であったら、ひとはみずからの行動をこの明文化された法に徴しながら律していくことができるし、またそうするであろうが、書かれざる法の場合には、法と活動はそのような形で切離されはしない。そこでは人間活動そのものの様式が法なのである。

このような二つの法のちがいは、碁やチェスなどのゲームにおける公式のルールと定石というルールのちがいとして喩えることができるであろう。ここにおいて手の打ち方に関するルールは書かれたルールに対応する。手番に関するルールは明文化することができ、規則集のごときを読むことによって頭の中にたたき込むことができる。そしてこのルールに反した手を打てばなんらかの形で制裁をこうむるのである。このような公式のルールに対し、定石はいわば書かれざるルールといってもいいものである。それを一般的な形で明文化したり命題化したりすることはほとんど不可能に近い。定石というルールは〃立法者〃によって与えられたものではなく、長い間の経験によって徐々に見つけだされてきたルールである。それを犯したというかどうでひとはルール違反の宣告をうけるわけではない。しかし定石に反した手を打つことによってそのひとがゲームを失う可能性はきわめて大きくなってくる。このように、定石というルールは明文化され外部から強制されるルールではない。そのルールがいったん与えられてしまうと、あとはそのルールを与件として自分の利益を目ざして自由な行動をとればいい、といったルールではなく、それは行為そのものが一定の様式としてもつルール、つまり行為そのものから成るルールである。

ハイエクも示唆しているように慣習法という書かれざる法は、ギルバート・ライル(115)の knowledge-how やマイケル・ポランニー(103)の暗黙知(tacit knowledge)ときわめて似通った性格をもっている。同じ知識とはいっても、これらは科学の客観的知識とは異なって、命題によっていい表わすことが不可能かもしくは極端に困難なものである。碁の定石がそうであった。またわれわれはある人の顔を他の人の顔から区別し、その人の顔を同定することができる、その意味でわれわれはその人の顔を知っているといえるのだけれど、それを命題によっていい表わすことはできない。書物を読んだり仕様書を見たりして修得・学習することのできない知識、それが knowledge-how であり暗黙知である。このような知識を知る、ということは、「……であること」すなわち客観的知識を知ることではなく、碁の定石を修得する場合のように、実際に行為してみて実際に行えるようになることがすなわち知ることなのである。ポランニーが指摘しているように、一方の意味での知るは、知的に知る(wissen, knowing that)ことであるのに対し、他方の意味での知るは、為すことによって知る(können, knowing how)ことである。

慣習法もやはり knowledge-how や暗黙知の一種である。慣習法は為すことによって知られるか、もしくは判例の中に発見されるものであって、これを押着せとして与えることはできないし、客観的知識として対象化することも困難である。

思惟する理性としての主観と、主観を包囲する感性的物件としての客観というデカルトの二元論は、ライルにいわせれば「機械の中の幽霊」の二元論である。といってもデカルトの二元論は理性という幽霊に重さがかけられた二元論であって、理性の構成する知識のみが明晰判明の知識だとみなされる。感性や偏見からできるだけ自由になることがデカルトにとっての認識の自由であったし、のちの啓蒙主義者にとっては慣習や伝統によって拘束されないことが社会的自由であった。つまり、認識の自由にしろ社会的自由にしろ、理性の領域の中で理性という光に導かれて思惟し行動することが自由にほかならず、理性の光のとどく範囲をおし拡げていくことが進歩にほかならなかった。もしひとが理性に目覚めていないなら、立法者が理性の法を構成し、この法によって無知蒙昧を矯正する。すなわちこの法は行為の一般的枠組としての法というよりは、むしろ社会の隅々まで隈なく照らすパターナリスティックな法である。

理性主義の自由に対して、古典的自由主義の自由はつまるところは理性的な法からの自由であるといってもいいだろう。人間が無知蒙昧であることはかえって人間の条件だからひとは慣習の法に依拠しようとする。しかるに理性の法はこの慣習の法を排除しようとするのである。自由主義の自由は、したがって、理性の法からの自由であるとともに、慣習法の中での自由でもある。この点、理性主義の自由が慣習・伝統からの自由であり、同時に理性へ向けての自由であったのとは正反対の関係をなしているのである。バーリンの二つの自由概念、すなわち「……への自由」という積極的自由と、「……からの自由」という消極的自由は、理性主義の自由と自由主義の自由にほぼ対応するが、自由主義の自由も「……への自由」という一面をもっていることは銘記しておかなければならない。コンヴェンションやトラディションを実践することによって、そうでない場合以上の自由を得る、というのは、自由主義の主張であったと思う。「繁栄せる自由社会は大いに伝統被拘束的な社会であるものだ」(40：61) とハイエクもいっている。

ハイエクのいう「行動のルール」、あるいはマイケル・オークショット(95)のいう「活動のイディオム」は、外部から与えられた行動枠としてのルールではない、少くとも中心的な意味においてはそうではない。ルールをそのようなものと解すれば、そのとたんに、自由の問題は自由と強制の綱引きの問題となってしまうであろう。この綱引きの問題は自由をめぐる政治思想の中心問題であったし、私もこの問題がささいなどうでもよい問題であるとは考えない。しかし自由と強制を両極端に対置させると、自由と強制の間にある領域が視界から消え去ってしまうのは避けがたい。「行動のルール」や「活動のイディオム」は自由と強制の中間にあるルールなのである。それらは遵守するルールというよりは、むしろ実践するルールである。強制されるルールというよりは、かえって人間を自由ならしめるルールである。

自生的な秩序としてのコスモス、それに慣習的な書かれざる法としてのノモスは、ハイエクによればモラルの世界を特徴づけるものである。そしてモラルの世界としての経済が彼のいうカタラクシーなのである。計画によるのでなく自生的に整えられてきた経済、ノモスという行動のルールをもつ経済は精妙かつ微妙なバランスの上に成り立っている経済である。それは何百本もの連立方程式の上にある経済ではないし、またエコロジカルな均衡の上にある経済でもなく、人間活動の歴史が生み出してきた微妙なバランスの上にある経済である。

経済学は精密な経験科学を目ざし、そして今日に至っているが、その必然の帰結として経済のもつこの種の微妙さ精妙さは忘却のかなたに追いやられてしまった。そうしたうえで、経済科学の〝成果〟をもって経済に介入しようとしてきたのである。私は一律に経済への介入を悪だとみなす愚をおかそうとは思わない。ある種の介入が必要なことは認めるにやぶさかではない。だが、そのさいでも、人間は複雑精妙な経済社会をコントロールするには無力な存在であることを自覚する必要がある。自己を万能と思い、そのような幻想を抱いてモラルの領域に手を加えようとすれば、その結果たるや破壊的なものとならざるをえないだろう。

ひるがえって経済理論に目をやると、事実や事実としての経験をいくら集積したところで、モラルとしての経済領域を理解しうるとは思われない。だいじなのは事実経験よりは言葉経験である。言葉——自由という言葉もそうである——を通して、それにこめられた人間の経験を、すなわち物の見方、観念、世界観などを秩序だててみることが、人間事象の深みに少しでも近づく道だと私は考えたい。

間　奏――二篇の書評から

一　貨幣を哲学する

――S・H・フランケル著『貨幣の哲学』(31)――

貨幣とはなにか。貨幣の本性とはいったいなんなのか。なぜ貨幣は現に貨幣でありうるのか。本書の出発点にあるのはこのような問いかけであり、本書はこのような問いに答えようとする試みである。

1

この種の問いに対して経済学者から返ってくる返答はおそらくつぎのようなものであろう。そんなことは知ろうにも知りうるはずがない。たとえなにがしかの結論を得たとしても、それは、所詮、主観や直観の域を出るものではない。「……とはなにか」、「なぜ…か」といったタイプの、事物の本性や事象の第一原理を探し求めるような問いかけは中世の神学の名残りであり、近代の科学的精神はこのような神学を克服することによって生まれたものである。what や why に代えるに how によって問いかけること、どのようにすれば科学は可能になるのかを問い、科学の仕様書すなわち方法にのっとって、確実な知識を追い求めていくこと、それが近代の科学というものである。したがって貨幣の本性を問うなどということはおよそナンセンスの形而上学である。貨幣とは M_1

でありM_2のことである。単純で明快、量的把握が可能で操作性をもつ貨幣概念、それが経済科学における貨幣概念というものである。

表現は多少ちがっても経済学を事としている人たちから返ってくるのはこれと似たり寄ったりの回答であろう。返ってくるのはきまってこの種の紋切り型でお仕着せの回答である。このことの裏を返せば、事物の本性や本体、いわゆる〝真理〟を探求するよりはむしろ探求の仕様書としての方法を重視するところの学は、それ自体がお仕着せのものにならざるをえない、ということではないだろうか。

貨幣本性への問い、貨幣の存在理由への問いは、他のこの種の問いと同様に、いつも経済学の専門の門前で門前払いを食わされるのだが、貨幣を哲学するということは、このような問いを真正面から引受け問いかけることにほかならない。フランケル自身によると、「貨幣の〝科学的〟ないし〝技術的〟ではない基本的な問題、つまり、人々が真実、原理であると考えるものとはなにか、ないしは、いま支配的なあるいはそうあるべきだと考える価値観とはなにか、……こうした問題を論ずること」、これが貨幣の哲学である。

ことの〝真実〟や〝原理〟あるいは全体像を知ることなど及びもつかないから、ひとは部分的認識に甘んずべく個別科学を発達させたのだという人があれば、それは自己欺瞞というものである。というのも、全体をおぼろげながらも予感することがなければ、部分的認識の個別科学もあったものではないからである。一方、個別科学を綜合すればやがて全体的認識に到達しうるにちがいないと考えるのは甘い幻想である。本書に引用されているI・バーリンによれば、「問題解決への道は問題の提示の仕方のうちに含まれていなければならない」のが個別科学である。これに反し真実や原理や全体像を問う哲学的な問いは、「そうした問いを処理する自動的な技術や普遍的な承認をえた専門知識がないこと」をその最も確実な刻印としている。そうだとすれば、個別科学をいくら寄せ集めてみたところで事の真相に到達するというわけにはいかないだろう。両者は問い方だけでなく、問いに対する解答の性格をもまったく異にしているのである。なるほど個別科学からは数々のヒントを得ることはできるかもしれない。しかし、個別を超えた全体の観念があらかじめ存在しているのでなければ、諸科学を綜合することによって全体に近づくなどということさえできない。それは、円の観念が最初になければ、正十二角形が正三角形よりも円に近い、とはいえないのと同じである。

だが科学や技術の時代になぜあらたまって貨幣の哲学を論じなければならないのか。貨幣の哲学を論じたからといっていったいなんの役にたつというのか。このような疑念もまた実践志向の経済学者から必ずといっていいほど発せられるものである。貨幣の哲学だって？　なるほど面白い。われわれ経済学者だってモデル作りにばかりいそしんでいるわけではない。古典も読めば哲学書だって読む。しかしそれは忙中閑あり、趣味の領分に属するのだ。経済の動きを一手につかむモデルを作り、変数を動かしてそれを操作し、そして一国の経済運営に寄与すべく政策提言を行うこと、これがわれわれ経済学者の本分というものである。それに較べたら、貨幣の哲学を論じることなど、一部好事家の趣味の詮索にすぎない。事実、フランケルもこのような疑念を呈せられたことを記している。すなわち、「何年かまえ、ある経済学者に、いま貨幣の哲学にかんする書物を著わそうとしているのだと話したとき、だれもが認めざるをえない科学的確実性に関与する特権にあずかっていると自ら信じこんでいる人々に特有の、あの、わけがわからないといった憐みのまなざしを私はうけたことがある」と。

だが、貨幣本性への問いを欠いた経済学は、ひっきょうするに、貨幣を道具視するという陥穽に陥らざるをえない。曰く、貨幣がなくても経済はなりたつ。しかし貨幣があればもっといい。貨幣は経済の便宜品であり、このような貨幣の発明は人間理性の発展を物語るものである。さらに貨幣を一国の経済運営のために管理するにいたったことは、理性の自然に対する勝利を示すものでなくて何であろう。しかるに、このような貨幣の道具視とそれに基づく貨幣の管理は、じつのところは経済社会の土台を揺り動かすことになる。その兆候は今世紀に入る頃からみられるが、ケインズ以後、その動きはますます強まっている、とフランケルは見るのである。

貨幣を経済の道具とみなすのは、著者によると〝カテゴリー・ミス〟を犯している。社会は「貨幣で考え行動する面と貨幣なしで考え行動する面との別々の二つの局面から構成されているのではない。」訳者の一人〔吉沢英成氏〕は、いわゆる非貨幣経済と呼ばれている経済社会においても交換活動などの経済活動は貨幣観念なくしては行いえないことを示したが、まして「行動や目標が貨幣算法で表現されるような経済にあっては、社会はすでにそれ〔貨幣算法〕によって活動のとるべき形式を選択してしまっている」のである。たしかに人びとは貨幣を道具として用いる。しかしそれは貨幣によって秩序化された経済社会のシンタックスにのっとったうえでのことである。貨幣を経済活動の便宜とみなしそれを国家活動の道具とすることによって、人は知らず識らずのうちに、この貨幣経済のシンタックスを破壊しているのである。

2

本書の原題は『貨幣の二つの哲学』となっており、ここにいう二つの哲学とは端的にいうとジンメルとケインズのそれである。人びとが貨幣に対してとってきた相反的な態度、相反的な観念は、この二つの哲学に集約せしめられている。

一方の側は貨幣の根底に、人びとが歴史という磨き砂で磨きをかけてきた信頼や慣習、規則や法などを、一言でいうと〝社会〟をみる。そしてこのような社会を映し出す鏡、社会的規則や信頼のシンボルが貨幣だと考えるのである。ジンメルにとって貨幣のもつ潜在的な力とは約束を実行させる力のことにほかならない。貨幣がこのような力をもちうるのは貨幣経済の秩序に対する信念と確信があればこそである。「彼〔ジンメル〕にとっては、ここにはたんなる貨幣機構の確実性の問題、すなわち、健全な国家貨幣は、鋳貨であれば重量と純度が規定どおり、そして紙幣なら定められたルールに従って発行されることで維持されるものだといったこととは別の問題があった。別のなにかがつけ加えられなければならなかった。」この追加的ななにかが、ジンメルにとっては貨幣に象徴される信念、確信、信頼にほかならなかった。これらにつなぎ留められていない貨幣、〝社会の拘束性〟を欠いた貨幣は、たとえてみるに、糸を切られて空中を漂う凧のようなものである。

社会の拘束性――それは、デュルケーム学派の説く価値や規範のように個人を超越し個人を外部から拘束するようなものではない――から解き放たれた貨幣、このような貨幣をもつ経済社会は一見すると人びとにいっそう多くの自由を与えるようにみえる。貨幣愛が経済ほんらいの姿を歪めるとし、貨幣に対して「恐怖心を抱いた」ケインズは、現に、貨幣を社会のくびきから解き放つことが人びとに自由を保証することになると考えたのだ、とフランケルは指摘する。たしかに一時的には飢えからの自由を保証するだろう。しかしフランケルのみるところ、社会の実体を離れた名目論的な貨幣の理論は、小なる自由のためにもっと大きな自由を投げ捨てる。

このことがそうなのは、フリードマンのような反ケインズ主義者が喧伝するように、国家権力が自由を抑圧するまでに肥大化するからではない。フリードマンは「政府あるいは国家のことを、付加的な何ものか、社会から離れ社会の外部にあって、その姿勢を手なずけたりチェックしたりしなければならないなにものか」とみなし、災いのもとをひとえに国家の経済への介入に帰着せしめるのだが、そうすることによって彼は社会のなかにおこっている変化を不問に付している。社会のなかの変化、それは社会の信念、目標、制度などにおこっている変化である。貨幣を慣習や伝統、法や規範などから引離すことは、信頼に依拠する貨幣経済の秩序、人間の自由の大前提である社会の中の道徳要素を台無しにすることになるがゆえに、自由にとっては壊滅的なのである。

貨幣に対する信頼と不信——ジンメルとケインズの貨幣哲学を分かつ分水嶺はこれである。この分水嶺はまた、一九世紀と二〇世紀という二つの世紀を隔てる分水嶺であることをフランケルはいたるところで言及している。信義の時代の前世紀は社会の時代であった。貨幣はこの社会の中に根を張り、社会のなかの信頼を映し出す鏡であった。しかし今世紀に入ると貨幣不信がいっきょに噴き出し、貨幣への反逆が生じるのである。

注意を要するのは、貨幣への信頼を説くジンメルは彼の貨幣哲学を決してオプティミズムの調子をもって論じているのではない、ということである。ジンメルの社会哲学には悲観の色が濃い。ジンメルは「いかなる自由な貨幣秩序の存続可能性についても悲観的であった」とフランケルも述べている。じつをいうと貨幣経済についてのペシミズムは、「機械仕掛けの神を呼び出すように」国家をもち出したケインズにおいても見られる。彼は一九世紀をエデンの園として描くのにやぶさかではなかった。しかしエデンの園に住まう蛇は世紀の変わり目になるとこの園を食みつくすまでに巨大化していく。エデンの園のこの蛇とは人びとの邪悪な貨幣愛や黄金欲であり、この蛇が経済社会を食いものにしている。そしてこのような事態を癒しがたい時代の趨勢だと観るところに、ケインズのペシミズムはその源を発している。

フランケルはジンメルの貨幣哲学とケインズのそれをことごとく対蹠的に描き出すけれども、じつをいうと両者にはかなりあい似たところがある。貨幣の中に潜む撞着を見てとった点においてもそうである。「ジョン・メイナード・ケインズは、道徳性や正義の問題と貨幣秩序とのあいだに多くの重要な関連のあることを認識した今世紀の数少ない経済学者であった。彼の時代の貨幣論議における理性と不条理、西欧社会の癒し難い衝動と不満を彼ほど生々しく描き出した人はいない。」これはほかならぬフランケルその人の言である。とすれば、ジンメルとケインズのペシミズムはどうちがうのか。

ジンメルの貨幣哲学を覆っているペシミズムの色調は、貨幣を貨幣たらしめる道徳要素が危殆に瀕し、そのために貨幣経済の秩序が崩壊の危機にさらされている、と観じるところから生じたものではない。フランケルは触れていないが、このような意識はむしろケインズの著作を通底しているのである。貨幣経済のこのような危機に対してケインズは貨幣の自由度を高め、貨幣を経済政策の道具とする途を選んだ。このことが貨幣への不信をいっそう高めたとするフランケルの指摘はたぶん正当である。しかしともかく、ケインズには慣習や伝統の崩壊に対する危機の意識があった。しかるにジンメルのペシミズムはこれとはちがうところに端を発している。たしかに貨幣制度は信頼というものに基礎をおいているし、またおくべきものである。人びとが自由を享受しうるのも、信頼に基礎をおいた規則があったればこそである。だがこれには一つの条件があって、この条件とは、貨幣制度が自由を保証するのは規則やそれを映し出す貨幣が抽象的なものでなければならない、ということである。現に時とともに貨幣は抽象度を高めつつある。このような、行動の委細を規定するのでなく、ますます抽象化していく規則、抽象化の度合をいっそう高めつつある貨幣に、人間の生がはたして耐えきれるかという意識、もっと広範な文脈でいうと生と文化の相克の意識、これがジンメルのペシミズムの内実である。

ジンメルとケインズはそれぞれ社会哲学者の地点と実践家としての地点とから貨幣哲学の鞍点経路を進んでいく。経路を進むにつれて両者はともに信頼や規則といった鞍点をみてとる。ジンメルは間近に、そしてケインズははるかに。しかしケインズは国家という機械仕掛けの神に引寄せられて、この点から急カーブしてそれていく。ジンメルのほうは、貨幣経済が信頼や規則のうえに安住することができず、貨幣経済に内在する宿命的ともいえる自己破壊の傾向をみてとり、悲観の色を濃くしていく。本書を多少ふえんして要約すればこのようなことになるであろうか。

3

私ごとになるが、本書をはじめて目にしたのは原著が出版されてまだ間もないころである。たまたま本屋で見つけ、フランケルという人物がどこの誰かも知らないままに読んでいった。当時はハイエクの著作もまだ読んだことがなく、ただ貨幣はどうして貨幣なのだろうというごく漠然とした問いを抱いているにすぎなかった。読み進むにつれて、やがて一語一句にまで目を引きつけられていったのは、そのとき直観的に考えていたことを本書がいちいち言いあてているような気がしたからである。

貨幣を数理論理的に発生させてみせると豪語する新古典派経済学の貨幣発生論は、貨幣の支払機能が発生すれば貯蔵機能が姿を消してしまうといった体のもので、問いに答えてくれるべくもなかったが、反面教師にはなったようで、そこにおいて貨幣が発生しえないどころか存在すらしえないのは、その力学的な均衡図式に問題があると考えていた。この図式においてはパンであれ小麦であれ、いやしくも経済財であればどのような財でも貨幣になりうる。ということはこの図式では貨幣は存在しないということである。貨幣が存在しえない経済モデルはもちろんおかしい。しかしだからといって不均衡図式にも与することができないのは、そこでは貨幣経済じたいが成立しえないと思われるからである。経済社会はやはり自己を安定化させる要素を自らのうちに含みもっていなくてはならない。力学的な均衡と安定は点と点を引力と反発力によって均衡・安定化させるようなものであるが、これらの点はその間になにかゾル状のものを流し込むことによっても安定化するのではないか。このゾル状のものがフランケルの本書にいう信頼や慣習や規則にあたると思われたのである。力学的安定性とは異質の慣習的安定性——。

このような示唆は本書で槍玉にあげられているケインズからも受けたことは記しておきたい。彼は確率計算のできない不確実性のもつ経済的意味を強調する。そして貨幣を不確実な将来と現在とを連結する媒体だと考えるわけである。しかしシャックルらがこの種の不確実性の意義を、そしてほとんどそれのみを強調するのは余りにも一面的である。不確実性が一方的に支配する世界では経済活動は知的要素のかけらもない決断と化し、そして決断主義者たちの営む社会はもはや社会とはいいがたい。不確実性の一部でも確実と化すような要素が存在していなければならない。ケインズはこのような要素をやはり慣習だと考えているのである。ケインズはいわば時間的不確実性とでもいえるものから貨幣の存在理由、流動性を導き出し、この流動性を流動性たらしめる要件としての慣習を貨幣の背後にみてとるのだが、ジンメルのほうは社会的不確実性(たとえばホッブス的状況)とでも呼べるものから出発して、それを縮減するものとしての慣習を直截的に導き出し、その上に貨幣を据えた、といえるのではないだろうか。

それはともかくとして、いま訳書で本書を読み返してみると、当時うけた印象は少しも色あせていないのに気づく。部分的には私にとって自明と化したところもあるし、引用されている膨大な文献量に圧倒されることも少なくなった。また、これはハイエクについてもいえることであるが、経済における政治や権力や国家というものをマージナルな位置においていることも気にかかる。しかしこれらを割引いても、本書は依然として二度読むに値するのである。

二　思想家の態度

——B・クリック著『ジョージ・オーウェル』(24)——

邦訳で上下巻あわせて優に七〇〇ページを超える大部のオーウェル伝である。事実を克明につらね、著作の断片、公開・未公開の書簡、それに親族、友人、知人らの証言を随所に配したこの伝記は、これがオーウェルだという著者独自のオーウェル像を呈示しようとするものではない。それはいってみれば、毛髪の一本一本にいたるまで丹念に画きあげられた一イギリス人作家の写実的な肖像画である。一箇の伝記作品としてみると面白味に欠けるところもあり、細部を追うあまり、時として作品としてのバランスを損ねてしまうこともある。しかし、作者の意図を極力抑えた写実的な肖像画がかえって人物の内面や精神をよく表現する場合があるように、このオーウェル伝も、彼の表情の内側に潜むオーウェル的精神をくっきり浮かびあがらせることに成功している。

このような手法がとくにオーウェルについて奏功するのは、内面を隠す偽りの表情を見せることが彼にはないからである。この率直さはオーウェル独自のものである。晩年の彼は聖者の如き風貌をしていたといわれているが、といって彼が聖人君子の類の人間だったというわけではない。クリックの記すところによると、夜遅く泥酔の状態で帰ってきた同居人を棒で滅多打ちにし、ある時には砂浜で見つけた蛇を御丁寧にナイフで八つ裂きにしたりもする。またユダヤ人に対する反ユダヤ主義的な感情を隠さなかったともいわれている。そしてこの反ユダヤ主義者がユダヤ人差別を論難するのだ。逆説的にきこえるかもしれないが、ここが彼の率直なところなのである。

オーウェルの嫌悪するものを物づくし風に列挙していけば、その筆頭を飾るのはおそらく知識人であろう。左翼知識人への不信、ブルームズベリー・グループのような高踏的知識人に対する嫌悪。このような知識人に対する不信は彼がユダヤ人問題を論じるときに最もよく表われている。彼によると、この問題を理性的に解決しようと思うなら、「なぜユダヤ人差別思想はわたしの心をとらえるのだろう」という問いから出発するのが自然の筋道だというのに、知識人は、まるで他人ごとのように、「なぜこんな非合理な信念が人々の心をとらえるのだろう」と、あたりを見回す。たとえばサルトルは反ユダヤ主義者を非合理な罪びとだと断じ、ひるがえって知識人やプロレタリア階級は反ユダヤ主義とは無縁、無辜の人種だと考える。オーウェルの見るところ、サルトルの視界には具体的形姿をまとった人間は存在せず、あるのはただ、プロレタリアやブルジョワといった「昆虫学的」に分類された人間のみである。それだけで済むならこのような人間観・社会観も無害だが、彼が鋭く指摘しているように、このような形の反ユダヤ主義批判は反ユダヤ主義の勢いを強めこそすれ、それを弱めることはないのである。

思っていることを率直に言い、他人の聞きたくないことを語る権利が自由だと心得るジョージ・オーウェルことエリック・ブレアーは、いまひとつ、典型的なイギリス人としての顔をもっている。魚釣りを好み、野菜や草花を育て、山羊の乳をしぼり、手ずから不格好な本棚をこしらえ、クリスマスにあたって手作りの玩具を奨めるエッセイを書く、そういった、自然を育み手作りの物を慈しむイギリス人としての顔をである。このようなイギリス人が——因みにオーウェルというペン・ネームは彼の愛した川の名に由来し、それは男らしくイングランド的で、田園的な響きを与える、とクリックはいう——自分を取り巻く政治的状況に「道徳的」に反応していく、そこに彼のルポルタージュ、小説、エッセイ、批評が結晶化するわけである。

オーウェルは政治的作家たることをめざす。その真意は政治を文学化しようとすることであって、コミュニズムに同伴する作家たちのように、文学を政治化しようとすることではない。このような政治的作家たろうとする彼が「鯨の腹の中」で静寂主義を保とうとするヘンリー・ミラーをあえて弁護するのは、当時のあつい政治的季節の中にあって文学者がこぞって政治化していく風潮があったためである。政治を文学化しようとする文学者としての態度は、政治思想家としてのオーウェルにおいては、政治をイギリス伝統の私的価値の上に基礎づけようとする態度となってあらわれる。このような基礎を欠いたとき、すなわち過去が抹殺され、歴史の重みを伴わないニュースピークが人びとのあいだを飛び交い、そして人間の道徳的品位が貶められていくとき、そこに『一九八四年』の世界が現われるのである。

オーウェルの中には人間に対する信頼の念と不信の念が同居している。いや、オーウェルの人間不信は彼の生理を形作っていて、この生理の進行を彼の人間信頼が必死になってくい止めようとしている、といった観さえあるのだ。かつてある詩の中で、自己を過去と未来、伝統と進歩の間に立って心を引き裂かれるビュリダンのロバにたとえた。そしてこのロバは『動物農場』のロバのベンジャミンに投影されている。確かに彼は未来に希望を託し、人間社会の進歩を信じる一面があったかもしれない。が、本心そうであったか、私はかなり疑問に思う。少年の頃の彼の顔、そして晩年の彼の顔を見ていると、スウィフト的な人間不信が彼の表情を形作っているとさえ思えてくるのである。

このようなことをこのオーウェル伝、そしてオーウェル自身の著作から読みとっていくと、一九八四年を機に『一九八四年』がここかしこで喧伝され、そこから取って付けたように全体主義や管理社会の恐怖を語り合い、そしておのれが自由主義者であったことを再確認して安堵するといった昨今のオーウェル熱は、じつに白々しく感じられてくる。オーウェルの流儀でいうと、「自由を恐れているのは自由主義者であり、知性に泥を塗りたがるのは知識人である」のだ。オーウェルが一貫して言おうとしたのは、遠くを見る前に、まず自分の足もとを見つめよ、ということであった。全体主義や管理社会は天から降ったものでも地から湧き出たものでもない。それはほかでもない、人間自身が作り出したものである。

第九章　社会科学における経験と言葉

——真理論に向けて——

一　はじめに

ある自己省察——

いまなにをやっているのか、と聞かれることがある。もちろん、私が経済学の周辺でなにかをやっていることを前提としたうえで、いわばあいさつ代わりにこう訊ねられるのである。さてなんと返答したらいいものかとあれこれ思案し、頭の中で大筋をきめていざ喋り出すと、しだいにしどろもどろになり、ついには返答に窮してしまう。一度ならず、二度、三度とこのようなことがつづくと、大げさないい方だが、この種の質問を受けることに恐怖感さえ覚えてくる。表現能力の拙さは百も承知している。そもそも考えていることが茫洋としているからだといわれれば、返す言葉もない。だが、あえて弁明を試みるとするなら、自分のやっていること考えていることとは経済学という学の地図の上には記すことができない、ということなのだ。

経済学の地図はトピックという緯度と手法という経度をもって描かれている。だから、仮に私が通貨問題をやっていると答えたとしたら、相手の人はまず数ある論題のうちの特定の場所に私を位置づけることができ、さらにその人が理論に精通していれば、私をさまざまな接近法のうちの特定の位置に同定することができるであろう。

ちょうどマダガスカル島の位置を緯度と経度によって正確に表わすことができるように、トピックという緯度と手法という経度で私の置かれている位置を示すことができる。話は弾み、表現能力の乏しさはある程度カヴァーできたかもしれない。しかし、私はこの経済学地図のどこにも位置していないのである。

それでは私は経済学から横すべりして、社会学や政治学、人類学や哲学などの諸学の表面を素人流儀で撫でているというだけのことなのだろうか。たしかにこれらの学には裨益するところが多く、それらは自分のやろうとしていることについて数多くの示唆を与えてくれる。しかしそれらに私なりに首を突っ込もうとするのは、社会の学際的な全体像を描いてやろうとする目論見からではない。思うにそれは、壮大ではあるが、その割には実りの少ない試みである。つまり私は、一国の地図をつなぎ合わせて世界地図を作り、そうすることによって世界を自由に往き来する国際人になろうとしているわけではないし、いわんや、経済学の国から社会学や政治学や人類学などの国に亡命しようとしているわけでもない。

ここまで来ると国籍喪失者も同然である。しかしだからといって私の住まうべき場所がないというわけではない。じっさいこれまで知識や期待や消費や貨幣について論じてきたし、それらのほかにも今後論じ考察してみたいと思っているテーマもいくつかある。しかしそのようなテーマを論じるさいの論じ方、流儀、あるいはそもそも問いの発し方じたい、したがって問いに対する解答の仕方それじたいが、経済学を初めとする経験諸科学のそれとはかなり違っている、と次第に自覚するようになってきた。私流儀での人間事象の考察の仕方、適切な言葉が見当たらないので、これまで使用してきた言葉を用いてこれを人間学あるいはモラル・サイエンスと呼んでおくことにしよう。私の考えるこのモラル・サイエンスは具体的な事実にかんする命題を提示しようとするものではない。検証に付し反証を挙げうることを経験科学の基準とするならば、それは経験科学とはいえない。一定の方法《メソッド》に沿って論を進めうることを学の基準とするなら、それは学とさえいえない。モラル・サイエンスの与える言明は分析的なそれでも経験的なそれでもなく、したがって実証主義者ならそれを無意味な（insignificant）言明と呼ぶであろう。無意味な言明をぶつぶつつぶやくモラル・サイエンスはしたがって形而上学である、と彼らはいうであろう。実証主義者にとって、形而上学とはすなわち無意味なたわごとということである。健全な科学的精神にとっては了解不能の主観の表明、もしくは感情の表白ということである。有意味な人間の経験とは見たり聞いたりの経験だけだというのがその底意にある。

よろしい。形式論理学や数学のような分析的な問題領域、物理学やこの物理学に範をとる経済学のような経験的問題領域、これら二つの領域の外にある問題領域を一括して形而上学と呼ぶのなら、モラル・サイエンスは形而上学に属する。それは字義通りのメタフィジカルな領域、すなわち物や事実や個別経験を超えた領域、あるいはそれらの背後に潜んでいる領域、を走破しようとするのである。だが、実証主義者や経験主義者とは反対に、私は、この領域は決して虚妄ではなく、むしろ人間の〝経験〟の宝庫だと考える。モラル・サイエンスはこの宝庫を探索し、そうすることを通して人間経験のなかに〝真理〟を探し求めていこうとするのである。

以下の試論は、経済学はおろか社会の諸科学のどこにも占めるべき場所をもたないこの私が、経験科学の経験領域とは異次元のところに人間経験の豊かな領域を求め、そうすることによって自分なりの探求の足場を築こうとするひとつの試みである。

二　存在への問い

あらゆる思索や考察の出発点にはなんらかの問いかけがある。問いかけは思索の端緒であり、それがなければ思索や考察は成りたたないし、またそのいきつく先も確定しない。思索の価値や意義はひとえに問い自体の価値や意義にかかっているといっても決していい過ぎではないのである。

問いはまた考察の性格をも決定するといえるであろう。たとえば貨幣はM_1でありM_2であると約束したうえで「貨幣供給量と利子率との間にはどのような関係があるか」と問う問いと、そもそも「貨幣とはなにか」と問う問いとはきわめて異質であり、とうぜん、これらの問いに答えようとする考察の仕方も異なってくる。同様に、消費者行動を予算制約下の満足極大化行動だと規定したうえで「どうして価格が上昇すれば需要が減るのか」と問う問いと、そもそも「消費という現象はどのような現象であるか」と問う問いとの間にも深い深淵がある。古典派、歴史学派、マルクス、ヴェブレン、それにケインズやハイエクらの経済学は、互いのあいだでは相克をみせながらも、「……とはなにか」、「なぜ……か」というタイプの問いを陰に陽に含みもっている点である共通性があるのに反し、現代の経済科学、経験科学としての経済学は、「いかにして……か」というタイプの問いによって経済現象を考察することを専らの仕事としている。

how による問いかけと what や why による問いかけは二つのまったく異なったタイプの問いかけであり、それらは世界を眺める仕方においても著しく異なっている。一方は物質や事実を無条件に、すなわち素朴にリアリティだとみなし、そのうえで物質と物質、事実と事実との間に一定の関係をうちたてようとする。そのさい、これらの物質や事実は、それらが量的に把握可能であるとき、最高度のリアリティを保証される。物体の重み、温かさ、色彩などの人に対する現われ方は人ごとに異なり、感覚与件としてのそれらは人間の主観を離れえないが、もしそれらが重量、温度、波長という測度で測られるなら、それらは計測機器などによって客観的に把握することが可能となるからである。人間の感覚に現われるものの実在性に次から次へと疑いをさしはさみ、思考する自分だけは疑いを免れるとしたデカルト(25)も、物体の空間における拡がりや重さ、その位置や運動など、量的に把握できるものについては、その存在を確実だと考えたのである。こうした how を冠する問いに対して、いま一方の what や why による問いは、物質や事実をこれ以上は行きようのない行きどまりだとみなすのではなく、それらをいわば突き抜けようとする。見えるものの背後に見えないものの領域を見てとろうとするのである。これがすなわち、このような問いをして形而上学的な問い、メタフィジカルな問いと呼ばしめるゆえんである。

このように二種の問いの裏には、二種の相異なる世界観が横たわっている。この二つの世界観は最後の一線では截然と分かたれるけれども、ある距離までは歩み寄りをみせる。とくに経験科学の側においてはそうである。経験科学の〝仮説〟――これは相当程度メタフィジカルな性格をもっていると思われるのである。

事実や物質を実在とみなす立場の極端には、おそらく、世界はあるがままにあるものだという、ストア派的な自然主義が位置しているであろう。この立場にとって、自然や世界に対して一定の見解をもつこと、すなわち仮説をたてたり理論を作ったりすることは、自然や世界に隠れた部分が存在することを認めることを意味し、そしてこのような行為はこの隠れた部分に自分勝手に手を入れることを意味する。したがってこの自然主義の立場を厳格に貫き通そうとすれば、みずからもまた自己意識を極力押えて自然のままに生活していかなければならないということになる。ノモス(人事)はピュシス(自然)という規矩によって律せられることになるのである。近代の実証主義は現実と理論との距離次第で自然主義に近づいたり、それから離れたりする。たとえばマッハの実証主義は、世界はあるがままのもの、見える限りのものであるという立場に近く、それに応じて理論のもつ自律性や内包量は小さくなっていく。仮説や理論の内的整合性、つまり自律性にさほど意を用いぬ点で、理論なき計測と評される道具主義や操作主義もこれに近い。

だが、世界はありのままには見えない。自然は複雑多様であり、自然のいたるところに隙き間が存在している。太陽が明日もまた東から昇るという確実な保証はどこにもない。ウィーン・サークルに直接の源を発する実証主義の新しい流れは、このような自然の間隙を埋めるべく仮説や理論に独自の重みをもたせようとし、この点でマッハ主義や道具主義から遠く隔っているといっていいであろう。理論の重みはその内的な整合性とともに、自然の隙き間をどこまで覆いうるか、どの程度まで自然の説明原理となりうるか、ということにかかっている。パッチワーク的な理論、たとえば新たな裂け目が見つかるたびごとに新たな前提や条件をつけ加えて取り繕いを行う規約主義の理論は、理論としての重みを著しく欠くことになろう。理論たるもの、一般性や普遍性をもたなければならないのである。

しかし無限に多様な経験を一貫して説明しうる理論、無数に存在する自然の間隙をすっぽり覆ってしまうような理論、すなわち経験と等価な理論というものはありうるはずがない。数々のテストに耐えてきたことをもって理論の「確証度」が高まったとみる(R・カルナップ)か、それともたんに理論の理論としての寿命が延びたにすぎないとみる(K・ポパー)かは、現実問題としては大した差はないといっていい。一般性を要求する理論なるものも、それが全経験と等価ではありえない以上、つねに暫定的な仮説にとどまるのである。

このように、自然主義の場合とは異なって、世界はありのままには見えず、いたるところに隙き間が顔を覗かせているから仮説や理論がたてられるのであり、そして隙き間が多ければ多いほど、その隙き間を一貫して埋めようとする仮説や理論がそれら独自の意義をもってくるのである。仮説、すなわちヒュポテーゼとは、O・F・ボルノー(14)の説明によれば、下に置かれたあるもの、認識における裂け目を閉じるために下に置かれたあるもの、のことである。ある事実とある事実がどのように結びついているかを考えることは、とりもなおさず事実と事実のあいだの裂け目を埋めようとすることにほかならず、この裂け目を埋めようとして設けられるのが仮説である。したがって自然についての仮説とは、自然の断片をつなぎ合わせて物語をつくる一種の自然解釈といってもいいだろう。あるいは、仮説をたてようとすることは事実の背後に立ち入ろうとする企てだといってもいいのである。

経験科学の仮説もこのようにメタフィジカルなテーゼという性格を濃厚にもっている。この点で、自然の森羅万象の背後に霊をおくことによって自然を理解しようとする未開人のアニミズム、あるいは自然を神の第二の書き物――第一の書き物はもちろん聖書である――とみなすことによって自然の摂理を解き明かそうとした近世の理神論は、はたして笑うべきものかどうか。結果はともかくとして、事実の背後に立ち入ろうとする精神にかけては、それらは仮説をもうける近代科学の精神になんらの遜色もない。むしろ事実の背後に立ち入ろうとしない事実一本槍の自然主義的な経験主義、あるいはパッチワークの道具主義のほうにこそ人間精神の疲弊をみたいほどである。ヴェブレンはこういっている。「人間の精神は、物ごと、出来事、事実についていくら知ってはいても、それらの事物がどのようなありさまで存在しているか、それらがどのようにしてもたらされたのか、それればかりか、なぜそれらが現にある通りのものであるのか、それらが出来した目的はなにか、ということを知るまでは、決して満足をおぼえない。」(131：186) 事実や経験のかぎられた限界を超えていこうとする精神が人間の精神である。経験科学における仮説、ヒュポテーゼは、それをもたらしたところの端緒としての問いが、たとえば宇宙の起源を問う問いのように、根源的なものであればあるほど、それ独自の意義を有してくるにちがいなく、したがってその仮説は哲学的な問い、「なにか」、「なぜか」という問いへのひとつの解答だという性格をつよく帯びてくるのである。

しかし、経験科学がメタフィジクスに近寄るのもここまでである。最後の一線はどうしても踏み越えられない。すなわち最後にはふたたび、仮説の審判者としての事物や事実が請じ入れられるのである。形而上学はこのような審判者をもたない。もてる者ともたざる者――問いに対する解答の仕方や性格が両者のあいだではまったくといっていいほどに異なっているのである。

経験科学は〝唯一の科学〟(*the* science) を僭称するが、このような自負は、問いに対する解答を事実や物質という個人を離れた第三者によって保証したりチェックしたりすることができる、つまり解答は客観性をもちうる、ということに基づいている。これまでの隙き間が新しい事実の発見によって閉じられた場合、仮のあて布＝仮説の色あいがその事実の色あいと違っておれば、そのあて布はただちに剝ぎ取られなければならない。仮説を設けるときにはその仮説は事実の背後に突き抜けようとしたのに、今度はまた事実が仮説の背後にまわって、仮説の審判者、ラスト・リゾートとなるわけである。これに反して、存在への問い、存在理由への問いへの解答は永久に暫定的、事実の背後に居っぱなしである。公平無私の審判者をもたない。形而上学が無意味なたわごとと貶められるわけである。

こうしてわれわれは、経験科学(や形式科学)の問いとそれ以外の形而上学の問いとのあいだの性格の相違を、ある仕切り線のところで対立させたことになる。前者は所定の道筋《メソッド》に従って解答を導き、得られた解答は真偽・正誤などの基準によって裁定しうるに反し、後者にはそもそものような探求の道筋など存在せず、しかも解答はそのような基準によって決着をつけることができない。答えなき問い、たとえ答えが導かれたとしても、その答えを、前提に矛盾するか否か、あるいは経験に合致するか否かといった基準によって判定することのできない問い、それがメタフィジカルな問いの特徴である。

アイザィア・バーリンはこれら二種の問い、あるいはそれらが住まう二種の問題領域をつぎのような形で鮮明に対比させている。形式的・経験的問題とは、「たとえその解答を知らないにしても、どこにその解答を求めたらよいか、あるいは解答を求めるすべを心得ている権威者なり専門家なりをいかにして見分けられるかを私が知っている」(12 : 145, 459*) たぐいの問題である。「概念が堅固で明晰で一般的に受け入れられるものであり、結論にまで到達する推論の方法等々ひろくみなの承認をうけている場合に、またその場合にのみ」それらの問題は形式的あるいは経験的な学問を構成することができる。これに対して形而上学的な問題、彼のいう哲学的問題とは「ある問いに対する解答を知りえないというだけではなく、それに答えるための試みにどう手をつけたらよいのか、答えるための証拠になるもの、またならないものをどこに求めたらよいかがわからない」ことを特質とする問題である。それは「われわれがそもそもの始めから、そうした問いを処理する自動的な技術や普遍的な承認をえた専門知識がないこと」をその最も確実な刻印のひとつとしている。真理とはなにか、正義とはなにか、あるいは自由とはなにか、といった問いは、まさにそうした哲学的問いの代表例である。バーリンの表現を用いると、思想の長い歴史は「親殺しの連続」、豊かな哲学的問題領域を換骨奪胎して形式科学や経験科学となし、その体内から「哲学的諸問題のどんな痕跡も根絶することによってみずからの自由を得ようとする」歴史であったのだ。

形勢は形而上学にとってまったく不利であるようにみえる。このような状況のなかで形而上学を擁護し主張しようとすることは、あたかも竹槍をもってロケット砲に立ち向かうようなものである。もちろん、われわれは形而上学を一身に背負って立つという大それた試みを企てようとしているのではなく、形式科学とも経験科学ともいえないモラル・サイエンスを形而上学としたうえで、形而上学を擁護し主張しようとしているわけだが、それでも著しく形勢不利とみえてくる。だが、経験科学・形式科学としての社会科学が見捨てて省みないもの、すなわち言葉を、積極的に拾い上げることによって、われわれはメタフィジカルなモラル・サイエンスを主張することができる。

「政治理論はまだ存在するか」とバーリンが問うとき、彼は思想の親殺しの歴史に棹さそうとしているのではなく、政治の科学(政治学)とは違う政治理論、すなわち哲学的問題領域を論じる政治理論の存在意義を主張しようとしている。そして彼もまた政治理論の直接の対象を言葉に求めるのである。社会の諸科学は親殺しを行うたびごとに由緒をもった言葉を駆逐し、言葉から自由になることによって科学性を獲得してきた。と同時に、人間経験の大いなる部分を放逐してしまった。逆説を弄するようだが、経験科学は言葉を放逐し、経験を事実の経験に限定することによって、かえって非経験的になってしまった。バーリンはここまでいい切ってはいないが、私にはそのようにいい切る用意がある。以下においては、カール・ポパーの言語観を(否定的な意味で)足がかりとしながら、その真意を明らかにしていくことにしよう。

三　言葉のなかの経験

経験科学における言葉をたんに名だけのものだとみなす、またみなすべきだと主張するポパーは、徹底して唯名論の立場にたつ。「正義とはなにか」、「力とはなにか」、「エネルギーとはなにか」、「原子とはなにか」といった型の問いを、彼は、事物や事象のイデアの如きものを追い求める問いだと断じ、このような問いを発し、それに答えようとする理論を「方法論的本質主義」と名付けている。「〔正義や力といった〕名辞の真の、すなわち本質的な意味を明らかにし、そのことによってそれらの名辞が指示するそれぞれの本質の、実在的もしくは真なる本性を明らかにしようとする」（105：52*）のが方法論的本質主義だと呼ばれる。この本質主義に対して彼じしんは「方法論的唯名論」を主張し、これこそが経験科学の正しいいき方だと論じるのである。

この唯名論は「科学の任務は諸事物がどのように挙動するか、ということの叙述にすぎない」と考え、そして唯名論者は言葉や語というものに対してつぎのような態度、「必要とあればいかなる場合にも自由に新しい名辞を導入するか、あるいはそれが便利である場合はいつも、旧い名辞を定義し直して平気でもとの意味を無視してしまう」（105：53*）という態度をとる。そして曰く、要するに彼らは「語というものを、ただたんに叙述の有用な道具にすぎない」と考えるのである、と。

このようにしてポパーは、われわれのさきの二種の問い、すなわち哲学的・形而上学的な問いと形式的および経験的な問いを、語に対するかかわり方によって対比せしめている。一方は、語をなにか実在的なものとみなしその本質を問う方法論的本質主義として、他方は語を道具とみなす方法論的唯名論として。そして彼は社会科学は科学であろうとするかぎりは唯名論たらざるをえず、あるところでは(104：217*)、唯名論としての社会科学は技術論としてしか展開できないとまでいいきっているのである。

これはひとつの態度表明である。「科学の任務は諸事物がどのように挙動するか、ということの叙述にすぎない」というのはポパーの科学についての定義であり、彼の科学についての態度表明である。科学をこのように定義すると、語や言葉について問い質すことはたしかにナンセンスである。またこの定義のもとでは、社会科学は技術論としてしか展開できないということもむしろ当然である。現に科学としての経済学はこのような方向を地で行っている。テスト可能性の有無によって科学と非科学を区別するなら、社会科学も科学であろうとするかぎりはテスト可能な形で定式化されなければならず、そのとき社会科学に本質主義をもって携わることは言語上の余計な混乱をもたらすだけであろう。

唯名論としての科学の一番の強みは、自分のやっていることをまさに科学だと定義できることにあるのだ。だが、この唯名論が、そしてこの唯名論にかぎって人間社会の全体性を掬いとることができるとポパーが主張するなら、じっさいそういう含みのあることが行間のいたるところに感じられるのであるが、それははなはだしい論理の飛躍だといわなければならない。語を(社会)科学にとってのたんなる道具にすぎないとみなすことは、語が人間経験の一片も含んでいないと主張することにも等しいが、明らかにこれは事実に反している。

たとえば「自由」という語ひとつとってみても、それがいかに多くの人間経験を含んでいることか。最近のわが国では、この言葉はオーウェルの一九八四年になって突如として眠りからたたきおこされ、しばらくのあいだ活動させられてまた眠りについてしまうという二足三文の言葉になりはててしまったが、かつてこの言葉は血で血を洗う戦争をさえ経験してきた。宗教戦争がそうであった。そしてそのとき新たな経験を吸いとったこの言葉は「寛容」という言葉に独自の意味内容を与えるにいたった。政治の領域において自由という言葉は、その解釈の如何によって党派を分かたしめることさえあったのである。自由という言葉のもつ多義性は、この言葉をめぐって人間が数かぎりない経験をし、そしてこの言葉がこのような経験を掬いとっていることの証拠である。このような、「…とはなにか」とどうしても問い質してみたくなるような言葉に含まれている経験と、たとえばアメリカの高金利がドル高をもたらしたというような経験とを比べてみたとき、はたしてどちらが人間にとってより大なる経験であるか、答えはいわずもがなであろう。

自然科学の領域においてはあれほどの見識を示し、口を酸っぱくして技術主義を批判するポパーが、社会科学の分野においては大きく技術主義に傾くのはなぜだろうか。たぶんそのわけは、彼が社会科学において言葉に独自の実在性を認めないからである。ひとつひとつの言葉は、ある意味では理論であり仮説である。それは人びとの物の見方、思想、観念などを反映している。ポパーは自然科学においては理論や仮説の自律性を説きながら、社会科学においては理論や仮説の道具主義を主張しているのも同然である。

社会科学の唯名論を批判するからといって、なにも私はポパーのいう意味での本質主義に与しようとしているわけではない。語の本質やイデアを問おうとするのは、彼と同様、私も悪しき形而上学だと考える。私がいいたいのは、語や言葉はそれが人間の積年の経験を内に含みもっているかぎりにおいて実在する、ということである。ポパーが物理的世界は実在するという立場から自然科学を出発させる(「常識的実在論」)のと平行して、私は語や言葉が実在するという立場から出発する。そのような立場から出発する社会科学を私はモラル・サイエンスと呼ぶのである。そして私は、ポパーが自然科学の理論を事実や出来事の断片をもとにした自然解釈だと考えるのと平行して、モラル・サイエンスの理論は由緒来歴をもった言葉や語や概念をもとにした人間世界の解釈だと考えたい。語が実在するということと語には普遍の本質があるということとは決して同じではない。語は器のようなものであって、それは多彩な人間経験を多様なニュアンスとしてみずからのなかに注ぎ入れる。「世界についての人間の経験は言葉のなかに運び込まれる」（H-G・ガダマー）(32 : 414) のである。モラル・サイエンスの社会理論はこのような語を選り分け吟味し、そしてそれらをある適切な場所に収めてやろうとするのである。

ふたたびバーリンから引用すれば、彼のつぎの言はこれまでわれわれが述べてきたところを余すところなくいい尽くしている。「哲学の仕事――しばしば困難で苦しい仕事――は、人間が思考するさいに用いている隠れた範疇とモデル、つまり言葉やイメージやその他のシンボルの使用を取り出してこれを明るみにさらし、その不明瞭な点や矛盾する点を顕わにすることである。」(13 : 10, 250*) そしてつづけていう。「哲学者に永続的に課せられた努めは、科学の方法や日常的な観察が気付かぬような事柄、たとえば範疇、概念、モデル、思考様式もしくは行動様式、とくにこれらが相互に対立しぶつかり合う様子を調べ、既存のものよりも内部の矛盾が少なく、たとえ完全な実現は望むべくもないにせよ、誤用のより少ない他の比喩、イメージ、シンボル、範疇体系を構築することである。」一番目の引用は、哲学（政治理論、社会理論）の出発点や素材が事実にかんする第一次命題ではなくて、むしろ事実の見方から成る第二次命題であることの言明であり、二番目の引用は、それらの素材をもとにして描き出される理論の内容についての言明である。

私の考えるモラル・サイエンスは、表現の手段としてはもとより、むしろそれ以上に、その対象《ヽヽ》として自然言語、およびこの自然言語に反省を加えた概念、術語、思想などを択ぶ。規約言語、人工言語とちがって、これらは由緒と血筋をもち、有名無名の人間の豊かな経験を内に蔵している。そして社会理論はこれらの言葉に、ということは人間の経験に、ある位置を与えてやろうとするのである。もちろん、位置を与えるからといって、それらを配置するところの全体があらかじめ存在しているというわけではない。ア・プリオリの全体などというものはどこにも存在しない。全体像とはあくまでも描かれるものである。語から出発してまずある像を描いてみる。その像のなかでこれらの語の収まり具合がどうも悪ければ、最初の像を改訂してみる。そうすると最初の語だけでなく、ふだんは何気なく見過ごしていた語が新たな光を帯び、この像のなかではなくてはならぬものになる場合がある。

反対に思想史の中で一世を風靡し、時代の精神ともなっていた語が像のなかではどこにも占めるべき場所をもたず、像から抜けおちてしまう場合もでてくる。このときにも、それを性急に切捨てることは慎む。この語によって人びとは何かを語り、人間経験のどこか重要な部分を述べていたのではないかと疑ってみる。このように語と像＝理論とのあいだの往復作業を行うことによって全体像を描き、人間の経験に意味のあるまとまりを与えてやろうとするのである。この全体像の全体性とはもちろん量的な意味での全体性、微分された諸学を学際的に積分して得られるような全体性のことではない。そうではなく、ここでの全体性とは、人間経験の意味の全体性のことを指し、これに照らしてみたとき、あれやこれやの語や概念がうまく理解できたと感じさせるようなそうした全体性のことである。

このような社会理論は、たしかに、いまここにある現在の経験を直接の対象として論じようとするものではない。わが国の投資の動向がどうだとか、為替レートがどうやって決まり、近ごろのドル高騰が何に由来するかとかいうことは論じないし、昨今のドル高は近い将来、反転して暴落を招くかもしれないといった予想をたてることもしない。それらは実務家の仕事である。じつのところ経験科学としての経済学はポパーもいったように実務論、技術論としてしか成立しないのかもしれない。経済学者がしだいに実務家と化し、実務家が経済学者と化しつつある現今の状況をみていると、いっそうこの感をつよくする。

それはさて措くとして、いわゆる経験科学としての経済学は人間経験のごくわずかの部分、歴史の末端にある〝いまここに〟の経験しか考察の対象とはしないのに反して、モラル・サイエンスの社会理論はその何十倍、何百倍にもおよぶ長いあいだの人間経験の領域に足を踏み入れようとするのである。それを過去のものだとして顧みることさえしないのは不遜であり傲慢でさえある。いったい偉大な実務家といえる人物にして過去の膨大な人間経験に頓着しない人がいたであろうか。「事務の論理」の人とディルタイ(27)に評されたマキアヴェッリの『君主論』が時代を超えているのは、彼のギリシア・ローマ以来の人間経験への精通によるところが大である。そもそも事務の論理とは、ディルタイにいわしめれば、「生活と歴史との素材でおこなう観察、帰納、比較、概括といった」(27:56*)論理のことなのだ。永遠の実務とその時その時の実務――これはまたモラル・サイエンスと経験科学とのあいだの差異でもあるといえよう。

経済学は経験科学を標榜しながら、人間の豊かな経験を体験してきたはずの言葉を不当に軽視し無視し、ときには侮蔑さえしてきた。なるほど貨幣という言葉、消費や投資といった人間活動をあらわす言葉、企業や家計といった制度をあらわす言葉は使用されている。だが、これらはいずれも定義語や規約語として用いられている。たとえば、貨幣とはエム・ワンとエム・ツーのことである。企業とは利潤獲得を目的とする生産主体のことである、消費とは食べる着るといった活動で、消費者行動とは選好するものを選択する活動である、といった具合である。ときには「機会主義(オポチュニズム)」という言葉に出くわしてハッとさせられることもある。状況という不定形の事態にいちはやく形を与え、そのうえで機先を制するような行動をとるこの「機会主義」はがんらい政治家の活動術を表現するために用いられてきたが、それは政治家の活動にかぎらず、企業者の活動、あるいは芸術家の活動——「私の詩はすべて機会の詩だ」（ゲーテ）——などを含む人間活動一般を理解するうえで示唆するところの大きい言葉だと思う。ところがこの言葉も経済学者、たとえばO・E・ウィリアムソンの手にかかると、労働者の一行動様式、労働の果実を直接享受することのない労働者がみずからの負担をできるだけ軽くしようとする類の行動様式だということになってしまい、そのとたんにこの言葉のもつ本来の豊かな意味は喪われ、味も素っ気もない平凡な語に変質してしまう。万事がこの調子なのである。

清水幾太郎氏(124)は経済学のいやます形式化の傾向をみて、「効用が人間から離れて、形式の世界に消えていくのが辛い」と慨歎され、形式論理の科学的厳密性が追い払った〝非厳密性〟や〝塵芥〟のなかにこそ真実があるという趣旨のことを述べている。言わんとするところは十分理解できるし、われわれもまた氏のいう非厳密性やちりあくたを掘りおこすところから出発したのである。しかしわれわれがそうしようとしたのは人間主義、清水氏の場合の功利主義、を擁護し復活させようとしたからではない。もしも形式主義に人間主義を対置させるのであれば、そのとき形式主義者はアルフレッド・マーシャルの、冷静な頭脳と暖かな心、というモットーを引出してきて、自己の立場の正当化を図ることもできるであろう。一個人の心情としては効用を理論から放逐するのは忍びない、が、沈着冷静な理論家としては涙をのんでそうせざるをえないのだ、と。

これはこれで正当な抗弁である。陳腐な言い草ではあるが、事実と当為は区別されなければいけない。しかしそう認めたうえでなお私が経済学の形式主義を論難するのは、それが効用でなく言葉を——たぶん「効用」という言葉も含めて——ものの見事に放逐してしまったと考えるからである。そうすることによって、経済学は人間経験の大いなる部分を放逐してしまった。言葉＝経験を排除したあとに残るのは数式の蜿蜒たる連鎖か、さもなくば事実＝経験の山また山である。語や言葉や概念を名だけの道具だとみなすことによって、経験科学としての経済学は人間経験の本流をからからに干からびさせてしまった、と私は考える。

四　創造される真理

いわゆる経済科学とわれわれのいうモラル・サイエンスとの相違が究極的には問いの相違に起因することをみてきた。すなわち、前者はhowを冠する問いによって論を起こすのに対して、後者はwhatやwhyによる問いから出発するのである。とうぜん問いに対する解答の性格も両者のあいだでは際立った相違をみせる。経験科学の、そして数学のような形式科学のhow-疑問に対する解答は、その真偽・正誤を判定する客観的な審判者をもつのに反し、モラル・サイエンスのwhat-疑問やwhy-疑問に対する解答はそのような最後の審判者をもたない。ただ言葉を問い質し、そうすることによって人間経験のなんらかの全体像を描いてみるほかない。とある全体像をもって答えとする以外になすべき術はない。しかもこの像は問いに対して最終的な決着をつけるようなものではなく、つねに暫定的な性格のものである。そうだとすればこの像は主観の恣意的な構成物にすぎないのか。それともなにか確固とした基礎をもち、主観の恣意を離れたリアリティをもちうるのであろうか。もしもちうるとすればいったいどのような意味においてか。このような疑問に答えるためには、全体像なるものの全体性の意味について考えを進めていく必要がある。

さきに、「Xとはなにか」と問うとき、われわれはXという語それ自体の理念なりイデアなり本質なりを問うているのではない、と述べたが、このことはあらためて強調しておく必要がある。そのような問いを発することによってじつのところわれわれは、Xという語のYやZやその他の語との位置関係や距離関係を探索し、そうすることを通じて、つまり「科学の方法や日常的観察が気づかぬような事柄、たとえば範疇、概念、モデル、思考様式もしくは行動様式、が相互に対立しぶつかり合う様子を調べる」ことを通じて、人間の経験にとあるまとまりを与えようとするのである。「Xとはなにか」という問いが実りある解答をもたらすのはまさしくこのようないき方においてである。

ハイエク(39)もまた同様の趣旨のことを述べている。彼は人間の「感覚秩序《センソリー・オーダー》」を論じるさいに、事物の本性にはなんの関心ももたぬとする一方で、またこういうふうにもいっている。「『Xとはなにか』という問いはある与えられた秩序《オーダー》のなかにおいてのみ意味をもつ。そのさいに問うべきは、ある個別の事象が同一秩序内の他の事象とどのような関係にあるか、ということである。」(39：4-5) この個別の事象なるものはわれわれの場合には個別の語や言葉や概念であり、またハイエクのいう秩序《オーダー》はわれわれの場合には語や言葉や概念を用いて描かれる全体像のことである。「Xとはなにか」という問いはふつう存在への問いといわれるが、われわれの場合にもハイエクの場合にも、この存在なるものは決してXそのものの存在のことではなく、X、Y、Z、……によって形づくられる全体像、あるいは秩序《オーダー》の存在のことなのである。

「Xとはなにか」という存在への問いは、したがって、「XはなぜXか」という存在理由への問いと表裏一体の関係にある。というのは、このような一見すると同語反復的にみえる問いを発するとき、われわれはそれに先立ってある全体像を構想し、そのうえでXの存在理由、つまりその全体像に占めるXの位置や価値がどのようなものであるかということを問うているのだからである。なにかという問いは部分から全体をめざし、なぜかという問いは全体から部分をふりかえる、といっていいだろう。この二つの問いを往復することによって、ある全体像を描こうとするのである。

注意を促しておきたいのは、この全体像のもつ全体性とは、ある観点、ある方法、あるいはイデアル・ティプスやある特定の概念装置によって構成された全体性ではない、ということである。このようにして構成された全体性のなかでは細部の担う意味は枠組や装置といった認識者の眼鏡によって、大なり小なり規定されてしまう。歴史をイデアル・ティプスを用いて再構成する、あるいは社会をある概念装置をあいだに置いて視る、という場合、このとき構成された歴史や社会は特定の道具を用いて再構成されている。とうぜん道具の種類が異なれば、出来上がった建物のさまかたちも違ってくることになろう。概念装置を用いて対象を理解する了解するというが、このときの理解・了解とは、認識者と認識対象のあいだに装置を置き、この装置の助けを借りて対象を理解もしくは了解する、ということである。しかるにわれわれが全体像を描こうとするときの仕方は、このような装置による仕方とは別物である。そもそも自前の概念装置という媒介物を置かない。マイケル・ポランニー(103)の言葉を借りるなら、対象に直接「潜入」(dwell in)しようとするのである。そうすることによって、細目と細目、部分と部分のあいだに関連を与えようとするわけである。

部分や細目とはわれわれにとっては語や言葉、人工言語とはちがって人間の経験や観念などを担った語や言葉である。たとえば貨幣について考察をめぐらせるとき、われわれは紙幣や鋳貨といった具体物を考えるわけでもなければ、そのような具体物を指示する貨幣という語を考えるのでもない。そうではなく、貨幣という言葉に人びとがこめてきた見方や観念、たとえば信用や信頼、あるいは決済力や流動性といった観念について考えるのである。つまり、貨幣にかんする時事的な出来事、紙幣や鋳貨といった具体物などではなく、人びとが「貨幣」という語に注ぎ込んできた幾多の経験、あるいはさまざまな観念をこめてきたという〝事実〟や〝経験〟を取り上げるのである。このようなたぐいの経験を前に言葉経験と呼んだのである。

この言葉経験は、この私が勝手気儘にねじ曲げることのできるようなものではない。できるのはただそれらにある位置を与えてやること、ということはつまりそれらを配置し関連づける全体像を描いてやることだけである。これまではどうも収まりの悪かった語があらためてしっくりと収まるようになり、以前は何気なく見過ごしていた言葉が次から次へと本来の意義を獲得して、これまでてんでバラバラに散らばっていた語が突如としてひとつの磁場を形づくるにいたる、この磁場のようなものが私のいう全体性である。全体像の全体的たるゆえんは、それがいかに多くの語に場所を与えうるかにかかっている。そのさい、それらさまざまの語によって形づくられる全体像が頭の中でのこしらえごとではなく、私個人を離れてもなおある種の真実味を帯びうるのは、それらの語が人間経験の真実の少なくとも一端をついているという確信があればこそである。「貨幣」という言葉が示唆する信頼や流動性といった観念、「機会主義」という言葉で人びとがいいあらわしてきた人間活動の一側面、あるいは「効用」という時代の精神ともなっていた言葉によって功利主義者がいいあらわそうとしてきたもの、これらは程度の差はあっても、人間事象の真実の一端をついていると考えればこそ、それらに場所を与える全体像も真実性を帯びうるのである。このような観点からみると、理性的個人をもって経済学の描く像は人間理性という一点に収縮・退化した単彩画の画像だということになるであろう。種々の経済活動は理性的な合理的行動に還元され、企業や家計という制度は合理的経済人の集まりに解消される。そして貨幣も彼らの活動の便宜をはかる道具に退化してしまう。理性的個人は理性という魔法の杖で人間の言葉経験のほとんどすべてを溶解し、それをみずからのうちに呑み込んでしまうのである。

言葉を通して人間事象の全体像を描こうとするさい、われわれは言葉の交通整理を行おうとしているのではなく、人間事象の真理や真実を手に入れようと目ざしている。もちろんこの真理や真実は経験科学の目ざすそれとは別種のものである。なににもましてそれはその確かさを試す試薬、マテリアルやファクトといった試薬をもたない。現実に合致するか否か、多様な事実を説明しうるか否かという基準によってその確からしさを判定することはできない。経験科学の目ざす真理を認識真理と呼ぶとするなら、モラル・サイエンスの目ざす真理は存在真理とでもいいうるであろう。その社会理論は人間の言葉経験が虚妄や幻想でなく確たる実在性をもつという前提のうえに立っていて、そのうえで人間の経験に全体性を与えようとする。さしあたりこの全体性こそが人間事象の領域における存在の真理だといっておこう。

さまざまな学は認識真理を存在真理から切り離し、〃親殺し〃を敢行することによってみずからの地歩を着々と固めてきた。バジル・ウィリー(137)が「真理の世紀」と呼ぶ一七世紀は認識真理が存在真理から独立を宣言した世紀であり、近代の学がみずからの基礎固めを行う記念すべき世紀であった。旧来の、ホッブスやフランシス・ベーコンやデカルトらの批判の矢面にたったスコラ哲学においては、二つの真理、すなわち事実にかんする真理と神学的もしくは形而上学的な真理とは分かちがたく結びついていると考えられていた。だが両者は切断されるにいたる。切断されるばかりでなく、科学的真理のみが唯一の真理であると宣言され、片や形而上学のほうは、メタフィジカルな荒野をさまよい歩く煩瑣哲学という名称を忝うすることになる。

だが、歴史の転換点に立ち合った人たちが新旧ふたつの顔をあわせもっていることはよくあることである。デカルトやベーコンにしてもそうであった。理性主義の元祖のようにいわれるあのデカルトも、たといそれが彼なりのポリティークであったにもせよ、神に対する配慮を怠らなかった。神学や形而上学と新しい科学とのあいだの関係についてベーコンのとる立場はもっとナイーヴである。理神論者ベーコンにとっての神は、「二つの書きものによって人間に自分をひらいてみせる。第一はむろん書かれた言葉によってであるが、第二に、その手仕事、すなわち創造された万物によってもおのれを啓示する」(137：41*)と、ウィリーはいっている。さらに曰く、「ベーコンの全著作を通じての意図は形而上学的な〃真理〃を排することでなく、それとは別の種類の〃真理〃を同じ時代の人びとに大量に服薬させることにあった。」(137：30*)デカルトやベーコンばかりではない。経済学の歴史の転換点に立ち合った人びとについてもこのことは妥当するのである。古典派と新古典派のあいだに位置する限界革命の担い手についてもある程度はそうである。いわんやケインズ革命の担い手であるケインズ本人についてはいっそうそうである。新旧ふたつの顔をもつことを私は必ずしも時代遅れの徴しだとはみない。それは人間の学においてはむしろ理論に豊かさを与えるものだと考える。

といって、私はなにもスコラの形而上学を擁護しようとしているわけではない。そもそもスコラ学の存在真理とわれわれのいう意味での存在真理とのあいだには大きな隔りがある。自然の説明ということにかけても、スコラの自然学がベーコンやデカルトやニュートンの自然学に太刀打ちできないことはわかりきっている。しかし、人間経験の個々断片を超えたところに何物かを見ていこうとする態度、まさにその態度において、スコラ学のいき方はわれわれのいき方と軌を一にしているのである。

人間事象の真相、真実、真理を追い求めようとする社会理論は、人間事象の全体像を描こうとすることによってその真相、真実、真理に到達しようとする。それらは、存在を静かに観照することによってではなく、かえって存在を創り出すことによって獲得されなければならない。存在真理とは、奇異にきこえるかもしれないが、創造される真理である。それは事実や現象の忠実な映像でもなければ、事実やその他の客観的基準によって真偽のほどが確かめられるという性格のものでもない。あるいはまた真理がどこかに隠れていて、それを覆っている表皮を一枚一枚剝がしていくことによって見つけ出されるような、そういったたぐいのものでもない。つまりそれは創造されるものなのだ。が、創造されるからといって、紙の上に描かれた円のように明確な範囲と限界をもつわけではない。客観的にこれが全体像であり、これが真実であるとする基準はない。

この点、それは芸術の真理とどこか似たところがある。たとえば美の場合、これこそが美であるとする客観的基準がどこかに存在するわけではない。それは、実際に絵を描くことによって創造されなければならないのである。

客観的な判定基準をもたないという点で、それはまたギルバート・ライル(115)のknowledge-howやマイケル・ポランニー(103)の暗黙知(tacit knowledge)に似ているともいえるだろう。これらは客観的知識とは異なって、他の事項や事実などをもっていい表わすことのできない知識、つまり「AはBである」という形で定式化することのできない知識である。われわれは特定の人の顔を同定し他の人の顔から区別することができる、この意味でわれわれはその人の顔を識っているといえるけれども、しかしそれを目や鼻や口などの構成部分をもって定式化することができない。したがって、それを情報という形で他人に伝えるのは著しく困難である。

存在真理や芸術の真理もまた、それをひとつの命題として定式化することはできず、ただ人間経験の全体像を描いたり絵を描いたりして、それらのなかに真実を体現するよりほかはない。これらを〝知る〟さいに必要とされるのは認識の能力よりはかえって〝スキル〟である。スキル(skill)とは細部を識別したり分離したりする能力、そして識別され分離されたものをこんどは全体化するところの能力である。ハーバート・リード(108)によると、skillという言葉はノルウェー起源の言葉で、がんらいは〝識別〟や〝区別〟などといった意味あいをもち、英語のknow-howと同義の言葉だという。knowledge-howにしろ暗黙知にしろ、あるいは存在真理や芸術的真理にせよ、それらをスキルによって知る(識る)ということは、すなわちそれらをスキルによってみずから再創造してみるということなのである。芸術を鑑賞するということはみずからその作品を再創造してみるということである。また、人間の経験を解釈するということは人間の経験を意味の全体としてみずから創造し、個々の経験を全体の相の下に理解するということである。リビドーとか物質過程とかあるいは記号などといったものに解体し解消してしまうのではなく、人間経験の全体を創造してみることなのだ。

このようにして追い求められる存在の真理は、たしかに一面では主観的なものである。少なくとも経験科学の真理のような客観性をもたないという意味では主観的なものである。しかし存在真理は個人個人の主観のなかに宿るものではなく、反面ではそれを超え出ている。存在の真理を主張することは、このような超越性をみとめ、超越的存在が何処にかあることを主張する(むしろ信仰する)ことである。わたくしにとっての真理、あなたにとっての真理というとき、じつのところその人は真理の不在を証明しようとしているようなものだ。真理というものはもともとわたくしやあなたを超越しているものだからだ。このことを考えるためには、ここでもまた芸術を例にとるのが役にたつ。

H・リード(108)、H・ゼードルマイア(120)、M・ピカート(100)は近代芸術の芸術性について疑問を投げかけているが、その理由は近代の芸術が超越性を追い払ってしまい、その結果、芸術が個人的なものになってしまった、著しく私化してしまった、ということにある。この私化への傾向は、リードのみるところでは、近代芸術の形式の崩壊となってあらわれている。この崩壊の仕方をさらにみていくと、それは芸術の「支離滅裂」化、「粗暴性」の神聖視、「プライヴァシー」への閉じこもりとなってあらわれている。支離滅裂とは作品に示されるべき意味をもった関係がもはや関係をなさず、それが散り散りに分裂していくことである。その結果、芸術は様式をなくしていき、それに呼応するかのように粗暴性が崇め奉られる。さらにプライヴァシーとしての芸術とは、「理解したり呑み込んだりすることができない冗談、冗談をいった者だけがおもしろがる冗談」(108：233*)の芸術のことである。近代芸術はしだいに「話法」を喪失していき、何らかの話法によって人になにかを伝達しようとはしなくなる。かくてリードはこういいきる。近代芸術の崩壊は「たんに芸術における形式の漸進的な崩壊であるばかりでなく、知性そのものの崩壊でもあり、おもしろくも美しくもない限りなき〝たわむれ祭〟への転落である。」(108：234*–235*)また、「ポップ・アートとは宗教を信じようとしない無神論者のようだ。」

ハンス・ゼードルマイアによれば、現代の芸術、つまりその非芸術と反芸術は自律的・内在的となってしまい、以前の芸術がもっていた超越性を閉め出してしまった。「古来の芸術は何千年にもわたって信仰に奉仕をしてきたし、またこの奉仕のゆえに偉大でもあった。芸術はその多かれ少なかれ世俗化したかたちにおいても、このような関係があるゆえにまだしも確かなものになっていた。その形象の最も劣ったものにおいてさえ、なにかしら〝実際的なもの〟を超えて指向しかつ超えたところに到達するようなものによって照らし出されていた。」(120：341*)ところが自律的・内在的となった芸術は「芸術からことばの性格をうばって」しまう。T・W・アドルノの一文を引用すると、「新しい芸術の歴史は、大幅に取り消すすべもない論理をもって流れる、形而上学的意味の喪失の歴史」なのだ。非芸術と反芸術におけるこの「超越性の閉め出し」はひとり超越性を閉め出すにとどまらない。それは必ず、「自然の閉め出し」、すなわちコントやマルクスによって生み出された「反自然」の立場、みずからを絶対と措定する自律的人間の世界観を芸術に投影したもの、と「歴史〔伝統〕の閉め出し」とをともに敢行せずにはおかないのである。

ゼードルマイアのいう超越敵視的、自然敵視的、歴史敵視的、の非芸術と反芸術はいま一人のピカートによると、芸術のアトム化と刹那化であり、それはまた芸術における持続と連関と中心点の喪失、一言でいうと、芸術におけることばの記号への転落なのだ。

もはやこれ以上の解説は要しないだろう。三人の近代芸術批判の核は、近代芸術が超越性を閉め出すことによって非芸術や反芸術となってしまった、つまり芸術にあらざるもの、芸術に反するものになってしまった、ということである。このような形の近代芸術批判に対して異論をもつ人はもちろんいるであろうし、なかには説得力をもったものもあるかもしれない。芸術についてはまったくの素人である私がこれら批判と反批判をいちいち比較対照させることができないのは致し方ない。したがって片手落ちは承知のうえである。にもかかわらず、三人の批判に大きな見当違いがあるとは思えない。少くとも私にとっては彼らの批判は大いに理解できるのである。おそらく、ひとそれぞれが美とみるものが美であるとする相対主義は、芸術とは相容れない。芸術の存在と超越性への指向とは切っても切り離せない関係があると思われるのである。さきに存在の真理は経験科学の真理のような客観性をもたないと述べたが、かといってそれがひとそれぞれの真理というものでもないことは、以上の近代芸術批判からも類推できると思う。

いや、芸術における美的真理とわれわれのいう存在真理とのあいだには、おそらく、たんなる類比以上のものがあるのだ。たとえば社会理論からゼードルマイアのいう「自然」を閉め出したとしてみよう。するとあとに残るのはたぶん数学という形式のみである（「計算という非芸術」—H・ゼードルマイア）。また社会理論から「超越性」を閉め出したとき、そこに残るのは事実や経験を真理の審判者とみなす実証主義や経験主義である（「機能本位の造作だとか感性的物件だとか行動だとかジェスチュアだとかの反芸術」—同上）。さらにまた社会理論から「歴史（伝統）」を閉め出したときに台頭するのは理性的人間の科学主義である（芸術における「構成主義的、機能本位的〝新建設運動〟」、「完全な現代主義は、自分とともに〝まったく新しいもの〟がはじまるのだ、そのことによって古来の全歴史は凌駕され、いまやよけいなものになったのだ、という理解によって貫かれている」――同上)。

このような対応関係を私は決して偶然のものとはみない。芸術も社会理論もその内容こそ違え、人間経験のとある像を描こうとする。描かれたものは一方においては絵画、他方においては人間世界である。そして芸術も社会理論も人間経験の真理を追求しようとするが、この真理は決して事実や物質の中には存在しない。事実や物質の中に真理を求めようとするとき絵画は絵画ではなくなり、人間世界は人間世界でなくなる可能性が非常に大きいのである。

社会理論や、それが描こうとする人間の世界にとってもまた、自然(非自律的人間)、超越性、歴史の三つは必要不可欠の要素である。マテリアルやファクトを超えたメタフィジカルな世界に実在性を与えるのはこれらである。しかもこれらは密接不可分に結びついており、一つを取り払うと他の二つは自動的に消え去ってしまう。これらが社会理論(人間世界)においていかに重要な位置を占めているかは、次のようにして示すことができる。

歴史を端緒にとってみよう。もちろんこれは編年的な歴史ではない。それは人間経験の蓄積としての歴史、すなわちトラディションやコンヴェンションのことである。事実としてみれば、これらは特定の国や地方の風俗、伝統、慣習にすぎない。ひとによってはこれらを美風と感じたり、反対に自由に対する拘束だと感じたりする。現代の風俗が気にくわないと思うひとのなかには、その反動として過去の熱烈な神聖視へと向かうひとも出てこよう。ともかくここでの風俗、伝統、慣習は事実としてのそれであり、それらに対する好悪は大なり小なり人びとの事実経験に由来するものである。

しかし、社会理論にとって重要なのは、このような事実として存在する、あるいは存在した伝統や慣習ではない。少なくとも第一義的な意味においてはそうではない。重要なのは事実としてのそれらを超えたところに人びとがなにを見、またなにを感じとってきたかということ、好きとか嫌いとかいう個人の経験を超えて、人びとがそれらにどのような意味を与え、人間経験においてどのような位置や価値を賦与してきたか、ということである。

おそらく伝統に価値をおく伝統主義には二つのまったく異なったタイプのものがある。ひとつは事実的なものであり、もうひとつは理論的なものである。特定の慣習、特定の伝統、あるいは特定の民族性を自己主張するもの、もしくはそのような自己主張に対して第三者として積極的な意義を認めるもの、それがここにいう事実としての伝統主義である。もちろんこれがひとつの主義として人間経験のとある真実をついていないというわけではない。モンテスキュー、ヴィーコ、ヘルダー、初期の歴史主義者やロマン主義者にとって、ある国ある地方の慣習や伝統はまたとない唯一無二の慣習や伝統であって、それらの積極的擁護は普遍主義、たとえば理性の普遍主義に対する、一方では個性の、他方では多様性の主張でもあったのである。

だが、個性の主張はややもすれば自国の個性のみが勝れているとする自国中心主義に陥りやすいし、多様性の主張は、多様性のうえにある全体についてのイメージを欠いたとき、容易に破壊的な相対主義へと転落する。この伝統主義は絶対主義化への傾向と相対主義化への傾向をともに含んでいるのである。うえにあげた人たちの伝統主義は、この両極端のいずれにも傾かない、微妙なバランスを保ったものだった。しかしその後の歴史はこのバランスがいかに微妙で不安定なものであったかを如実に示している。ことにドイツにおける歴史相対主義と歴史絶対主義への分裂をみよ。

このような事実としての伝統主義に対して、理論としての伝統主義というのは、たとえ個々の伝統を念頭においたとしても、それを離れたところに伝統のもつ意味をみてとろうとするものである。特定の伝統を擁護しようとする場合でも、それはさきの伝統主義のようにこの伝統が独自で個性的なものだと考えるからではなく、具体的伝統、たといそれが最善のものではなくても、具体的な伝統を離れたところにはこの〝意味〟の住む場所がないと考えるからである。この意味——それは伝統のもつ連続性である。特定の伝統は連続性の乗物として意味をもち、そのようなものとしてはじめてトラディションとして観念されるのである。

人間の世界に連続性がないならば、人間の経験は事実経験の死せる堆積、瓦礫の山となってしまうだろう。裏を返せば、事実経験のみを人間の経験だとみる立場、たとえば実証主義や経験主義にとって、連続性の要素、トラディションは視界から消え去ってしまわざるをえない、ということだ。そのとき経済は日々の生産や交換となり、政治は日々の投票となり、ひとを律する法は日々の社会契約となってしまう。あるのはそのときそのときの過程のみで、人びとは過程という輪転機の中へいやがおうでも放り込まれざるをえない。トラディションのない人間世界は、耐久性も永続性もない、過去の記憶も、それゆえ未来への想像もない、束の間の刹那的な世界である。

さらに、この連続性としてのトラディションの中に、エドマンド・バークは先人の「知恵の集積」をみ、ド・メーストルは「神」をみ、ハンナ・アーレントは「権威」をみた。一見すると脈絡を欠いているようにみえるこれらは、少なくともある重要な一点で共通性をもっている。すなわちこれらはいずれも、いまここにいる人間を超越している、という点である。超越しているといっても、それは伝統が天から天降って人間に授けられたということを意味しない。伝統は匿名の、とはいえやはり人間の経験の所産である。けれどもそれは時や歴史というふるいにかけられ、多かれ少なかれ人間の恣意性をふるいおとされている。この恣意性をふるいおとされたあとに残る人間の経験が先人の知恵であり、神であり、権威なのだ。

「神は彼の第一の宰相によってみずからを世界にあらわす。この宰相とはすなわち〃時〃である」(70:71)とカトリックの正統主義者ド・メーストルがいうとき、彼は伝統が神よりの賜物であるとほとんどいいそうになりながら、そういいきることをある一線で踏みとどまっている。神から時、時から伝統という天降りによって伝統を捉えるのでなく、反対に伝統から時にさかのぼり、時の背後に超越的な神をみるという思考の流れがそこにはあると思われる。

アーレントのいう「権威」もまたやはり超越的な力である。しかし彼女のいう権威もまた、天上に鎮座する権威ではない。それは、それがなければ人間の経験が個々バラバラの個人個人の経験へと解体してしまうような力、このような意味で人間を超えた超越的な力である。「過去に基礎をおいていた権威は、人間がほかならぬ死すべきものであるがゆえに——実際、人間はわれわれの知っているもののうちでもっとももろい存在である——必要とする永遠性と耐久性を世界に与えた。権威の喪失は世界の土台の喪失にも等しい。」(2:Ⅰ*:120*) 権威と永続性を結びつけるアーレントの見解は決して牽強付会のこじつけではない。R・S・ピーターズ(99)によると「権威」概念はラテン語の auctor および auctoritas に由来するそうであるが、この auctor とは、彼の引くルイスとショートの『ラテン語辞典』によると、「あるものを産み出す人、かれがはじめてそれを創作するかどうかはともかく、それの増大や繁栄を促す人、あるいはかれの努力によってそれをより永続または持続させる人」のことなのである。

理論的な意味での伝統主義は主義という言葉であらわされるような立場や態度の主張、表明ではない。たとえそれが政治家バークにおけるように、ある政治的主張のための根拠として用いられることがあっても、それ自身はなんら政治的なものではなく、むしろ理論的なものである。トラディションという言葉に潜んでいるのは連続性や超越性の観念であり、連続性や超越性としてのトラディションは人間世界においての理論の重要な構成要素だとみなされているのである。

さらに、トラディションのなかの連続性や超越性の観念は、人間が不完全で誤謬にみちた存在だという意識と不可分に結びついている。人間の世界からトラディションを閉め出すとき、ひとは「超越性」とともに人間の「自然(非自律的人間)」をも同時に閉め出してしまうことになる。そしてこれら三者を閉め出したあとに残るのは事実経験の瓦礫の山である。

このような事実経験の瓦礫を数珠つなぎにし、筋を通そうとするときに用いられるのが、M・ガイガーのいわゆる〝ほかならない〟という説明原理である。XはAである、XはAによって説明される、XはAにほかならない、XはA以外の何物でもない、という形の説明において、現象Xは説明原理Aに解消される。人間世界の事実経験への解体がおし進められる一方で、雑多な事実経験は特定の説明原理への解体によってかろうじて一貫性を保たされるのだ。XはAにほかならないから、さらにすすんで、すべての現象XはAにほかならない、というところまですすんだとき、この解体作業は完成するわけであるが、そのときなされた〝説明〟なるものはまったくの独断か、さもなくばまったくの無内容か、そのいずれかに傾くであろう。人間理性、物質過程、リビドー、力、記号といった説明原理のもとでは、人間事象は、しょせん、あるとおりのものでしかない。人間の多様な経験は説明原理のための応用実例集となり、説明原理のためのテクストとなる。そして人びとは、みずからの依拠する特定の説明原理によって応用作業を蜿蜒と繰り広げていくことになるのである。

思うに、人間の学にとって必要なのは、このような解体する知性、説明する知性ではない。むしろ創造し、想像し、構想する知性こそが必要とされるであろう。あるいは頭脳よりも眼である、といってもいい。多様な人間経験の細部を見のがさず、陰影や襞をわかち、そしてそれらをひとつの全体へともたらすような、そういった眼の精神こそが必要なのだと思う。

五　信仰と懐疑

Xとはなにか、なぜXはXか、という問いには、Xという語を他の語と、それゆえXに含まれている経験を他の経験と関連づけ、そしてある全体像を描くことによってしか答えられない、ということを主張してきた。もしXをこの像と相関的なものとして把握するのでなく、問いに対して「XとはAである」という形の判断の命題をもって答えるとしたら、その解答は大なり小なり独断的な性格を帯びざるをえなくなる。

貨幣、効用、消費などの経済学で用いられてきた語、自由、平等、正義、国家、自然法、伝統、権威といった政治思想・法思想上の鍵概念、これらはいずれも人間経験の見えない真実をあらわしている重要な語や概念だと思う。これらの語や概念を問うことは、それらが他の語や概念を呼びまた排斥する様を調べ、いってみれば点から線、線から面、面から立体へというふうに、人間経験の拡がりや深さを探索していくことなのである。

たとえばH・アーレント(1)はこのような探索の仕方のひとつの見本を示してくれる。彼女は「消費」や「労働」という、近代社会を支配し特徴づけ、多分に共通するところのある活動概念から出発して、「消費」には「使用」を、「労働」には「仕事」や「(言論)活動」を対置させる。そして後者の方の活動概念には死すべき運命をもつ人間という概念が不可分に結びつき、このような人間概念にとっては人間世界における「伝統」や「権威」といった要素が欠くべからざるものとなる。このような言葉経験の探索を通じて、彼女は語や概念のたんなる分類整理にとどまらず、人間事象の深みにまで到達しようとするのである。このような全体化への指向があればこそ、存在への問いは独断に帰着するのを免れうるのである。

だが、全体化への指向は必ずしも表立った形であらわれているとはかぎらない。「Xとはなにか」という問いに対して、全体像を示さず、「XとはAである」というひとつの判断をもって答えている場合、そのような言表がすべて独断であると決めつけるのはいきすぎである。たとえば「善とはなにか」という問いに対して、「善とは効用である」と答える功利主義者の命題には、それを恣意的な判断だとしてうち棄てることをどこか躊躇させるものがある。功利主義の思潮の長きにわたる伝統を想い浮かべ、そのような功利主義が人間経験の真実の一端をついているのではないか、と考えてみたときにはことにこの感を強くする。この命題に比べれば、善を直覚されたものとみなし、それを人格的愛だとか美的享受だとかに求めることのほうが、よほど独断的だとみえてくる。つまり私にとっては、G・E・ムーア(88)が自然主義的誤謬と呼んで批判した命題のほうがまだしもなにかあるのではないか、と感じられるのである。べつだん功利主義のためのあと押しをしようとしているわけではないし、また私が善というものに特別の関心を抱いて考えをすすめたことがあるというのでもない。ただ、ムーアの直覚主義と功利主義の自然主義を比較してみたとき、まだしも後者のほうにある深みを感じないわけにはいかない、というだけのことである。

考えてみるとたぶんこのようなことだと思う。功利主義は別に倫理学の学説でもなければ哲学の学説でもない。それはそれら以前の人間の学である。この人間学は価値の究極の基準を個人の効用におく。効用はあくまでも個人的な原理である。しかし功利主義者はまた社会理論家でもあって、この社会理論家が個人の効用に価値の基準を求めるかぎり、とうぜんのこととして、個人的原理と社会的原理とのあいだに深刻な葛藤を生じさせずにはおかない。効用概念を細分化したり、最大多数の最大幸福を唱えたりするベンサム(10)の試み、あるいは功利主義から快楽主義の色彩を一掃しようとするJ・S・ミル(80)の試み――これらはいずれも、効用という原理を個人的原理にとどまらずさらには社会的原理にまで拡張しようとする試みである。しかしこのことは功利の原理にたつかぎりは、徒労に終わらざるをえない試みだと思う。だが彼らが「善とは効用である」と結論づける背景には広範な問題の状況というものがある。このような問題状況のなかで答えられた解答に言語分析を加え、ひるがえって人格的愛や美的享受の直覚主義を主張するムーアは、いかにも書斎のなかの哲学者だという気がしてならないのである。

分析的でも経験的でもない言表に独断臭を帯びさせたり、あるいは真実味を漂わせたりするのは、その言表の背後にある問いの軽重であり、また問いに対する解答に全体化の指向があるかないかということである。問いと答えは一対のものとみなければならない。言表を問いから切り離なし、問いから独立にその言表の真偽、正誤、真実・非真実をきめることはできない。R・G・コリングウッド(23)の唱える問答論理学のように、「真理は単一の命題にも属さず、また諸命題をひっくるめた複合体にさえも属するものではなくて、問題と解答とからなる複合体に属する何ものかである」(23：47*)とみなさなければならない。しかるに言表についての言語分析や命題論理学はこのような事柄にまったく無頓着で、言表をひとつの自律的な命題だとみなし、そうしたうえで、言表を構成する言語記号と言語記号のあいだの論理関係に注意を払うことを専らとしている。これに対してわれわれは、言表の価値を決めるのは言表それ自体の論理性であるよりは、むしろその言表をもたらしたところの問いである、と考えたい。

ガダマーは次のようにいっている。「言表に対する問いの優位が意味しているのは、その言表が本質的な答えだということである。ある種の答えを示さぬような問いは決してない。したがって、何らかの言表の了解というものは、その言表が答えている問いを理解することから独自の尺度を獲得するものでない限り、決して存在しない。」(33：71*)つまり、言表の価値や意義はそれをもたらした問いとの相対で理解されなければならない、ということなのである。

実証主義者や経験主義者にとって、言表の価値を問いによって判定するなどということは、とうてい我慢のならぬことである。彼らにとって、言表は問いとはかかわりなく、それ自身の一貫性や整合性、あるいは経験的妥当性によって判定されなければならないものである。思うに、彼らが分析的でも経験的でもない命題を形而上学的な、つまり妄言のたぐいの命題とみなすのは、彼らがこの命題を問いや問いの状況から切り離してしまうところに起因している。そして彼らが言表を問いに対する解答としてみるのではなく、問いから独立したひとつの判断命題としてみるとき、言葉のもつメタフォリカルな特性や多義性は余計な混乱をもたらすだけのものだと観じられる。実証主義や経験主義において、数理言語が模範的な言語とみなされるのはおそらくこのためである。そこでは自然言語は一義的のメタ言語へと還元されなければすまないのである。

このようないき方もひとつのいき方ではある。それを科学と称するのならそうしたっていっこうにかまわない。それこそ定義の問題であるからだ。しかし科学的命題以外の命題や言明を感情の表白であるとか、意味のない言明だとか決めつけるとしたら、それは尊大というものである。自然法ではなく実定法を、国家ではなく法体系を、正義ではなく妥協としての平和を、それぞれ実証科学としての法理論の対象にするとケルゼンがいいたいのなら、そういったっていっこうにかまわない。それはみずからの学の自己規定であるからだ。しかし彼が、自然法や正義や国家についての人間の経験や観念をリアルな現実を覆い隠す仮象であり、仮面であり、イデオロギーだと断じ、仮面剝奪、すなわちイデオロギー批判を学のひとつの任務だと主張するとき、私は彼の主張に同意するわけにはいかない。

なるほど、自然法や正義や国家にかんする陳述がなんの問いもなく、また人間経験におけるなんの問題状況もなく、たとえば政治上の方便として用いるために、「自然法とは……である」、「正義とは……である」、あるいは「国家とは……である」というふうに断定されたなら、それは独断というものであり、もしケルゼンがそのような陳述をイデオロギーだとみなすのであったら、それには大いに理由があるといわなければならない。自然法や正義や国家のなかにア・プリオリの真理を見出そうとするとき、そこにあるのは独断の臭いのみであるからだ。しかし古来、人びとがこれらの存在について問いを発し、この問いになんらかの解答を与えようとしたとき、彼らは人間の個別の経験を超越したところに自然法なり正義なり国家なりを認めなければ、人間の経験は力や物質や機構などの寄せ集めと化すことを感じていたからではなかったか。

強制力を伴った実定法、それはたしかに事実としての存在である。科学の対象とするには好都合のものであろう。仮面を剝ぎとって見つけ出されるこのリアルな現実なるものは、しかし、自然法や正義や国家について思いをめぐらせそれらを論じるさいには、見つけ出されるどころか、むしろ議論の出発点におかれていたのではないか。眼前にある日々命令としての法、主権者の恣意に委ねられている法はなるほどリアルな現実であるが、それらはリアルではあっても真実性を欠いていると思われたために、人びとは超越的な法を構想したのではなかったのだろうか。法の此岸にある力や強制力は法の彼岸に法の中の法、すなわち〝自然〟の法をおかないかぎり、恣意的な物理力に堕してしまうおそれがある。それを自然法と呼ぶ呼ばないは別に問題ではない。ともかく、現実の法がそのなかにある超越性への指向をもたないなら、そこには力は存在しても「法」は存在しなくなる。ちょうど超越性を閉め出した芸術が大なる可能性をもって芸術ではなくなるように。

同じことは「国家」についてもいえると思う。ケルゼン(51)は法体系とは異なった存在としての国家という概念は破棄してしまえといい、ポパー(104)は、国家は社会技術者が特定の目的を達成するための手段にすぎないという。そしてこのポパーは世にいうプラトンの〃芸術作品〃としての国家を「音楽や絵画や建築と同様の構成芸術」(104：I*：163*)であると断言し、さらに彼は、「人間の生活が一人の芸術家の自己表現欲を満足させるための手段にされてもよいとは思わない」(104：I*：164*)と述べる。そして彼はプラトンに対して、唯美主義者、完全主義者、ユートピア主義者、全体主義者といった、ありとあらゆる非難の言葉を浴びせかけるのである。

だが、なぜ国家が〃芸術作品〃であってはいけないのか。国家でなく社会であれば、「社会」という言葉や社会についての観念がなくても、社会は厳然として存在する。家族に、企業という組織に、あるいは学級に、というふうに、社会はいたるところに存在している。ひとが集まりなんらかの形で組織されているところにはすでにひとつの社会があるといえるのである。しかし国家についてはそうはいかない。たとえ統治機構や支配機構や法体系があったとしても、それだけでは国家が存在するとは感じられなかった。なぜなら、国家とは生存のための生活をでなく、「善き生活」をこそ目ざそうとするものであったからである。善き生活というものは国家の存在理由であったのである。そもそも善き生活という理念にして、ギリシャ人の創造にかかるものである。アリストテレス(3)の国家にかぎらず、一般に国家というものはこのような理念のために存在理由をもち、そのために〃創造〃されなければならなかった。S・H・ブッチャーはいっている。「ギリシャ国家がいかに記念すべき、いかに独創的な創作物であったか、われわれはともすれば忘れがちである。その独創性がわれわれに与える驚異は、美術、哲学、および文学におけるギリシャの創作物に、あるいは純粋科学の領域における数々の発見に、少しも劣っていない」(20：53*)と。

ブッチャーと違って、ポパーが芸術作品としての国家に矢のような非難を浴びせるとき、彼は芸術——彼はわざわざ、芸術《テクネー》という言葉で意味するのは技術《テクネー》でなく、言葉のもっと定義的な意味での芸術だとことわっている——を私的な欲求をみたすためのものだと考えている。だが芸術とは欲求の表現であるよりは、高きものに対する希求であるのだ。ブッチャーのいう至高の創作物としての国家、プラトン(102)の芸術作品としての国家は、国家画家の欲求をみたすための国家ではないし、いわんや生活の手段としての国家でもなく、それはある精神的な高みをもった存在のことなのだ。そしてこの高みをいただく国家は、そこで生活する人びとにもそれに応じた高みを要求するものなのである。

古来よりこのかた、人びとは人間の素面を人間にとっての真実とは少しも思わなかったから、仮面というものを創作し、その仮面のなかに人間経験の真実を求めようとした。それを、この仮面を剝ぎとり、素面をあらためて表にさらしたうえで、まるで鬼の首でもとったようにこれこそが科学の対象であるといいたてたからとていったいなんの名誉になるというのだろう。思うに、人間の領域、モラルの領域に導入された経験科学の科学的精神とは、科学的厳密性の対価として人間経験の九割九分までを台無しにしてしまうような精神のことである。「政治の舞台において宗教劇や社会劇を演じている役者たちから、その仮面を取り去ってみるならば、あるのは他人を強制している個人、Y氏をやっつけているX氏、血の渇きをいやしている人非人などの姿のみである。」(H・ケルゼン)(51：31*)他人を強制している個人、Y氏をやっつけているX氏、血の渇きをいやしている人非人、なるほどこれらは現実的でリアルな存在ではあろう。が、そうした存在はリアルではあっても決して真実ではないと思うから、人間は仮面をかぶって宗教劇や社会劇を演じつづけてきたのではなかったのだろうか。おそらく人間経験の九割九分までがこのような仮面をかぶっての経験だったのである。

モラル・サイエンスは経験科学が見向きもしない、それでいて人間経験の大部分をなすと思われる豊かで多彩な領域を探査する。それはサイエンスというよりは、語の本来の意味でのアート、アルス、術、である。それは解体をこととするよりは創造を専らとし、現実に拘泥するよりは現実を超え出ようとし、科学的真理を求めるよりは存在の真理を追い求めようとする。こうしてモラルの領域のアートは、人間の経験を全体の相の下に描き出そうとするのである。

しかしその像はいつまでたっても未完のままである。存在の真理には、科学の真理とは異なって――いや、ポパーの科学的真理と同様に、というべきか――、これこそが真理だといえる終着点というものがない。そこには真理を求めようとする不断の過程があるのみである。といって、この不断の過程を自力でやり通そうとすれば、不知不識のうちに独断が入りこんでしまう。同じことは美を追求する芸術家の場合についてもいえるであろう。芸術の創造が密室での創作に終始するかぎり、作品はひとりよがりの作品となる可能性が大きい。芸術作品がある種の客観性と普遍性を帯びるにいたるのは、おそらく共同主観とか共通感覚とかによるのではない。それはたぶん、芸術家が他の芸術家の作品をひとつの典型、ひとつの権威として受け入れ、修練によってそれをのり越え、そしてまたのり越えられる、という過程を通じてであると思う。モラルの領域のアートについてもやはり同じことがいえるだろう。この領域の芸術家もまた、他人の高みを率直に権威として受け入れ、その高みを凌駕するための営為を孜々としてつづけていかなければいけない。そのような過程を通すことによってはじめて、社会理論という作品はある種の客観性を帯びてくるのであろう。

ヨーロッパの思想はギリシャの懐疑とヘブライの信仰を二本の支柱とし、懐疑の精神と信仰の精神がたがいに火花を散らすことによってみずからに活気を与えてきた、といわれる。これをもっと正確にいい直すと、自己懐疑と自己を超えた卓越せるものに対する信仰という軸と、自己への信仰(信念、自己確信)と他者への懐疑という軸が、たがいに交叉し、火花を散らすことによって、西欧思想に活気を与えてきた、というべきであろう。自己を懐疑することによって自己の無知を自覚することと、自己に秀でたもの、すなわち権威、への信仰とは表裏一体をなしている。一方、無知の自覚は自己を高みに昇らせる不断の努力をもたらし、その結果としての自己確信は他者への懐疑の念をつのらせる。このような二重の相互作用によってヨーロッパの思想は形づくられてきたと思うのである。モラルの領域のアートもこのような二重の意味での信仰と懐疑の精神を必要としている。

《著者紹介》

間宮陽介（まみや・ようすけ）

1948年　長崎県生まれ
1972年　東京大学経済学部卒業
　　　　神奈川大学経済学部助教授・教授，京都大学大学院人間・環境学研究科助教授・教授を経て，
2013年　京都大学名誉教授
主　著　『ケインズとハイエク――「自由」の変容』（中公新書，1989年／ちくま学芸文庫，2006年）
　　　　『シリーズ現代の経済　法人企業と現代資本主義』（岩波書店，1993年）
　　　　『市場社会の思想史――「自由」をどう解釈するか』（中公新書，1999年）
　　　　『同時代論――市場主義とナショナリズムを超えて』（岩波書店，1999年）
　　　　『丸山眞男――日本近代における公と私』（筑摩書房，1999年／ちくま学芸文庫，2005年）
訳　書　ジョン・メイナード・ケインズ『雇用，利子および貨幣の一般理論（上・下）』（岩波文庫，2008年）

ミネルヴァ・アーカイブズ
モラル・サイエンスとしての経済学

2014年8月20日　初版第1刷発行　〈検印省略〉

定価はカバーに
表示しています

著　者　間　宮　陽　介
発行者　杉　田　啓　三
印刷者　和　田　和　二

発行所　株式会社　ミネルヴァ書房
607-8494　京都市山科区日ノ岡堤谷町1
電話代表　(075)581-5191
振替口座　01020-0-8076

平河工業社

ISBN 978-4-623-07138-8

Printed in Japan

《著者紹介》

間《ま》宮《みや》陽《よう》介《すけ》

1948年　長崎県生れ

1972年　東京大学経済学部卒業

現　在　神奈川大学経済学部助教授

モラル・サイエンスとしての経済学

1986年2月20日　第1刷発行　＜検印省略＞

定価はカバーに
表示しています

著　者　間　宮　陽　介

発行者　杉　田　信　夫

印刷者　田　中　直　明

発行所　株式会社　ミネルヴァ書房

607 京都市山科区日ノ岡堤谷町 1
電話代表　京都 075 (581) 5191 番
振替口座　(京　都) 2-8076 番

(株)文功社・新生製本

ISBN-4-623-01652-8

人名索引

ア　行

アクトン Acton, Lord　14
アドルノ Adorno, Theodor W.　248
アリストテレス Aristotle　139,188,189,260
アーレント Arendt, Hannah　117,198,252,253,255
アロー Arrow, Kenneth J.　34
ウィクセル Wicksell, Knut　20,61
ヴィーコ Vico, Giovanni Battista　251
ウィーナー Wiener, Norbert　142
ヴィーラント Wieland, Wolfgang 114,140
ウィリー Willey, Basil　27,244,245
ウィリアムソン Williamson, O.E.　239
ウェーバー Weber, Max　129,130,132,134
ヴェブレン Veblen, Thorstein　103,116,117,121,122,123,226,229
ウォーリン Wolin, S.S.　66
ヴォルテール Voltaire　14
宇沢弘文　86,181
エイヤー Ayer, Alfred Jules　9,55
エッジワース Edgeworth, Francis Ysidro　108
オーウェル Orwell, George　219,220,221,222,234
オークショット Oakeshott, Michael　208
オズガ Ozga, S.A.　48,49
オッカム Occam, William of　106

カ　行

ガイガー Geiger, Moritz　254
ガダマー Gadamer, Hans-Georg　136,141,236,257
カーライル Carlyle, Thomas　194
カルナップ Carnap, Rudolf　228
ガルブレイス Galbraith, John Kenneth　118,119,122
カレツキー Kalecki, Michal　66,68
カント Kant, Immanuel　129
クラウワー Clower, Robert　86
クリック Crick, Bernard　219,220
クーン Kuhn, Thomas S.　141
ケインズ Keynes, John Maynard　7,12,13,27,28,34-36,38-48,54,59,61-69,71-73,75-79,81-88,93,96-101,128,140,142,144,149-192,194-197,201,213-216,218,226,245
ゲゼル Gesell, Silvio　185
ゲーテ Goethe, Johann, Wolfgang von　239
ケルゼン Kelsen Hans　258-261
コース Coase, R.H.　37
ゴドウィン Godwin, William　196
コリングウッド Collingwood, R.G.　257
コールリッジ Coleridge, Samuel Taylor　188
コント Comte, Auguste　14,66,248

サ　行

サミュエルソン Samuelson, Paul A.　151
サーリンズ Sahlins, Marshall　120
サルトル Sartre, Jean-Paul　220
サン・シモン Saint-Simon, Henri de　14
ジェヴォンズ Jevons, W. Stanley　95,108,112
ジェームズ James, William　11
清水幾太郎　239
シャックル Shackle, G.L.S.　58-63,85,165,166,218
シュトライスラー Streissler, Erich　184
シュミット Schmitt, Carl　60
シュムペーター Schumpeter, Joseph A.　28,142-144
ジョージェスク－レーゲン Georgescu-Roegen,

N. 43
ショート Short, C. 253
ジョンソン Johnson, Samuel 196
ジンメル Simmel, Georg 124,136,213-216, 218
スウィフト Swift, Jonathan 221
スペンサー Spencer, Herbert 66
スミス Smith, Adam 7,14,88-91,152,196, 198-200,203,204
ゼードルマイア Sedlmayr, Hans 247-249
ソシュール Saussure, Ferdinandde 105, 121,137-139

タ 行

タウンシェンド Townshend, Hugh 79,81, 82,84,85
タルド Tarde, Gabriel de 138
ディルタイ Dilthey, Wilhelm 136,238
デカルト Descartes, René 14,26,134,206, 207,227,244,245
デューイ Dewey, John 141
デューゼンベリー Duesenberry, J.S. 118-120
デュルケーム Durkheim, Émile 133,135, 138,214
トクヴィル Tocqueville, Alexis de 14

ナ 行

ナイト Knight, Frank Hyneman 12,13,24, 34,36-39,54
西部邁 24,37,62,102,107
ニュートン Newton, Sir Isaac 108,110,142, 245
ノイマン Neumann, John von 45

ハ 行

ハイエク Hayek Friedrich A. von 12-19, 21-23,26,29-31,54,60,67, 68, 74, 108, 109, 119,131,142,145,155,175,176,190,204-208, 217,218,226,241
パーキン Parkin, Charles 189
バーク Burke, Edmund 14,25,26,152,156, 157,173,187-189,191,192,201,202,204,252, 253
バークリ Berkeley, George 14
パース Peirce, Charles Sanders 11,29-31, 46,52-54,57,123,136,141,157,167
バタイユ Bataille Georges 123
ハート Hart, A.G. 184
バーリン Berlin, Sir Isaiah 10,193,198,207, 211,231,232,236
バルト Barthes, Roland 138
ピカート Picard, Max 247,248
ピグー Pigou, Arthur Cecil 84,100
ピーターズ Peters, R.S. 253
ヒックス Hicks, John Richard 69-72,76,77, 84,87,106
ヒューム Hume, David 7,9,10,14,25-27, 139,152,157-160,166,173,196
ビュリダン Buridan. Jean 114,115,221
フィッシャー Fisher, Irving 21
ブッチャー Butcher, S.H. 260,261
プラトン Platon 154,188,260,261
プラムナッツ Plamenatz, John 109
フランケル Frankel, S. Herbert 210-218
フリードマン Friedman, Milton 28,195-197, 214
ブレアー Blair, Eric Arthur 220→オーウェル
フロイト Freud, Sigmund 132,136
ベイズ Bayes, Thomas 33
ベーコン Bacon, Francis 244,245
ペーリ Paley, William 196
ベルグソン Bergson, Henri 63,142
ヘルダー Herder, Johann Gottlob 251
ベンサム Bentham, Jeremy 108,110,111, 196,257
ホイジンガ Huizinga, Johan 105
ホッブス Hobbes, Thomas 109,152,218,244
ボードリヤール Baudrillard, Jean 123
ポパー Popper, Karl R. 18,134-136,141,228, 232-235,237,260,261
ポランニー Polanyi, Michael 206,242,246
ボールディング Boulding, Kenneth E. 143
ボルノー Bollnow, Otto Friedrich 229

マ　行

マキアヴェッリ Machiavelli, Niccolò 238
マクレー McRae, R. F. 10
マーシャル Marshall, Alfred 87,89,116,171,239
マッハ Mach, Ernst 228
マルクス Marx, Karl 78,90,115,226,248
マルサス Malthus, Thomas Robert 111
マンデヴィル Mandeville, Bernard 14,199
三木清 29,30
ミーゼス Mises, Ludwig von 19,34-36,38,39,125,126,129-132,134
ミッチェル Mitchell, Wesley Clair 108,110
ミュルダール Myrdal, Gunnar 61,89
ミラー Miller, Henry 221
ミル Mill, John Stuart 9,10,18,110,115,126,152,157,191,257
ミンコフスキー Minkowski, E. 70
ムーア Moore, G. E. 256
メーストル Maistre, Joseph de 252,253
メンガー Menger Carl 19,27,95-97,179,181
モース Mauss, Marcel 29,30,39
モーツァルト Mozart, Wolfgang Amadeus 60
モートン Morton, W. A. 190
モルゲンシュテルン Morgenstern, Oskar 45
モンテスキュー Montesquieu, Charles de Secondat, Baron de 251
モンテーニュ Montaigne, Michel de 25

ヤ　行

ユークリッド Euclides 101,107,177
吉沢英成 96,102,213

ラ　行

ライル Ryle, Gilbert 206,246
ラックマン Lachman, Ludwig M. 48,50,51,58
ラッサール Lassalle, Ferdinand 194
ラッセル Russell, Bertrand 26,27
ラーナー Lerner, Abba P. 99,100
ラムゼー Ramsey, Frank 40,41,43-45,48,50,157,160,162
ランゲ Lange, Oscar 70
リカード Ricardo, David 90,116,169,170
リッター Ritter, Joachim 139
リード Read, Herbert 246-248
リンネ Linnaeus, Carolus 110
ルイス Lewis, C. T. 253
ルークス Lukes, Steven Michael 15
ルソー Rousseau, Jean Jacques 14,196
ルーマン Luhman, Niklas 74
レヴィ=ストロース Lévi-Strauss, Claude 58,63,132,134,136,138
レーヨンフーブド Leijonhufvud, Axel 86,87
ロック Locke, John 7,9,14,27,152,157-159,196
ロビンズ Robbins, Lionel 125-129,131,204
ロビンソン Robinson, E. A. G. 154
ロビンソン Robinson, Joan 56,57,61,165

ワ　行

ワルラス Walras, Léon 95,143

参 考 文 献

1. Arendt, Hannah, *The Human Condition*, Chicago: The University of Chicago Press, 1958. 人間の条件，志水速雄訳，中央公論社，1973.
2. Arendt, Hannah, *Between Past and Future: Eight Exercises in Political Thought*, New York: The Viking Press, 1961. 過去と未来の間に，志水速雄訳，2巻，合同出版．1970.
3. Aristotle, *Politica*. 政治学，山本光雄訳，岩波文庫，1961.
4. Arrow, K. J., *Essays in the Theory of Risk-Bearing*, Chicago: Markham Publishing Co., 1971.
5. Ayer, A. J., *Language, Truth and Logic*, revised ed., London: Victor Gollancz, 1946. 言語・真理・論理，吉田夏彦訳，岩波書店，1955.
6. Ayer, A. J., *The Problem of Knowledge*, 1956. 知識の哲学，神野慧一郎訳，白水社，1981.
7. Barthes, Roland, *Le Degré Zéro de L'Écriture*, Paris: Éditions du Seuil, 1953. 零度のエクリチュール，渡辺淳・沢村昂一訳，みすず書房，1971.
8. Bataille, G., *La Part Maudite*, Paris: Les Éditions de Minuit, 1949. 呪われた部分，生田耕作訳，(ジョルジュ・バタイユ著作集)，二見書房，1973.
9. Baudrillard, J., *La Société de Consommation: ses mythes, ses structures*, Paris: Gallimard, 1970. 消費社会の神話と構造，今村仁司・塚原史訳，紀伊国屋書店，1979.
10. Bentham, J., *An Introduction to the Principles of Morals and Legislation*, 1789. 道徳および立法の諸原理序説，山下重一訳，(世界の名著，第38巻)，中央公論社，1967.
11. Bergson, Henri, *L'Évolution Créatrice*, 1907. 創造的進化，吉岡修一郎訳，東邦物産文化部，1947.
12. Berlin, Isaiah, "Does Political Theory Still Exist?," 1961, in *Concept and Categories: Philosophical Essays*, Lonon: Oxford University Press, 1980. 自由論，生松敬三他訳，みすず書房，1971，所収.
13. Berlin, Isaiah "The Purpose of Philosophy," 1962, in *Concept and Categories: Philosophical Essays*. 現代と回想，福田歓一・河合秀和編，(バーリン選集，第2巻)，岩波書店，1983，所収.
14. Bollnow, O. F., *Das Doppelgesicht der Wahrheit—Philosophie der Erkenntnis, Zweiter Teil*, Verlag W. Kohlhammer, 1975. 真理の二重の顔——認識の哲学・第二部，西村皓・森田孝訳，理想社，1978.

15. Boulding, K. E., *The Image*, Ann Arbor, Michigan : University of Michigan Press, 1956. ザ・イメージ，大川信明訳，誠信書房，1962.

16. Burke, E. "Speech on a Motion made in the House of Commons," May 7, 1782, in *The Works of Edmund Burke*, (original ed., 1887), vol. VII, Hildesheim : Georg Olms Verlag, 1975.

17. Burke, E., *Reflections on the Revolution in France*, 1790. フランス革命の考察，半沢孝磨訳，みすず書房，1978.

18. Burke, E., "Speech on a Petition of the Unitarian Society," May 11, 1792, in *The Works of Edmund Burke*, Vol. Vll.

19. Burke, E., *Thoughts and Details on Scarcity*, 1800. 穀物不足に関する思索と詳論，水田洋訳，(世界大思想全集，社会・宗教・科学思想篇，第11巻)，河出書房，1975.

20. Butcher, S. H., *Some Aspects of the Greek Genius*, 3rd. ed., 1904. ギリシャ精神の様相，田中秀央・和辻哲郎・壽岳文章訳，岩波文庫，1940.

21. Clower, R., "The Keynesian Counter-Revolution," in *The Theory of Interest Rate*, ed. by F. H. Hahn and F. Brechling, London : Macmillan, 1966.

22. Coase, R. H., "The Nature of the Firm," *Economica*, New Series, Vol. IV, 1937.

23. Collingwood, R. G., *An Autobiography*, London : Oxford University Press, 1939. 思索への旅—自伝，玉井治訳，未来社，1981.

24. Crick, Bernard, *George Orwell : A Life*, Secker & Warburg, 1980. ジョージ・オーウェル—ひとつの生き方，河合秀和訳，2巻，岩波書店，1983.

25. Descartes, René, *Meditationes*, 1641. 省察，三木清訳，岩波文庫，1949.

26. Dewey, J., *Logic : The Theory of Inquiry*, New York : Henry Holt and Co., 1951. 論理学—探求の理論，魚津郁夫訳，(世界の名著，第48巻)，中央公論社，1968.

27. Dilthey, Wilhelm, *Auffassung und Analyse des Menschen im 15. und 16. Jahrhundert*, 1891-1892. ルネサンスと宗教改革—15，6世紀における人間の把握と分析，西村貞二訳，創文社，1978.

28. Duesenberry, J. S., *Income, Saving and the Theory of Consumer Behavior*, Cambridge, Mass.: Harvard University Press, 1945. 所得，貯蓄，消費者行動の理論，大熊一郎訳，厳松堂，1955.

29. Durkheim, Émile, *Les Règles de la Méthode Sociologique*, 1895. 社会学的方法の規準，宮島喬訳，岩波文庫，1978.

30. Fay, C. R., "The Undergraduate," in *Essays on John Maynard Keynes*, ed. by Milo Keynes, London : Cambridge University Press, 1975. ケンイズ—人・学問・活動，佐伯彰一・早坂忠訳，東洋経済新報社，1978.

31. Frankel, S.H., *Money Two Philosophies: The Conflict of Trust and Autho-*

rity, Oxford : Basil Blackwell, 1977. 貨幣の哲学—信頼と権力の葛藤, 吉沢英成監訳, 文真堂, 1984.

32. Gadamer, Hans-Georg, *Truth and Method*, translated from the German (1960) by W. Glen-Doepel, with J. Cumming and G. Barden, the editors, London : Sheed and Ward, 1975.
33. Gadamer, Hans-Georg, *Kleine Schriften*, 3 Bde. Tübingen : J. C. B. Mohr, I, II (1967), III (1972). 哲学・芸術・言語, 斉藤博他訳, 未来社, 1977.
34. Galbraith, J. K., *The Affluent Society*, Boston : Houghton Mifflin, 1958. ゆたかな社会, 鈴木哲太郎訳, 岩波書店, 1960.
35. Georgescu-Roegen, N., "The Nature of Expectation and Uncertainty," in *Analytical Economics*, 1966.
36. Hart, A. G., "Anticipations, Bussiness Planning, and the Cycle," *Quarterly Journal of Economics*, Feb., 1937.
37. Hayek, F. A., *Individualism and Economic Order*, London : Routledge & Kegan Paul, 1949.
38. Hayek, F. A., *The Counter Revolution of Science : Studies on the Abuse of Reason*, Glencoe, Illinois : The Free Press, 1952.
39. Hayek, F. A., *The Sensory Order*, London : Routledge & Kegan Paul, 1952.
40. Hayek, F.A., *The Constitution of Liberty*, London: Routledge & Kegan Paul, 1960.
41. Hayek, F. A., "The Non Sequitur of the 'Dependence Effect'," *The Southern Economic Journal*, vol. XXVII, No. 4, April, 1961, reprinted in (42).
42. Hayek, F. A., *New Studies in Philosophy, Politics, Economics and the History of Ideas,* London : Routledge & Kegan Paul, 1978.
43. Hayek, F. A., *Studies in Philosophy, Politics and Economics*, London : Routledge & Kegan Paul, 1967,
44. Hayek, F. A., *Law, Legislation and Liberty : A New Statement of the Liberal Principles of Justice and Political Economy*, 3 vols., London : Routledge & Kegan Paul, 1973-1979.
45. Hicks, J. R., *Value and Capital : An Inquiry into Some Fundamental Principles of Economic Theory*, Oxford : Clarendon Press, 1939. 価値と資本, 安井琢磨・熊谷尚夫訳, 2巻, 岩波書店, 1951.
46. Hicks, J. R., *The Crisis in Keynesian Economics*, Oxford : Basil Blackwell, 1974. ケインズ経済学の危機, 早坂忠訳, ダイヤモンド社, 1977.
47. Huizinga, Johan, *Homo Ludens*, 1938. ホモ・ルーデンス, 高橋英夫訳, 中央公論社, 1971.
48. Hume, D., *A Treatise of Human Nature, being an attempt to introduce the experimental method of reasoning into moral subject*, 1739-1740, re-

printed in *The Philosophical Works of David Hume*, ed. by T.H. Green and T.H. Grorse, (4 vols.), vols. I and II, 1874-1875. 人性論，大槻春彦訳，4巻，岩波文庫，1948-1952.

49. Jevons, W.S., *Theory of Political Economy*, 4th, ed., London : Macmillan, (first ed., 1871), 1911.
50. Kalecki, M., "Political Aspects of Full Employment," in *Selected Essays on the Dynamics of the Capitalist Economy, 1933-1970*, Cambridge : Cambridge University Press, 1971.
51. Kelsen, Hans, *Aufsätze zur Ideologiekritik*, Neuwied und Berlin : Hermann Luchterhand Verlag, 1964. 神と国家—イデオロギー批判論集，長尾龍一訳，有斐閣，1971.
52. Keynes, J.M., *A Treatise on Probability*, London : Macmillan, 1921.
53. Keynes, J.M., *The End of Laissez-Faire*, London, 1926, reprinted in *The Collected Writings of John Maynard Keynes*, vol. IX. 自由放任の終焉，宮崎義一訳，説得論集，(ケインズ全集，第9巻)，東洋経済新報社，1981，所収.
54. Keynes, J.M., *Essays in Biography*, 1933, reprinted in *The Collected Writings of John Maynard Keynes*, vol. X. 人物評伝，大野忠男訳，(ケインズ全集，第10巻)，東洋経済新報社，1980.
55. Keynes, J.M., "A Monetary Theory of Production," in *The Collectea Writings of John Maynard Keynes*, vol. XIV, originally published as "Der Stand und die nächste Zukunft der Konjunkturforschung," in *Festschrift für Arthür Spiethoff*, 1933.
56. Keynes, J.M., *The General Theory of Employment, Interest and Money*, London : Macmillan, 1936. 雇用・利子および貨幣の一般理論，塩野谷祐一訳，(ケインズ全集，第7巻)，東洋経済新報社，1983.
57. Keynes, J.M., "The General Theory of Employment," *Quarterly Journal of Economics*, Feb., 1937.
58. Knight, F.H., *Risk, Uncertainty and Profit, with an additional introductory essay hitherto unpublished*, London School of Economics and Political Science, Reprints of Scarce Tracts in Economic and Political Science, No. 16, London, (first ed., 1921), 1933.
59. Knight, F.H., *The Ethics of Competition and Other Essays*, London : George Allen and Unwin, 1935.
60. Kuhn, T., *The Structure of Scientific Revolution*, 1962. Chicago : The University of Chicago Press. 科学革命の構造，中山茂訳，みすず書房，1971.
61. Lachmann, L.M., "The Role of Expectations in Economics as a Social Science," 1943, in *Capital, Expectations, and the Market Process : Essays on the Theory of the Market Economy*, ed. with an introduction by W.E.

Grinder, Kansas : Sheed Andrews and McMeel, 1977.
62. Lachmann, L. M., "From Mises to Shackle : An Essay on Austrian Economics and the Kaleidic Society," *Journal of Economic Literature*, vol. XIV March, 1976.
63. Lange, Oscar, *Price Flexibility and Employment*, Bloomington, Indiana : Principia Press, 1944.
64. Leijonhufvud, A., *On Keynesain Economics and the Economics of Keynes*, New York : Oxford University Press, 1968. ケインジアンの経済学とケインズの経済学，根岸隆監訳，東洋経済新報社，1978.
65. Lerner, A. P., " The Essential Properties of Interest and Money," *Quarterly Journal of Economics*, May, 1952.
66. Levi-Strauss, Claude, *La Pensée Sauvage*, Paris : Librairie Plon, 1962. 野生の思考，大橋保夫訳，みすず書房，1976.
67. Locke, John, *An Essay Concerning Human Understanding*, 1689. 人間知性論，大槻春彦訳，(世界の名著，第2巻)，中央公論社，1968.
68. Luhmann, Niklas, *Rechtssoziologie*, 2Bde., Reinbeck : Rewahlt, 1972. 法社会学，村上淳一・六本佳平訳，岩波書店，1977.
69. Lukes, S. M., *Individualism*, Oxford : Basil Blackwell, 1973. 個人主義，間宏監訳，御茶の水書房，1981.
70. Maistre, Joseph de, *Essay on the Generative Principle of Political Constitution*, 1847, (original French edition, 1814), reprinted partly in *Readings in Recent Political Philosophy*, selected, abridged, and edited by M. Spahr, New York : Macmillan, 1935.
71. Malthus, T. R., *Definition in Political Economy*, 1827. 経済学における諸定義，玉野井芳郎訳，岩波文庫，改訳版，1977.
72. Marshall, Alfred, *Principles of Economics*, ninth (variorum) edition, with annotation by X. W. Guillebaud, London : Macmillan, (first ed., 1890), 1961. 経済学原理，馬場啓之助訳，4巻，東洋経済新報社，1965-1967.
73. Marshall, Alfred., "The Social Possibilities of Economic Shivalry," *Economic Journal*, vol. XVII, 1907.
74. Marx, Karl, *Einleitung zur Kritik der politischen Ökonomie*, 1857. 経済学批判序説，経済学批判，武田隆夫他訳，岩波文庫，1956，に付録として収録.
75. Mauss, M., *Sociologie et Anthropologie*, 1950. 社会学と人類学，有地亨・伊藤昌司・山口俊夫訳，2巻，弘文堂.
76. Menger, Carl, *Grundsätze der Volkswirtschaftslehre*, Wien, 1871. 国民経済学原理，安井琢磨訳，日本評論社，1937.
77. 三木清，人生論ノート，創元社，1941.
78. Mill, J. S., *A System of Logic*, 1843, reprinted in *Collective Works of John*

Stuart Mill, vols. VII and VIII, ed. by J. M. Robson, with an introduction by R. F. McRae, University of Toronto Press, 1973-1974.

79. Mill, J. S., *Essays on Some Unsettled Questions of Political Economy*, London: John W. Parker, West Strand, 1844. 経済学試論集，末永茂喜訳，岩波文庫，1936.
80. Mill, J.S., *Utilitarianism*, ed. by J. Plamenatz, Oxford: Basil Blackwell, 1949, (first published in 1861). 功利主義論，伊原吉之助訳,（世界の名著，第38巻），中央公論社，1967.
81. Mill, J. S., *Autobiography*, 1873. ミル自伝，朱牟田夏雄訳，岩波文庫，1960.
82. Minkouski, E., *Le Temps Vecu: Études Phénoménologiques et Psychopathologiques*, Neuchâtel: Delachaux & Neistle, 1933. 生きられる時間，中江育生・清水誠訳， 2巻，みすず書房，1972.
83. Mises, Ludwig von, *Epistemological Problems of Economics*, translated from tle German (1933) by G. Reisman, New York: New York University Press, 1981.
84. Mises, Ludwig von, *Human Action: A Treatise on Economics*, New Haven: Yale University Press, 1949.
85. Mises, Ludwig von, *Theory and History*, London: Jonathan Cape, 1958.
86. Mitchell, W. C., "Bentham's Felicific Calculus," *Political Science Quarterly*, vol. XXXIII, 1918, reprinted in *Utility Theory*, ed. by A. N. Page, 1968.
87. Montaigne, Michel de., *Les Essais de Michel Montaigne*, éd. p. Pierre Villey, Paris: Félix Alcan, 1922. エセー，原二郎訳， 6巻，岩波文庫，1965.
88. Moore, G. E., *Principia Ethica*, London: Cambridge University Press, 1903. 倫理学原理，深谷昭三訳，三和書房，1973.
89. Morton, W. A., *British Finance 1930-1940*, reprint ed., Arno Press, 1978.
90. Myrdal, G., *The Political Element in the Development of Economic Theory*, translated from the German by Paul Streeten, London: Routledge & Kegan Paul, 1953. 経済学説と政治的要素，山田雄三・佐藤隆三訳，春秋社，1967.
91. 西部邁，ソシオ・エコノミックス，中央公論社，1975.
92. 西部邁，「社会科学方法論：序説」，経済体制論第II巻・社会学的基礎，村上泰亮・西部邁編，東洋経済新報社，1978，所収.
93. 西部邁，「欲望について」，現代経済40，1980.
94. 西部邁，経済倫理学序説，中央公論社，1983.
95. Oakeshott, M., *Rationalism in Politics and Other Essays*, London: Methuen, 1962.
96. Ozga, S. A., *Expectations in Economic Theory*, London: Weidenfeld and Nicolson, 1965.
97. Parkin, C., *The Moral Basis of Burke's Political Thought*, New York:

Russel & Russel, 1956.
98. Peirce, C. S., *Collected Papers of Charles Sanders Peirce*, 8 vols., ed. by C. Hartshorne and P. Weiss, Cambridge Mass.: Harvard University Press, 1931-1958. パース論文集，(抄訳)，上山春平・山下正男訳，(世界の名著，第48巻)，中央公論社，1968；偶然・愛・論理，(抄訳)，浅輪幸夫訳，三一書房，1982.
99. Peters, R. S., "Authority," 1958, in *Political Philosophy*, ed. by A. M. Quinton, London : Oxford University Press 1967. 政治哲学，森本哲夫訳，昭和堂，1985.
100. Picard, M., *Die Atomissierung in der Modernen Kunst*, 1954. 騒音とアトム化の世界，佐野利勝訳，みすず書房，1971，所収.
101. Plamenatz, John, *The English Utilitarians*, Oxford: Basil Blackwell, 1949. イギリスの功利主義者たち ― イギリス社会・政治・道徳思想史，堀田彰他訳，福村出版，1974.
102. Platon, *Politicus*, ポリティコス（政治家），水野有庸訳（プラトン全集，第3巻），岩波書店，1976.
103. Polanyi, Michael, *The Tacit Dimension*, London : Routledge & Kegan Paul, 1966. 暗黙知の次元，佐藤敬三訳，紀伊国屋書店，1980.
104. Popper, Karl R., *The Open Society and its Enemies*, Princeton University Press, 1950. 開かれた社会とその敵，内田昭夫，小河原誠訳，2巻，未来社，1980.
105. Popper, Karl R., *The Poverty of Historicism*, London : Routledge & Kegan Paul, 1957. 歴史主義の貧困，久野収・市井三郎訳，中央公論社，1961.
106. Popper, Karl R., *Objective Knowledge : An Evolutionary Approach*, Oxford: Clarendon Press, 1972. 客観的知識―進化論的アプローチ，森博訳，木鐸社，1974.
107. Ramsey, F. P., "Truth and Probability," in *The Foundation of Mathematics and Other Essays*, London : Routledge & Kegan Paul, 1931.
108. Read, Herbert, *The Origins of Form in Art*, London : Thames and Hudson, 1965. 芸術形式の起源，瀬戸慶久訳，紀伊国屋書店，1966.
109. Ritter, J., "》Politik《 und 》Ethik《 in der Praktischen Philosophie des Aristoteles," aus *Metaphysik und Politik Studien zu Aristoteles und Hegel*, Frankfurt, 1969. 「解釈学とギリシャ哲学(Ⅰ)，(Ⅱ)」，内山勝利訳，解釈学の根本問題，O. ペゲラー編，晃洋書房，1980，所収.
110. Robbins, Lionel, *An Essay on the Nature and Significance of Economic Science*, London : Macmillan, 1932. 経済学の本質と意義，辻六兵衛訳，東洋経済新報社，1957.
111. Robbins, Lionel, *The Theory of Economic Policy in English Classical Political Economy*, London : Macmillan, 1952.

112. Robinson, E. A. G., "Could There Have Been a "General Thory" without Keynes?," 1936. 「ケインズなしに『一般理論』はありえたか」, ケインズ経済学の発展, 中内恒夫訳, 東洋経済新報社, 1967, 所収.
113. Robinson, Joan, *The Accumulation of Capital*, London: Macmillan, 1956. 資本蓄積論(原書第3版), 杉山清訳, みすず書房, 1977.
114. Russel, B., *History of Western Philosophy and its connection with political and social circumstances from the earliest times to the present day*, London: George Allen & Unwin, 1946. 西洋哲学史―古代より現代に至る政治的・社会的諸条件との関連における哲学史, 市井三郎訳, みすず書房, 1969.
115. Ryle, Gilbert, *The Concept of Mind*, London: Hutchison, 1949.
116. Sahlins, Marshall, *Stone age Economics*, Chicago: Aldine-Atherton, 1972.
117. Saussure, Ferdinand de, *Cours de Linguistique Generale*, publié par Charles Bally et Albert Sechehaye, 1949. 一般言語学講義, 小林英夫訳, 岩波書店, 1940.
118. Schmitt, Carl, *Politische Romantik*, Berlin: Duncker & Humblot, 1925. 政治的ロマン主義, 大久保和郎訳, みすず書房, 1970.
119. Schumpeter, J. A., *Theorie der Wirtschaftlichen Entwicklung*, 1911. 経済発展の理論, 塩野谷祐一・中山伊知郎・東畑精一訳, 岩波文庫, 2巻, 1977.
120. Sedlmayr, Hans, *Kunst und Wahrheit: Zur Theorie und Methode der Kunstgeschichte*, München: Mäander Kunstverlag, 1978. 芸術と真実―美術史の理論と方法のために, 島本融訳, みすず書房, 1983.
121. Shackle, G. L. S., *Epistemics & Economics: A Critique of Economic Doctrines*, Cambridge: Cambridge University Press, 1972.
122. Shackle, G. L. S., *Keynesian Kaleidics*, Edinburgh: Edinburgh University Press, 1974.
123. Shackle, G. L. S., "Economic Expections," in *International Encyclopedia of the Social Sciences*, vol. V, New York: Macmillan and Free Press.
124. 清水幾太郎, 倫理学ノート, 岩波書店, 1972.
125. Simmel, Georg, *Philosophische Kultur*, Zweite um einige Zusätze vermehrte Auflage, Leipzig: Alfred Kröner Verlag, 1919. 文化の哲学, 円子修平・大久保健治訳, (ジンメル著作集7), 白水社, 1976.
126. Smith, Adam, *An Inquiry into the Nature and Causes of the Wealth of Nations*, 1776. 国富論, 玉野井芳郎・田添京二・大河内暁男訳, (世界の名著, 第31巻), 中央公論社, 1968.
127. Streissler, E. W., "Menger's Theories of Money and Uncertainty—A Modern Interpretation," in *Carl Menger and the Austrian School of Economics*, ed. by J. R. Hicks and W. Weber, 1973.

128. Townshend, Hugh, "Liquidity-Premium and the Theory of Value," *Economic Journal*, vol. XLVII, March, 1937.
129. Uzawa, H., "Time Preference and the Penrose Effect in a Two-Class Model of Economic Growth," *Journal of Political Economy*, vol. 77, 1969.
130. Uzawa, H., "Towards a Keynesian Model of Monetary Growth," in *Models of Economic Growth*, ed. by J. A. Mirrlees and N. H. Stern, London: Macmillan, 1973.
131. Veblen, T., "Kant's Critique of Judgement," 1884, in *Essays in Our Changing Order*, New York: The Viking Press, (first ed., 1934), 1954.
132. Veblen, T., "Böhm-Bawerk's Definition of Capital and the Source of Wages," 1892, in *Essays in Our Changing Order*.
133. Veblen, T., "The Economic Theory of Woman's Dress," in *Essays in Our Changing Order*.
134. Veblen, T., *The Theory of Leisure Class: An Economic Study in the Evolution of Institutions*, New York, 1899. 有閑階級の理論，小原敬士訳，岩波文庫，1961.
135. Wieland, W., "Praktische Philosophie und Wissenschaftstheorie," in *Rehabilitierung der Praktischen Philosophie*, Bd. 1, hrg. von M. Riedel, Freiburg, 1972. 「実践哲学と科学論」村田純一訳，思想 No. 684, 1981.
136. Wiener, N., *Cybernetics*, Cambridge Mass.: The M. I. T. Press, (first ed., 1948), 1961. サイバネティクス，池原止戈夫他訳，岩波書店，1962.
137. Willey, Basil, *The Seventeenth Century Background*, London: Chatto & Windus, 1934. 十七世紀の思想風土，深瀬基寛訳，創文社，1958.
138. Willey, B., *The English Moralists*, Chatto & Windus, 1964. イギリス精神の源流—モラリストの系譜，樋口欣三・佐藤全弘訳，創元社，1980.
139. Wolin, S. S., *Politics and Visions: Continuity and Innovation in Western Political Thought*, London: George Allen & Unwin, 1960. 西欧政治思想史，福田歓一他訳，6巻，福村出版，1975.
140. 吉沢英成，貨幣と象徴，日本経済新聞社，1981.